航天科技图书出版基金资助出版

中国航天体制的建构路径研究

张国航　著

中国宇航出版社
·北京·

图书在版编目（CIP）数据

中国航天体制的建构路径研究 / 张国航著. -- 北京：中国宇航出版社，2020.10

ISBN 978-7-5159-1863-1

Ⅰ.①中… Ⅱ.①张… Ⅲ.①航天工业—工业体制—研究—中国 Ⅳ.①F426.5

中国版本图书馆 CIP 数据核字(2020)第 205123 号

责任编辑　李　欣　　　**封面设计**　宇星文化

出　版
发　行　中国宇航出版社

社　址　北京市阜成路 8 号　　　邮　编　100830
(010)60286808　　　(010)68768548

网　址　www.caphbook.com

经　销　新华书店

发行部　(010)60286888　　　(010)68371900
(010)60286887　　　(010)60286804(传真)

零售店　读者服务部
(010)68371105

承　印　天津画中画印刷有限公司

版　次　2020 年 10 月第 1 版　　　2020 年 10 月第 1 次印刷

规　格　880×1230　　　开　本　1/32

印　张　7.5　　　字　数　216 千字

书　号　ISBN 978-7-5159-1863-1

定　价　90.00 元

本书如有印装质量问题，可与发行部联系调换

航天科技图书出版基金简介

航天科技图书出版基金是由中国航天科技集团公司于2007年设立的，旨在鼓励航天科技人员著书立说，不断积累和传承航天科技知识，为航天事业提供知识储备和技术支持，繁荣航天科技图书出版工作，促进航天事业又好又快地发展。基金资助项目由航天科技图书出版基金评审委员会审定，由中国宇航出版社出版。

申请出版基金资助的项目包括航天基础理论著作，航天工程技术著作，航天科技工具书，航天型号管理经验与管理思想集萃，世界航天各学科前沿技术发展译著以及有代表性的科研生产、经营管理译著，向社会公众普及航天知识、宣传航天文化的优秀读物等。出版基金每年评审1~2次，资助20~30项。

欢迎广大作者积极申请航天科技图书出版基金。可以登录中国宇航出版社网站，点击“出版基金”专栏查询详情并下载基金申请表；也可以通过电话、信函索取申报指南和基金申请表。

网址：http：//www.caphbook.com

电话：(010) 68767205，68768904

序　一

太空是国与国之间、尤其是大国之间展开激烈角逐的舞台，航天技术是衡量一个国家综合实力的重要标志之一。60多年来，中国航天持续发展进步，取得一系列举世瞩目的成就，为我国构筑了国防工业基础与战略安全基石，产生了显著的社会经济效益。中国航天为什么“能”？很重要的一个原因，就在于中央领导航天事业开创了立足自身、符合国情的体制模式，从而建构了富有中国特色的航天体制路径。

对航天体制进行分析很有必要，也很有意义。本书在科学技术哲学的框架下，着眼于中外航天对比，并以中国空间技术研究院为重点研究对象，对航天科学技术及其共同体的体制进行了系统探讨。本书回顾了世界航天与中国航天的发展历程，对比了世界上主要从事航天的国家在体制建构上的差异，阐述了体制中的“人理”“物理”及两者的交叉互动，论证了中国航天体制的特殊性与优越性，具有显著的学术意义和较高的创新价值，是一项有分量的航天研究成果。

探索浩瀚宇宙永无止境，攀登科技高峰任重道远。现在，我们正为了实现航天强国梦而砥砺奋进。这既要求我们坚定信念、勇于担当、锐意进取，也要求我们更加关注体制，解放思想、实事求是地持续推动体制优化与变革，不断释放发展红利，增强进步动力，更好地满足航天强国战略需要。

相信本书的出版，将对研究航天体制问题、深化航天体制改革等起到积极的促进作用。本书不仅可以作为航天工作者的重要参考书，也能为人文社会科学领域的研究者以及广大航天爱好者打开一扇新的窗口。在此，对本书的出版表示衷心的祝贺！

周志成

中国工程院院士

2020年8月

序　二

欣闻国航的《中国航天体制的建构路径研究》一书即将付梓，我由衷地为他感到高兴。2015年秋，他在准备博士学位论文开题时，最终选定了这个研究方向。在完成学位论文答辩、取得博士学位后，在我的建议下，他又花了一段时间进行深入细致的思考、修改、补充和完善，最终形成了目前的书稿。我以为，这既是他以航天“局内人”身份展开的颇具个性化的航天实践叙事，是力求呈现中国航天之“然”；同时，也是他立足于科学技术哲学的学科范畴和研究范式展开的航天学理研究，是努力阐发中国航天之“所以然”。

中国是一个被迫卷入现代化进程的后发国家。一方面，我们有着5000多年的文明底蕴；另一方面，我们在应对现代化浪潮中不得不面临转型发展的艰巨挑战。发展航天事业，是中国在实现政治独立、追求国防独立的过程中做出的重大决策；而中国的航天事业在过去数十年中始终艰苦创业、埋头苦干、奋力追赶，取得了非凡的成就，为中国谋求民族复兴与强国身份提供了重要的实践基础和自信来源。同时，这也激发了更多希望了解航天内里、学习航天经验、借鉴航天规律的人们进一步的兴趣与需要。但作为国防科技工业中的核心领域之一，航天的体系、范式与其他领域存在很大的差异，加上技术门槛高、领域专业性强、保密要求严格等现实因素，更是抬高了开展相关研究的难度。如何在遵循相关要求的前提下，将对中国航天的观察与研究，从科学技术与社会（STS）的角度拓展到对航天体制与产业发展、航天文化乃及至航天文明的关系等研究主题上来，切实呼应社会、时代和实践的需要，是摆在我们面前的一项现实课题。

在哲学上开展相关探讨十分必要。哲学是“时代精神的精华”和“文明活的灵魂”。航天作为天然的“大科学”和“高技术”，数十年来极大促进了当代经济社会的发展，推动了人类文明的现代化进程。将航天发展纳入哲学的关注范畴，从哲学层面去理解航天，并建构起相应的话语、方法、观点，是呼应航天地位与影响力的必然要求。而要分析中国航天，更要以加快构建中国特色哲学体系为要求，坚持面向中国问题、激发中国问题意识，把问题作为研究的导向与动力源，把实践作为理解一切的出发点，坚持中国人自己的世界观和方法论，以我们正在做的事情为中心，用中国方法、中国声音、中国话语去完成阐释、判断、选择与建构，如此，中国航天也能汲取更深层次的哲学智慧，获得更持久、更旺盛的精神发展动力。概言之，在当今时代，航天正在成为一个突出的哲学社会科学问题，其所内涵的时代标志性、指向性和现实性，迫切地呼唤着从哲学社会科学包括科学技术哲学学科视角切入的研究。基于此，我以为全书体现了这样三个鲜明的特点：

第一，提出了“人理与物理交叉互动”的分析框架。对任何一个领域、行业、组织而言，体制是核心问题之一。从内部来说，体制既是共同体中的人作为主体进行建构的结果，同时又塑造、规范并约束着人在共同体中的认知与实践，进而支撑共同体在整体上实现有机协同与有序演进。从外部看，体制上的差异是共同体确认自身主体性的充分条件，并规范共同体的整体发展呈现各自的特点。要对中国航天进行进一步的研究探讨，绕不开对航天体制的充分探讨。正是在这样一种思考背景下，作者把对中国航天体制及其建构问题的思考置于科学技术哲学的学科范畴之中，通过考察和借鉴科学社会学、科技人类学等既有研究成果，提出了“人理与物理交叉互动”的特定研究框架，从而为本书和相关研究提供了具有根基性的学理支撑。通读全书可以看到，“人理与物理交叉互动”的分析框架的形成，在“人”与“物”、“实”与“理”、主观与客观之间建立起了明确的关系，是对系统理论的深化运用和对既有成果的进一步拓展。这一框架带有鲜明的科学技术哲学色彩，并具有普遍的方法论意义，不仅可以用于对航天体制的分析，也可以用于对其他行业、领域的体制及其他有关问题的分析。

第二，呈现了规律遵循与自主建构相结合的中国航天事业发展的路径特点。一方面，航天发展有其必然的脉络，航天体制也有其普遍的建构规律。循着这一逻辑，作者系统地梳理了航天体制在体制结构、支配逻辑、发展格局等方面的多重二元性，以及在宏观、系统、微观三大层面的9个对立统一关系，展现了其影响并制约航天发展的内在机理。另一方面，作者在完成文献综述与研究铺垫的基础上，又从航天发展的现实历程与成就谈起，通过分析航天体制的历史建构形态与演进，由表及里地回答了在中国航天体制的建构与完善中“人理与物理交叉互动”的具体发展呈现和演化历程等问题，从体制生成与演进的角度展现了“中国航天就是中国的航天”的历史进程与实践基础。

第三，阐释了结构与方法相结合的中国航天体制的独特解题能力与发展前景。中国航天立足中国而发展，承载着重要使命与期望，并得到了广泛而持续的反响。这些客观存在与航天的自我认知相互嵌套、互为强化，引导人理与物理交叉互动在联结框架、组织形态上呈现出鲜明的系统性特点。在本书中，作者以中国空间技术研究院为主要研究对象，围绕着上述问题从微观层面探讨系统工程在中国航天发展与体制建构中的作用，探讨共同体在闭合与开放的博弈中的状态与取向，不仅对“航天体制建构的中国路径”究竟是什么样子给出了具体的回答，而且以此为基础进一步探讨了这一特定路径对于21世纪中国实现“探索浩瀚宇宙、发展航天事业、建设航天强国”宏远目标的重要作用与特殊意义。从某种意义上看，这实际上就是作者所追求的对“所以然”问题的回答。

本书的写作和成稿，体现了作者本人的学术追求与努力，某种意义上也不妨把它看作是时代背景投射的必然结果。当今世界，伴随着新一轮科技革命和产业变革的蓬勃兴起，不仅整个世界正处在百年未有之大变局之中，中华民族也正处于实现民族复兴的战略全局之中。在这一背景下，中国的航天科技作为推动经济社会发展的重要引擎，作为保证国家安全和利益的核心力量，不仅必须实现更大的发展，而且必须发挥更加重要的作用。这不仅是一个中国航天如何更好地展开自己的物理与人理相交融的有效路径问题，更是一个21世纪的中国道路如何获得更为坚实有力的航天支撑的问题。

就此来看，推动中国的哲学社会科学各相关学科与领域的发展，以更加深入的担当意识、更加投入的行动自觉和更加嵌入的学科能力去关注航天、研究航天、理解航天，力所能及地开展更为精深的人文社会科学分析与探讨，努力为航天科技进步和中国航天发展提供更充分的内在性阐释与学理性表达，实现更丰富的理论分析与话语建构，从而为中国航天事业的发展和航天强国目标的实现夯实和强化文化自信基础，或许也是一个贯穿在本书写作中的隐而未发的内在特点。

是为序。

冯鹏志

中共中央党校哲学教研部主任、教授

2020年8月

前　言

航天技术是当今世界重要的科技领域和主导技术之一，在科技、政治、经济、社会、军事等方面给人类带来了深远影响。航天活动具有成本高、挑战多、风险大、周期长等特点，需要依靠复杂的社会化活动以及体制的保障与支撑才能开展。航天的科研生产和工程活动，既需要人的智力的密集投入，又需要在把握航天科技理论与规律的基础上，配备大量的资源与设施。两者按照一定的模式实现系统化整合，即为航天体制的建构过程。不同国家的航天技术路线、体制机制各有差异，这是人理与物理交叉互动的过程与结果。

中国航天经过60多年的发展与积累，已跻身航天大国行列。纵观国际航天和中国航天的发展历程，航天体制始终发挥着重要作用。时至今日，中国航天事业的发展成就被视作中国科技实力的重要标志，有力增强了中国的民族凝聚力与综合国力。然而，就中国航天在技术路线、体制机制等方面与其他国家的差异性，以及中国航天在体制上的整体特殊性而言，目前尚缺乏系统、深入的研究。鉴于此，本书将航天纳入科学社会学与科学人类学的范畴，尝试以人理与物理的交叉互动为分析框架，对中国航天及其体制展开探索与研究。

航天是社会活动的一个重要组成部分，航天事业是人理与物理交叉互动的发展呈现，中国航天事业是人类航天事业的重要组成部分。本书第一章概要地描述了人类开拓太空的历程。以1903年俄国科学家齐奥尔科夫斯基提出液体火箭推进的理论设想为起点，人类探索外层空间、开展航天活动由空想迈入理论阶段；以 1957 年 10 月 4 日苏联发射第一颗人造地球卫星为标志，人类正式进入太空时代，美苏争霸加剧太空军事化，航天科技也取得长足进步；1991 年苏联解体，冷战落幕，国际航天自此进入多极化发展阶段。中国航天自 1956 年起步，目前已大抵走完 4 个阶段，分别解决了：导弹研制、卫星上天的问题；运载提升、卫星应用的问题；工程能力全面提升的问题；成为航天大国的问题。目前，中国正向着建设航天强国的目标快速迈进。

第二章简要梳理了世界主要航天国家或地区，包括美国、苏联/俄罗斯、西欧、日本、印度、巴西等的航天体制的路径之别，介绍了中国航天体制在独立自主发展中的演化。中国航天在党中央、国务院、中央军委的领导下，发展战略、体制结构、重要项目等由中央决策，具有很高的政治地位与重要的社会影响；航天工业部门经历了从多部门协调到统一领导、从军队编制到集体转业、从国家部委到大型航天科技企业的体制演化历程；工程系统以矩阵式结构存在，结合了以研究院及所、厂的科技研发能力为支撑的大协作配套体系和由“两条指挥线”构筑的型号研制管理模式。总体而言，各国航天体制路径的差异，都是人理与物理交叉在一起，互相作用、持续演化的必然结果。正是由于人理与物理的交叉互动，航天体制在体制结构、支配规律、发展格局等层面呈现出普遍的对立统一关系，即多重二元性。

中国的航天体制植根于中国土壤，具有独特的演化历程，呈现出与中国国情相适应的特点，并为航天事业发展提供了重要支撑。第三章、第四章基于对中国航天的核心研制单位之一——中国空间技术研究院的分析研究，对中国航天体制的建构路径的具体脉络进行梳理，展现人理与物理交叉互动的联结框架与组织形态。

中国航天事业的重要奠基人——钱学森，他所提倡的系统工程方法在“两弹一星”及后续国防尖端技术的实践中得到有效验证，并在航天事业的发展过程中得到强化，实现了由系统工程观到系统思维的进阶演化，广泛应用于战略谋划、科研生产、经营发展、综合管理等方面。第三章在介绍五院环境场所的基础上，从五院的科研生产活动、质量管理、管理协作等方面对系统工程的运用与实践进行了描述。系统工程在中国航天体制的建构与发展过程中发挥着关键作用，是人理与物理交叉互动的联结框架。

五院与外界存在清晰的边界，边界内的共同体呈现出“半闭合”的特征，尤其是在“人”的层面。这种“半闭合”的特征是人理与物理的交叉互动经组织化后呈现的形态，一方面体现为共同体与外界存在相对清晰的边界，甚至在共同体内部的组织与组织之间、团队与团队之间、业务与业务之间也存在次一级的亚边界；另一方面体现为共同体对外界的开放程度是相对有限的。第四章以此开篇，分析了共同体的凝聚机制、角色分工与创新实践，展现了共同体在精神文化层面的扩散影响。在闭合与开放之间，既应适当开放，又应坚持自力更生、自主创新，稳中求进地维持某种平衡。

“探索浩瀚宇宙，发展航天事业，建设航天强国，是我们不懈追求的航天梦。”近年来，航天梦已成为全体中国航天人共同的奋斗目标。建设航天强国，既要靠科技创新，也要靠体制机制的改革创新，这也是人理与物理实现有效交叉互动的推进方向。为此，第五章从三个方面做了分析介绍：一是把握国家的战略需要，包括政治与安全、经济与社会、外交与国际合作三个层面；二是把握领域发展动向；三是对人理与物理交叉互动的展望，包括社会文化趋势、生产要素调整、系统演化方向。以上三个方面都应作为制定和完善具体战略、规划和方案的依据，从而持续优化航天体制，最终实现航天强国目标。

目 录

导　论

中国空间技术研究院（对内称航天五院，简称五院）坐落在北京市海淀区北部，是中国航天的核心院所之一，首任院长是钱学森。在五院，数以万计的科研人员开展着繁忙的工作。通过他们的努力，神舟、嫦娥、天宫、玉兔、天舟等系列航天器，以及北斗、中星、高分等应用卫星被设计制造出来，并在发射场搭乘运载火箭飞入太空。它们的成功发射，无一不是具有标志性与深远影响的时代事件。

无论科技成就多么“高大上”，其成功都离不开体制的支撑与保障，离不开科研人员长期的探索与积累。中国航天的体制正蕴含在这些具体的努力与成就之中，作为一种建构式的存在，是中国航天事业的重要组成部分并持续发挥着重要作用。

第一节　问题的提出和意义

飞天梦与中华民族的历史一样悠远。自古以来，人们对天地、星空、宇宙的认识，影响了中国古代的哲学观，也深刻影响了这个广土巨族历经 5 000 多年而生生不息的文明面貌。1840 年爆发的鸦片战争让中国开始沦入半殖民地半封建的泥淖，但中国人民追求民族独立和国家富强的努力从未停止。1949 年中华人民共和国成立后，实现民族独立的中国人民更加精神抖擞，“可上九天揽月”成为炎黄子孙对现代科学技术、对浩渺星空和无垠宇宙的现实想象。

1956 年 10 月 8 日，中国第一个导弹研究机构——国防部第五研究院成立，标志着中国航天事业正式创建。自此，中国航天从一穷二白起步，发展至今取得了以“两弹一星”、载人航天和月球探测等为代表的辉煌成就，积累了大量航天科技活动与工程实践经验，锤炼了一支作风优良、实力过硬的航天科技人才队伍，沉淀了以航天“三大精神”为核心的精神财富。中国航天作为一个“巨系统”，自身正趋向更加庞大、精巧、复杂，同时也越来越深度地参与并影响着当代中国与世界的科技、政治、经济、社会、军事等方面。

中国航天的发展是中国模式、中国道路、中国制度、中国成就的重要组成部分。在社会方面，中国航天具有很高的认可度。近年来，“中国梦”日益成为振奋民心、凝聚民族共识的精神内核。“航天梦”与“中国梦”有着密不可分的联系。2013 年 6 月，习近平首次提出“航天梦”。[①] 一方面，中国航天的发展历程统一于中国人民为实现“中国梦”而进行的伟大奋斗历程之中；另一方面，中国航天的成就与积累又是“中国梦”的重要表征。近年来，火箭、卫星、飞船、空间站等航天产品，经常被当作表达和诠释“中国梦”的符号；“航天梦、中国梦”的并列表述也屡屡见诸报刊、电视和网络，成为通用话语。

自 2016 年起，中国将每年的 4 月 24 日[②]设立为“中国航天日”。习近平就首个航天日做出重要批示，进一步诠释了“我们不懈追求的航天梦”，就是“探索浩瀚宇宙，发展航天事业，建设航天强国”。同年 10 月 8 日，是中国航天事业创建 60 周年的纪念日。当时，以新华社发表的《今天，10 月 8 日，让星辰大海记住这个日子》为代表的各类文章被广泛刊发和转载，国务院国有资产监督管理委员会（国资委）新闻中心的微信公众账号“国资小新”评价中

① 新华网 2013 年 6 月 12 日报道，习近平 6 月 11 日在接见天宫一号与神舟十号载人飞行任务参研参试单位代表时说：“发展航天事业，建设航天强国，是我们不懈追求的航天梦。”

② 1970 年 4 月 24 日，“两弹一星”中的“一星”——东方红一号成功发射。这也是中国第一颗人造地球卫星。

国航天“这项60年的事业，我们从一无所有到应有尽有”。[1] 这些评价背后反映的是整个社会对中国航天事业的认可。

大部分人的共识是，中国航天在技术演化、体制机制形成等方面，与其他国家存在一定差异；但对中国航天自身的特殊性，尤其是关于体制层面特殊性的探讨并不深入。对中国航天取得发展成就及其原因的探讨，大多集中在中央决策、国家支持、社会主义制度支撑、航天队伍的拼搏及作风文化等方面。这些分析，一则弱化了航天体制内在的力量，二则多以报告总结、思辨论断等文本为主，表述方式有待丰富和扩充。为此，有必要对中国航天的体制特殊性，也就是中国航天体制的建构路径作专门探讨；也有必要对中国航天体制的内在结构进行分析，尤其要借助人文社会科学的学术研究方法与规范表达，实现研究成果深刻、完整的表达。

本书将航天纳入科学社会学与科学人类学的范畴，对航天科学技术及其体制进行研究。本书引入“人理与物理的交叉互动”这一学术视角，来认识和分析航天科技领域形成与发展的历程。另外，本书对航天发展历程做出阶段性划分，并对中国航天体制发展的基本脉络做出层次划分。这一系列的工作力图通过对历史碎片与研究碎片进行重新整理，做出总结与提炼。

本书以“中国航天体制的建构路径研究”为题。全书的叙述与分析，着力呈现中国航天在择其体制路径和成其体制形态时的自觉性、自主性和建构性。本书的最后一章展望了中国迈向航天强国的体制前景。这样的一种展望，对中国航天及其他领域的发展，抑或对其他国家而言，都具有一定借鉴意义。

---

[1] 系微信公众账号“国资小新”（微信号：guozixiaoxin）2016年10月8日发布的文章题目。

第二节 研究现状概述

1957年10月，苏联向太空发射了第一颗人造地球卫星，这是人类航天史、科技史上的里程碑，正式推开了“太空时代”的大门。自此，航天的发展在科技、政治、经济、社会、军事等方面给人类带来了深远影响。太空被人类视为与陆地、海洋和大气层并列的“第四空间”，既寄托了人类长期生存与发展的梦想，又昭示着发展航天的必然性与深远意义。

航天科技的建立与发展有赖于国家投入与社会各界的支撑。目前，国际社会中也只有十几个国家称得上在航天领域有所建树，这更加凸显了航天是衡量一国科技实力和综合国力水平的独特标志。航天工程具有成本高、挑战多、风险大、周期长等特点，需要依靠复杂的社会化活动才能开展。组织是航天活动的基本单元，以一定的结构和制度实现联结与协作，为航天发展提供体制保障。

一、关于航天

航天一直以来都是各类媒体的“宠儿”，是舆论追逐的焦点，往往一有发射或重要研究进展，就会成为新闻头条。但围绕航天开展的人文社会科学研究成果并不丰富，在可以检索到的文献中，围绕航天领域的研究有显著的专业倾向，大部分资料都是自然科学类的，主要介绍航天及其相关领域科学、技术和工程的探索成果。这些内容一般刊于专业期刊（含大学学报），或由专业出版社出版，面向的读者多数是航天领域的工作人员及相关人士。其他一些关注航天发展历程、组织管理模式、创新思维及文化等内容的文献，主要由航天领域内部的专家及工作人员发表，内容多以经验总结、成绩展现和目标宣告为主，运用的语言常难与人文社会科学的范式相通。这或与航天领域过于专业、工程化色彩浓厚等特点有关。同时，航天是对保密要求很高的领域，对人员和信息的管理比较严格，高校和院所的人文社会科学研究人员不易进入其中，且大量资料并不公开。如果不掌握丰富的资源，作为“局外人”的人文社会科学研究人员对航天开展研究所能借助的素材，一般只有有限公开的、比较宏观的报道或其他资料。如果只是聚焦航天政策，泛论航天与政治、经济、社会、军事、外交等方面的关系或带来的影响，或许尚有可为；但要深入探究航天行业内、体制下、组织中的相关问题，述而论之，实在崖陡难攀。

刘纪原主编的《中国航天事业发展的哲学思想》第一版于2013年出版，2016年经修订后出版第二版。该著作以中国航天事业为研究对象，系统考察其发展成就，勾勒其体制机制，分析其成功方法，概括其辩证思维，归纳其精神动力。该著作对中国航天事业做出了宏观、系统的分析。与该著作第二版同时出版的，还有《中国航天事业的60年》[①] 与《中国航天文化的发展与创新》，其中，《中国航天事业的60年》后面附有中国航天60年大事记，以及条列成就的若干表格，它们是本书开展研究的重要档案来源。

有关系统工程的探讨是航天科学与哲学能够实现交流的一个重要节点。航天组织管理以系统工程为方法机制。各种反映航天工程成果的文献、著作，一般都会提及系统工程；哲学领域对系统工程也给予密切关注。[②]

---

① 书名中的“60年”指1956—2016年。该书附有中国航天60年大事记，其中梳理的事件截至2015年年底，条列的部分任务开展情况截至2016年6月底。

② 航天领域聚焦系统工程的著作，如花禄森等编著的《系统工程与航天系统工程管理》（中国宇航出版社2010年版）。哲学领域介绍系统工程的著作，如苗东升的《系统科学精要（第三版）》（中国人民大学出版社2010年版）。《钱学森讲谈录——哲学、科学、艺术》（九州出版社2013年版）一书中收录的文章，贯穿了钱学森的系统工程思想，也说明“系统工程”能够实现学科之间的跨越。

二、关于体制

（一）体制的内涵

《现代汉语词典（第 7 版）》对体制的解释为："国家、国家机关、企业、事业单位等的组织制度。"① 也有学者指出：社会组织结构从其管理制度、形式、方式乃至运行机制都是体制的重要内容，体制建立在基本制度之上，是制度中具体的组织结构及其管理规则、运行模式和机制运作的组织背景。② 根据历史唯物主义，体制是生产关系和上层建筑的重要内容，对生产力和经济基础直接或间接地产生反作用。解放和发展生产力，都有赖于与生产力和经济基础相适应的、科学合理的体制，有赖于对体制进行持续的调整与改革。③

社会中的人以社会行动的方式存在。④ 通过人的社会行动，社会得以产生并维系。社会行动是人以文化为中介并与环境相互作用的有目的的活动，它本身就是社会互动，是不同的行动者之间或行动者与社会之间的互动过程。⑤ 在人类的群体性社会行动中，社会组织被有意识地建构起来。社会组织具有共同的利益，追求共同的目标，其成员被归于严谨的权力结构中，利用一定的技术设施（包括场所、工具等"硬"的设施，也需要运用这些设施的"软"的技术），按照明确的行动规范行事。⑥ 社会组织对内的整合与凝聚、协作与运转，以及社会组织之间的相处，都是其所在领域体制的内涵与表现。

---

① 中国社会科学院语言研究所词典编辑室编：《现代汉语词典（第 7 版）》，商务印书馆 2016 年版，第 1289 页。

② 李占才、蒯正明、运迪著：《科学发展的体制机制保障》，人民出版社 2014 年版，第 9–10 页。

③ 同上书，第 12–14 页。

④ 社会学理论认为："社会行动是人的存在方式，一如运动是物质的存在方式。"参见陆学艺主编：《社会学》，知识出版社 1996 年版，第 57 页。

⑤ 陆学艺主编：《社会学》，知识出版社 1996 年版，第 64 页。

⑥ 同上书，第 113–118 页。

人以合作、冲突、交换、竞争等社会行动形式，建构着体制的内容，并受体制的规范与约束。

体制促成共同体的联结。斐迪南·滕尼斯认为："社会组织作为一种社会形式，经常被视作一类能够创造一个确切的统一意志的人（a kind of human person），该统一意志，作为从属于它的自然人或法人的意志（natural or artificial persons），联结和约束他们，使他们以与该统一意志相一致的方式行动。这种意志既能够指向组织外部，也能够指向组织内部。"① 社会组织的统一意志由每个成员的意志构成，并对每个成员的个人意志具有决定性影响；它在一段不确定性的实践内保持不变，也能时不时地经由更新的行动而改变②，塑造并改变着每个成员的认知与行为，进而规范和影响着系统的整体行为，实现统一意志的凝结。所谓更新的行动，无论是主动求变的，还是被动应对的，一般也都是体制架构下组织的意志与决策。

（二）对体制的分析

社会学"结构-过程"的视角要求，在研究任何一个社会结构层面的问题时，既要把它作为一种构成性要素进行结构分析，又要把它作为一种制度性要素进行规范研究。③ 体制既是社会结构的体现，又是制度、规范，体制中的主体有着特定的结合方式，影响和制约着其中的全部主体。对体制的分析，既要考察体制的内容、形式，也要关注体制的规范性作用。

社会各个领域的体制，都具体地嵌入整个社会结构及其国家制

---

① ［德］斐迪南·滕尼斯著：《共同体与社会》，刘阳、马乐乐译，冯钢编选：《社会学基础文献选读》，浙江大学出版社2008年版，第180页。

② 同上书，第173页。

③ 陆学艺主编：《社会学》，知识出版社1996年版，第45页。

度环境之中[①]，本质上是一种建构的存在。体制的形成与演化，是生产力发展的结果，受各种力量的共同影响。经济史学家卡尔·波兰尼认为："人类经济嵌入并缠结于经济与非经济的制度之中。将非经济的制度包容在内是极其重要的。对经济的结构和运行而言，宗教和政府可能像货币制度或减轻劳动强度的工具与机器的效力一样重要。"[②] 对体制的考察，只有深入到体制产生与演化的历史环境中，才能实现更加准确的考察与把握。

约瑟夫·熊彼特将创新视作建立一种新的生产函数，把一种从来没有的关于生产要素和生产条件的新组合引入生产体系。这个概念包括五种情况：采用一种新的产品；采用一种新的生产方法；开辟一个新的市场；掠取或控制原材料或半制成品的一个新的供应来源；实现任何一种工业的新的组织。[③] 总体来看，熊彼特不仅重视技术创新，也重视"制度"创新对经济发展的作用：将制度看作一种体系、社会形式、经济组织方式，以及市场结构。后经美国经济学家兰斯·戴维斯和道格拉斯·诺斯的继承与发展，提出了制度创新理论。技术创新与制度创新均有路径依赖或类似的性质。制度变迁的两种形式——诱致性制度变迁和强制性制度变迁，分别对应着自下而上的、依靠集体行动的逻辑开展的变迁，与自上而下的、由政府权力引起的变迁。[④] 体制变迁是制度变迁的重要表现，也存在两种形式互相补充的关系。

---

① 渠敬东、傅春晖、闻翔著：《组织变革和体制治理：企业中的劳动关系》，中国社会科学出版社 2015 年版，第 34-35 页。原文为"治理概念的提出，意味着我们不能将企业组织理解为一个纯粹自足的系统。相反，它嵌入整个社会结构及其国家制度环境之中……会受到体制、意识形态和社会习俗的影响"。但实质上，其他各类社会组织与企业一样，都具有这种"嵌入性"（embeddedness）。

② 转引自刘世定：《嵌入性与关系合同》，《社会学研究》1999 年第 4 期。

③ ［美］约瑟夫·熊彼特著：《经济发展理论》，何畏、易家详等译，张培刚，易梦虹、杨敬年等校，商务印书馆 1990 年版，第 73-74 页。

④ 段培军主编：《战略思维理论和方法》，中共中央党校出版社 2011 年版，第 161-164 页。文中给出了"制度创新"的内涵：指经济的组织形式或经营管理方式的革新，例如股份公司、工会制度、社会保险制度、国有企业建立等，都属于"制度创新"。

综上而推之，航天体制的变迁，为航天发展提供了“新组合”，是支撑发展的重要因素。对航天体制变迁的分析，既要关注内生动力，即航天组织内在的结构与运行模式，也要关注权力的因素，把握航天体制演进的历程及其发生的依据。

（三）对航天体制的考察

发展航天科技是发展国防科技的重要内容，航天工业是国防科技工业的重要组成部分。对国防科技工业体制的分析适用于航天体制。国防科技工业体制分为两层：一层是对国防科技工业的领导与决策，另一层是国防科技工业组织的具体结构。这也是对航天体制展开分析的重要逻辑。

国防科技工业同时服务于国防建设与经济建设，它们相辅相成且是国家最重要的两大职能。[①] 在推动国防科技工业发展的过程中，应坚持的原则是：以国防需求为根本拉动力，坚持富国与强军的统一，坚持军事效益与经济效益的统一，以科学技术为第一生产力、战斗力、保障力，发展方式与生产力水平相适应。[②] 提出“北京共识”的观察家雷默曾发问：为何中国的经济发展能做出独立的决定？有学者认为原因在于“中国有独立的科学技术和独立的国防”。[③] 而这些都离不开国防科技工业的牵引与支撑作用。

在国防科技工业的领导与决策层面，各国的趋势是“建立强有力的领导机构，实行高度集中统一的管理”，这是由现代武器装备发

① 武希志、黄靖编著：《国防经济学》，军事科学出版社 2013 年版，第 19 页。

② 同上书，第 66-71 页。

③ 张维为主编：《国际视野下的中国道路和中国梦》，学习出版社 2015 年版，第 30 页。原文还提到：“相比之下，日本屈从美国的安全压力，就没有独立的金融政策。苏联自废武功，才不得不听从国际货币基金组织苛刻的条件。”

展的特点决定的[1]；但又因其产生的政治、经济、文化、地理、传统、现实军事需求的不同，而呈现出较大的差异。[2]

各国国防科技工业组织的结构同样有同有异，如美国、苏联/俄罗斯、西欧等典型国家和地区的军工行业发展历程显著不同[3]；但各国均将国防科技工业体制作为国防和军队现代化的重要支撑，以避免在没有战争经费支撑的情况下，国防科技工业后继乏力。在国防科技工业中，军事航天常被作为最重要的需求来源和发展驱动力；同时军事航天的发展有力地带动了民用航天的发展，既带来了可观的经济效益和深远的社会影响，也保证了国防科技工业自身的存续发展。美国通过“军转民”[4]，中国按照“军民结合，寓军于民”等思路[5]，实现了国防科技工业的持续发展。[6]

由于政治制度、国防体制、经济体制以及发展阶段的不同，各

---

① 胡光正主编：《中外军事组织体制比较教程》，军事科学出版社 2013 年版，第 43 页。原文在论述该管理体制建立的依据时指出：“现代武器装备发展特点的主要表现是在结构上具有明显的系统性和整体性……要求科技装备管理体制能够及时、有效、灵活地协调武器装备不同种类之间、各不同发展阶段之间，以及各管理部门之间的关系，并对其进行连续的管理，使武器装备发展过程能不间断、有序进行，并达到理想的费效比。”

② 同上书，第 1 页。

③ 关于美国、苏联/俄罗斯、西欧军工行业的发展，可参见白万纲著：《军工企业：战略、管控与发展》，中国社会出版社 2010 年版，第 43-66 页。关于美国、苏联/俄罗斯、欧盟、日本、以色列、印度国防科技工业体系的发展历程、政策及多国比较，可参见侯光明等编著：《国防科技工业军民融合发展研究》，科学出版社 2009 年版，第 180 页。

④ 美国在第二次世界大战后、朝鲜战争后、越南战争后及冷战结束后，先后实施了四次较大规模的经济转产或经济调整，被泛指为“军转民”战略。参见白万纲著：《军工企业：战略、管控与发展》，中国社会出版社 2010 年版，第 43-44 页。

⑤ “军民结合，寓军于民”是中国共产党关于国防科技工业体制建设思想的重要内容。毛泽东于 1956 年 2 月提出：“学会两套本领，在军事工业中练习民用产品的本事，在民用工业中练习军事产品的本事的办法是好的，必须如此做。”1957 年 3 月二机部制定了“平战结合，军民结合，军品优先，寓军于民”的具体方针，得到毛泽东的肯定。1982 年 1 月，邓小平将“十六字”方针发展为“军民结合，平战结合，军品优先，以民养军”。“寓军于民”是指将整个国防科技工业基础，寓于民用科技工业及处置中，构成统一的国家科技工业基础，使之既能为国防建设服务，又能为国民经济发展服务。参见《江泽民国防科技工业建设思想研究》，电子工业出版社 2005 年版，第 191-277 页。

⑥ 苏联则主要地提供了一个反面的案例，见本书第二章第一节。

国的国防科技工业宏观管理体制各有差异。[①] 中国也从"照搬苏联"模式中摆脱出来，探索符合本国特点的国防科技工业道路。[②] 由此传导到航天体制层面，包括中国在内的世界主要航天国家在航天体制的形成与演进上都有着自己的路径。

对中国航天体制的建构路径进行考察，应做到历史视野与时代视野相结合，本国视野与国际视野相结合[③]，方能实现对发展航天事业自主性的一种确认。在中国航天事业发展的哲学思想探究中，围绕中国航天体制变迁的阐述，是在展现中国航天发展成就、分析航天事业的体制环境基础上展开的。体制环境被表述为：航天科技工业关系国防安全、体现国家实力和意志、影响国家经济和社会的发展水平。具体的航天体制变迁，贯穿着高度权威的决策机构和从国家部委到大型国企两部分内容[④]，不过这些内容以宏观展现为主，仍有待细化。研究中国航天体制的建构路径，应着眼于中国航天发展历程，并建立在航天体制的中外对比的基础上。

---

① 侯光明等编著：《国防科技工业军民融合发展研究》，科学出版社 2009 年版，第 160 页。

② 毛泽东于 1958 年 3 月在成都会议上发表讲话指出：搬苏联的很多规章制度"害人不浅"，它们"束缚生产力，制造浪费，制造官僚主义"，重工业是"硬搬"；对待苏联经验，应该"坚持原则"，发扬"独创精神"，不要"硬搬"。（参见《毛泽东文集》第七卷第 365 页）邓小平关于"外国没有什么专门搞军用的。我们搬的是苏联制度，是浪费，是束缚技术发展的制度，要从苏联制度中解放出来"，国防工业要"结束另外一个天地"，"不改革就死路一条"等论述，为之后航天体制改革提供了重要指导思想。（参见武希志、黄靖编著：《国防经济学》，军事科学出版社 2013 年版，第 61 页）

③ 张维为主编的《国际视野下的中国道路和中国梦》（学习出版社 2015 年版）收录了 14 篇相关文章，可作为"中国道路"的拓展阅读材料。此外，冯鹏志在《中国道路的文化表达》一文（刊于《理论视野》2015 年第 10 期，第 8–11 页）中，提供了文化视角下的解读。

④ 《中国航天事业发展的哲学思想（第二版）》将对体制机制的分析分为五个方面：与时俱进的体制变迁、科学高效的运行机制、确保成功的质量管理、德才兼备的人才管理、众志成城的文化氛围。详见《中国航天事业发展的哲学思想》编委会：《中国航天事业发展的哲学思想（第二版）》，北京大学出版社 2016 年版，第 205–338 页。

第三节 研究的框架：人理与物理的交叉互动

在航天科研生产和工程活动中，既需要密集投入人的智力，又需要在把握航天科技理论与规律的基础上，配备大量的资源与设施。两者按照一定的模式实现系统化整合，共同建构了航天体制。“人”与“物”两大类要素的有机调和，塑造了各国的航天事业。不同国家发展航天的整合模式、技术路径、体制演化各有差异，这是人理与物理交叉互动的结果。

一、关于“人理与物理”

（一）人类学的视角

沙伦·特拉维克（Sharon Traweek）的著作《物理与人理——对高能物理学家社区的人类学考察》（*Beamtimes and Lifetimes - The World of High Energy Physicists*）成书于1988年，被称为第一本社会文化人类学家研究科学共同体的民族志专著，是一本科学技术人类学民族志研究的规范作品。① 作者基于20世纪70年代中期的田野工作，运用“民族志表述形式”（ethnographic present）进行描述，但在内容的展开中强调了作者本人、所研究的物理学家与该著作读者的互动。该作者研究了高能物理学共同体：共同体的组织结构，共同体成员科学生涯的不同阶段，成员共享的物理学理论，以及物理学家为了进行工作所建造的环境和仪器设备，这些即人类学意义共同体的社会组织、发展周期、宇宙观和物质文化。② 该著作的译名

---

① 沙伦·特拉维克著：《物理与人理——对高能物理学家社区的人类学考察》，刘珺珺、张大川等译，上海科技教育出版社2003年版，译者前言第2页。原书名中的“Beamtimes and Lifetimes”并不直接对应物理与人理，而是高能物理学家社区里的各种波束、设备的工作过程与物理学家的工作过程。“物理与人理”的译法，为译者的创造，但这种汉语译法反而具有更广泛的适用性。

② 同上书，第185页。

“物理与人理”为译者所定，“物理”直接对应着高能物理学家所在的物理领域。但从全书看，“物理”也体现为高能物理学家所在的空间场所，以及他们所用的探测器装置。“人理”则包含物理学家的造就过程、物理学家彼此相处方式的某些稳定的特征，以及他们在时空环境中追求变化的策略等。“物理与人理”的关系同时又贯穿于全书之中，体现了高能物理学家在进入社区后，在“场合”中，利用各种“物”，造就自身成长，并寻求某种相处模式的稳定与变化的过程，最终落脚于他们对时间的认识。高能物理学家社区可视为一个共同体，沙伦·特拉维克的研究，提供了一种对共同体以物理与人理关系的视角进行分析探索的方法。

科学社会学家罗伯特·金·默顿在分析 17 世纪英格兰的采矿业、交通运输业的发展过程中，展现了科学、技术与经济发展的关系，提供了科学社会学的研究视角。[①] 他探讨了科学进展的若干社会和文化因素，认为其中社会组织的变革和功利主义准则的应用，或许是接受进步主义中的两个最重要的文化要素。[②] 默顿在全书内容排布上的设计，呈现了一种将着眼于具体行业的分析置于一定的社会背景之中的努力，该研究也提供了一定的参考价值。

（二）系统工程的视角

钱学森等在 1978 年撰文指出：相当于处理物质运动的物理，在运筹学中也可以叫作事理。[③] 后经学者探讨深化，加上了人理，形成

① 罗伯特·金·默顿著：《十七世纪英格兰的科学、技术与社会》，范岱年、吴忠、蒋效东译，商务印书馆 2012 年版，第 188-241 页。

② 同上书，第 303 页。

③ 钱学森、许国志、王寿云：《组织管理的技术——系统工程》，《上海理工大学学报》2011 年第 6 期。该文最早于 1978 年 9 月 27 日发表于《文汇报》。

"物理—事理—人理"方法,[1] 这被视为一种系统方法论。该方法由中国人提出并完善，英译作"Wuli-Shili-Renli System Approach"，简称 WSR 系统方法论或 WSR 方法论。

物理既包括狭义的物理，还包括化学、生物、地理、天文等，通常运用自然科学知识回答"物"是什么；事理指的是做事的道理，主要解决如何去安排，通常运用运筹学与管理学方面的知识来回答"怎么去做"的问题；人理是指做人的道理，通常要用人文与社会科学的知识去回答"应该怎样做"和"最好怎么做"的问题。[2]

从 WSR 方法论及其应用可以看出，事理是联系物理与人理的重要纽带，强调的是人与物以及各自对应的"理"之间的关联，贯穿于人的实践之中，具有普遍意义。因此，可以认为体制是事理的重要内容，是对事理加以组织化、制度化的具体形式。人理与物理的交叉互动，从表象上看是作为主体的人与作为客体的物之间的相互关系，但实质上蕴含的是人与人、人与物、物与物之间的多重事理的共同作用，是一种系统式的存在和作用机制。

事理的普遍意义，在更加宏观的层面体现为领域的、行业的共同规律（或相似的趋势）。在某一领域、某一行业，后发国家对先发国家在技术路径上的效仿，以及国际科学技术交流合作的必要性，都能从中寻到依据。但到了技术学习的成效层面，这种普遍意义则会被削弱，世界主要航天国家的航天历程就是典型案例。有学者基

---

① 详见顾基发、唐锡晋著：《物理—事理—人理系统方法论：理论与应用》，上海科技教育出版社 2006 年版。该书第 8 页介绍：1979 年，美国著名系统工程专家李耀滋先生在给钱学森回信中，很同意"物理"和"事理"的提出，并建议再加上"人理"（他加了一个英文单词 motivation）；20 世纪 80 年代中期，顾基发在讲授系统工程时发现领导干部的"人理"确有其所长，但他们有时缺乏自然科学和管理科学方面的知识，因此就将"物理""事理"和"人理"放在一起，提出一个好的领导干部应该"懂物理、明事理、通人理"……只有把三者有机地融合在一起才能解决复杂的社会问题。这正是"物理—事理—人理"系统方法论的出发点之一。该书第 12 页介绍：顾基发与朱志昌在 1995 年合作完成的一篇英文研究报告中，第一次对"物理—事理—人理"系统方法论进行了比较详细的阐述；该系统方法论后来又在理论方面进行了完善，并被不断地加以实践。

② 同上书，第 15 页。

于对中国交换机行业、汽车行业和半导体行业的案例研究发现，尽管技术范式决定了行业追赶的难度，但一个国家的战略和制度建设才起决定作用；而且选择了合适的机会窗口和本国的发展模式，并不一定能够带来发展，追赶并非一个简单的政策选择问题，而是一个阶段性的变迁过程，必须处理好国家意志与自发活力之间、制度学习与制度创新之间、政策调整与政策学习之间的关系。[①] 这也启示要对航天体制进行分析与展望，应予以更加综合的考虑。

二、框架的逻辑

劳动是人类的本质活动，人作为劳动者是生产力的主导因素。航天体制以人为起点，航天活动因人合于物而实现。因此，可以认为 WSR 系统方法论同样适用于对航天体制的分析。

可以看出，人理（而非物理）在航天体制的建构中始终占据主导地位。“人”是主体，要发展航天，首先要依靠人和人的劳动；发展航天的目的也是为了服务于人。“物”则是在人的实践中不断接触、认识、采纳、利用、推广的对象，是客体。因此，应将“R（人理）”置于“W（物理）”之前，从强调人是逻辑的归宿改为强调人是实践的主体，强调“人”之于“物”的主导地位。航天体制本身即是一种宏观的“S（事理）”，涵盖“人”“物”“人与物”本身与彼此之间的种种纷呈、包括但不限于运筹学的内容。因此，可以将对航天体制建构的分析框架，概括并定位为人理与物理的交叉互动，变 WSR 为 $R \overset{S}{\rightleftharpoons} W$。这既对应航天这样一个充满系统性、复杂性的高难度工程实践本身，也对应航天在体制建构实践中的具象与抽象。

在航天体制中，人理与物理直接对应航天实践的可见要素。人理强调航天体制中的主观行为人及其活动本身，包括人的认知取向、

① 曾云敏、张拴虎著：《体制改革与技术学习——来自中国三个产业的案例研究》，经济科学出版社 2009 年版，第 247-254 页。

行为模式、文化共识等；其他的则是物理范畴，包括航天体制内的科技工程、项目产品、厂房设备、工作环境等，以及航天的组织构架、制度规则。人理与物理之间，始终进行着深刻而广泛的交叉与互动，而这种互动必然发生在具体的时空环境之中，涉及整体层面的国家战略、产业政策、经济形势、军事需求等要素，以及具体的经济关系、舆论形象与社会评价等。在航天体制的变迁中，人理之中、物理之中、人理与物理之间发生着深刻而广泛的交叉与互动。契合与龃龉纵横交错、合作与冲突此起彼伏、妥协与对立交织并存，促成正反馈的强化机制与负反馈的平衡机制共存的局面。这些都是事理的内容，共同作用于航天体制建构实现的过程中。即事理渗透在人理与物理之中，体现为二者交叉互动的“泛化”。

人理与物理的交叉互动，既具有时空意义，又渗透在体制的方方面面。结合各国的实践，可以认为，航天体制的建构分布于宏观、系统、微观三大层面，如图 1 所示。宏观层面是具有整体性的，体现为横向的国别对比与纵向的时代对比；系统层面对应航天体制的基本面貌、联结结构等；微观层面则涵盖航天体制的具体内容与建构细节等。在这三大层面中，又可以发现诸多对立统一的关系，它们的共同作用在推动发展的同时又实现了创新，在保持稳定的同时又隐藏着危机。

宏观层面，航天体制贯穿着内部与外部、国家目标与技术目标、跟随与创新的对立统一。一国要建立和发展航天事业，必须立足自身，广泛参考借鉴，在实现国家战略目标的同时尊重技术发展规律，在跟随中实现创新、在创新中谋求超越。

系统层面，航天体制贯穿着事业与产业、军用与民用、内生与外包的对立统一。航天领域的机构既有公共性、事业性的，也必须有经营性、市场性的，是事业与产业的兼具；既需要通过军事需求牵引获得稳定持续的投入与刺激，也需要转化为民用，通过服务百姓获得持续的支持与更大的效益；既需要自身的全面深入实践，也需要来自外界的全面支持配合，与社会其他经济部门、其他领域发生深刻而密切的关联。

微观层面，航天体制贯穿着共同体与市场、闭合与开放、硬实力与软实力的对立统一。在航天的共同体之外是广袤的市场，共同体内外的各种力量在波动中博弈，努力达成新的平衡。更深入地看，航天领域生产各种产品并提供服务，同时蕴含其中、被人认知的意义也不容小觑，也正因为如此，航天对内强调更强烈的认同，对外则被塑造成具有符号化的形象与具有全局影响的公众认知。

以人理与物理的交叉互动为框架梳理中国航天体制的建构路径，就要在古今中外宏观对比的基础上，勾勒出在不同时代背景下的中国航天体制的基本形态与特点；再深究进去，选取有代表性的航天院所分析航天体制在系统、微观层面的具体内容。鉴于我国提出要建设航天强国的战略目标，我们应面向未来，把握人理与物理的交叉互动，聚焦并服务于这一体制建构的演化方向。

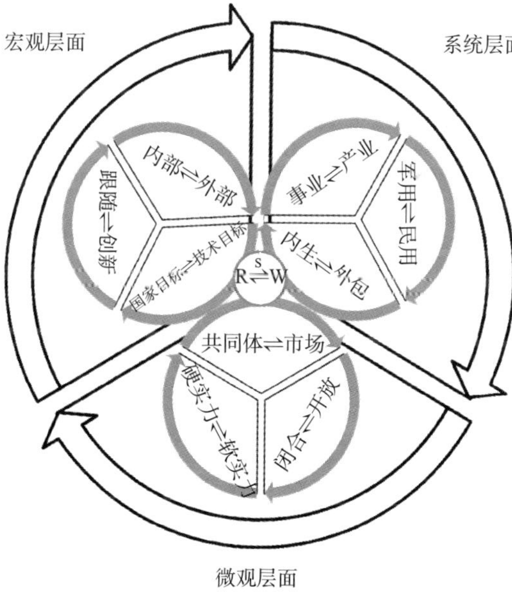

图 1　航天体制在宏观、系统、微观三大层面的建构框架

第四节　研究的内容与方法

本书分为三部分内容，共五章，在航天发展及中外体制对比的基础上，聚焦中国航天体制的建构路径，对其中物理、人理及彼此交叉互动的过程、现状与趋势进行展现。

第一、二章为第一部分，主要采用历史文献分析的方法，梳理国际航天与中国航天的发展成就及体制变迁的过程，按照一定逻辑对模式与经验进行总结，是一种线性、回溯总结式的研究，贯穿着人理与物理在宏观层面的交叉互动。

第一章是对人类航天活动历程的梳理，将航天发展与成就置于具体的时空背景下，展现航天与社会其他方面的关联，是人理与物理交叉互动发展的全景式描绘。20 世纪初，人类在航天事业上的发展从空想进入理论阶段；随着导弹与运载技术的发展，1957 年 10 月 4 日人类发射第一颗人造地球卫星，航天活动终于从尝试变为现实。以冷战为主要背景，苏联和美国围绕太空霸权开展了数十年的竞赛，促使航天科技在这一时期快速发展。1991 年，随着苏联解体，冷战落幕，航天科技发展进入多极化时代；但截至目前，世界上也只有十几个国家有所建树。中国自 1956 年 10 月建立航天事业，至今已走完 4 个发展阶段，目前处于由航天大国向航天强国迈进的过程中。发展航天必须经人理与物理的交叉互动来实现：在外因上离不开国家机器的强有力支持和来自社会方方面面的充足资源，在内因上则有赖于足够高的科学理论和技术发展水平、足够强的研制队伍、足够科学的组织和管理运营模式等，这也是人类走向太空的条件。

第二章是对航天体制路径的勾勒，是对人理与物理交叉互动演化历程的梳理。本章以国际航天体制发展为背景，首先介绍美国、苏联/俄罗斯、西欧等国家和地区的航天体制建构演化路径，在既有文献的基础上，从决策机构、工业部门、工程系统三个层面，进一步探讨中国航天体制建构的客观性和演化路径。中国航天在中央的领导之下，工业部门架构不断调整，当前最重要的部门为两大航天集团及下设的研究院及所、厂①；工程系统持续优化，研究院经历了从专业院到型号院的演化，在所、厂一级实现了总体设计部与专业部门的分工协作；“两条指挥线”保证了任务的开展与推进。通过对比中外航天体制，多重二元性被提炼出来，在体制结构、支配逻辑、发展格局等方面体现出对立统一，这些二元性在中国航天中也有具体体现。

在航天体制中，人们一方面彼此实现社会化协作，另一方面又凭借科学知识、技术工具等展开工程实践。人理与物理的交叉互动不仅贯穿始终，更处于持续的演化之中。各主要航天国家因为国情不同，人理与物理交叉互动的演化历程各有特点，从而形成了航天体制的演化路径差异。

第三、四章为第二部分，在前文探讨分析的基础上，主要采用民族志辨和思辨等研究方法，选取中国空间技术研究院为研究对象，对中国航天运用系统工程的方法、建构共同体的过程展开分析。其中，人理与物理以系统工程为联结框架，组合展现为“半闭合”的共同体。在这个共同体的自然情境中，通过多方位的资料搜集与统合，在归纳与思辨的基础上，对航天中的人理与物理的交叉互动关系开展整体性探究。书中以客观、中立的视角展开阐述，在参与共同体、理解共同体的过程中，寻求给出富有经验主义的建构性解释，将“面纱之下”的中国航天置于科学社会学、科学人类学范畴之中，进行带有哲学色彩的简述。

借助以上方法，这一部分重点分析了航天体制下的人理和物理，以及两者之间的交叉互动过程。主要关注的问题包括：

1）航天工作者开展科技活动的基本方法和一般模式，以及对方法和模式的评价与批判；

---

① 在本书中，“所、厂”是对航天三级管理体制中第三级单位的一种统称，单位的命名有某部、某所、某厂、某公司等多个种类。

2）航天工作者对待失利和创新的态度，以及采取的具体行为模式；

3）航天工作者参与共同体建造，彼此相处的方式，以及共享的认知与行为模式；

4）航天工作者对航天精神与文化的共识达成、认同与追求、实践与深化、质疑与脱离等；

5）航天工作者在既有体制演化中对航天的看法和评价。

第三章立足系统工程，侧重于“物理”，是人与人、人与物、物与物实现联结与协作的主要框架。该章首先交代航天活动的研制场所与环境，描述从获得项目到展开研制，再到任务成功的科研生产活动，介绍航天对伴随高风险特征而来的失利的认识，以及加强质量管理等应对措施，同时也需要以系统思维对其进行管理与协调，说明“两总”系统的配合、机关的作用，并探讨其与其他系统的关系。该章将参与活动的人也视作组成系统的客体存在，置于系统中予以必要的考察。

第四章以“半闭合共同体”为主题，侧重于“人理”，分析组织化的人在彼此相处与协同过程中呈现出的组织形态与人文面貌。该章主要讨论人的主观认识与行为，探讨共同体实现凝聚的调和机制与发展模式，以“半闭合”特点为统领，介绍共同体的凝聚过程，包括新成员的加入、各层结构的贯穿、共同的认识与行为模式、共享的文化价值等，同时分析共同体的创新行为及遇到的挑战，最终落脚于“半闭合”特点存在的意义与当下的不足，分析开放的策略。第三、四章的展开，贯穿着人理与物理在系统、微观等具象层面的交叉互动。

第五章为第三部分。该章主要参考了历史文献及相关时事资料，说明要推进航天强国建设，必须把握人理与物理交叉互动所处的国家与时代环境，把握这种交叉互动关系呈现出的新特点。把握国家的战略需要，主要是把握国家安全与国防建设、经济与社会发展、外交与国际合作等宏观环境中的机遇与挑战。把握时代环境，要重点抓住科技革命的契机与领域发展的动向。把握航天体制中人理与物理的交叉互动关系与过程，主要是把握其受社会文化环境、发展要素、系统组织模式变动而正在发生或即将发生的新变化。这些要素都应作为制定和完善具体战略、规划等的依据。对这些要素的分析与把握，服务于对航天体制的有序改良，从而支撑建设航天强国的目标实现。

总体来说，本书从科技史、科学社会学与科学人类学相结合的综合研究视角，围绕研究主题展开剖析。首先以整理历史文献的形式，展现国际航天、中国航天的发展历程，描述世界主要从事航天的国家在选择体制上的差异，其中对航天发展历程进行了阶段性划分，对中国航天体制的基本脉络进行了层次划分，以归纳的方法实现了对历史与研究的碎片知识化。之后，以沙伦·特拉维克和默顿的研究为参考，借助参与式的民族志质性研究方法，展现共同体在体制框架中的认知、行为，探讨人理与物理的交叉互动对体制选择与演化的影响，从而完成了一种分析科学技术及其共同体与体制的研究探索。

本书以整体与具体相结合的方式开展研究。书中有关航天发展历程、航天体制路径的内容，是对航天显现在外的成就与体制的整体梳理；对航天系统工程的特质分析，以及对航天共同体的内在探究，是对航天内在的机制与文化的具体研究；最后本书对中国航天体制的建构方向进行展望，重回整体。整体与具体的结合，固然与研究所用的方法有关，但实现了前后衔接，亦保证了研究的完整。

本书采用纵向与横向相结合的研究维度，对航天及其体制的探讨贯穿着联系的、发展的观点。航天是全人类共同的事业，虽因时代和国别的不同而呈现阶段性、区域性的差异，但不应孤立地对待这些差异。本书通过纵向地总结过去、立足现在、面向未来，横向地聚焦个别、立足中国、放眼世界，力求更细致地勾勒出中国航天体制的建构路径，并做出展望。

第一章　航天事业：人理与物理交叉互动的发展呈现

地球是人类的摇篮，但人类不可能永远被束缚在摇篮里。

——［俄］康斯坦丁·齐奥尔科夫斯基

随着历史的发展和社会生产力的提高，人类对地外空间和航天科学技术的认识不断深化。在此基础上，人类通过实施特定的工程探索太空，开展相关活动，这一过程贯穿着人理与物理的交叉互动，通过积累呈现出航天事业的全景。

自古以来，人类对太空就有一种特别的向往，围绕对星空的观察与研究而得到的各种学说论述层出不穷、演变繁多，成为各个文明重要的知识组成和智慧依据，并对文明历史进程中的政治、经济、社会、文化、军事等方面持续产生着重要影响。1543 年，哥白尼发表《天体运行论》，人类文明迎来近代科技革命的开端，从此进入新阶段。进入 20 世纪后，在科技知识积累与工业发展水平达到一定程度的基础上，科学家开始向地球引力发起挑战。以 1903 年齐奥尔科夫斯基提出液体火箭推进的理论设想开始，人类探索外层空间、开展航天活动的实践由空想迈入理论阶段。齐奥尔科夫斯基也被誉为“航天之父”。1957 年 10 月 4 日，世界上第一颗人造地球卫星——斯普特尼克一号发射升空，人类开拓第四空间、探索宇宙奥秘的新时代正式开启。到今天，航天的发展对人类文明产生了深远的影响，发展和应用航天科学技术已成为各国推进现代化建设的重要内容。

第一节　人类开拓太空的历程

两次工业革命使人类科技和生产力水平得到极大提高，文明的面貌也随之发生快速变化，许多幻想从此“照进现实”。在多个世纪的科技“厚积”之上，19 世纪的西方迎来了“科学的世纪”。天文学、物理学、化学、生物学等领域的重大发现，不仅推动了科学的发展与技术的进步，还改变了人们的认知与思维，为航天学诞生创造了基本条件。一批卓越的科幻作家凭借想象，大胆预测人类向太空进军的方式与路径，试图勾勒人类探索太空、利用太空的遥远图景，飨万千读者以可口的“精神食粮”，激发了大众关注航天、研究航天的兴趣与热情，更给了科学家重要的灵感启迪，为航天学诞生提供了重要的思想条件。在各基础学科日益发展的过程中，一些科学家受兴趣驱动或在航天科普读物的影响下，将目光投向太空，投身到与航天相关理论的探索中，寻求解决“怎么进入太空”“怎么利用太空”等问题的答案，并在对理论与技术不断探索、试错与修正中，找到了有效的方案，为航天学的建立准备了科学技术条件。

天文学是航天学的至亲，但两者的发展时间却大为不同。天文学古已有之，研究对象也是客观实在的。从某种意义上讲，天文学的发展，是人类对距离十分遥远的那些存在的认识进行持续修正与深化的过程。人类在进化中并未掌握飞翔的能力，数百万年来受地心引力的作用一直生存在地球表面，仅凭自身的力量难以挣脱。因此人类虽然可以用肉眼或望远镜观测日月星辰，了解天文现象，但在漫长的文明史里，对进入浩渺太空、利用太空资源只能止步于神话与臆想。即便有诸如万户飞天的伟大尝试，但终究粉身碎骨，令人惋叹。

航天意味着人类要在对那些遥远存在的认识的基础上，真正地利用太空甚至进入太空之中。这是全新的领域，充满了未知与挑战。得益于“思想先行”，在齐奥尔科夫斯基于 1903 年提出液体火箭推进的理论设想后，人类仅经过约半个世纪的探索，便在运载火箭、电子、自动控制等科技领域取得重大进展。在国际上，没有核心技术的优势就没有政治上的强势。① 航天领域的成果作为“国之重器”，在国家机器的介入后取得快速发展，并成为一国在国际社会中享有大国、强国地位的力量支撑。总体来说，第四空间的开拓，以1957 年 10 月 4 日人类发射第一颗人造地球卫星、1991 年苏联解体且冷战落幕两大事件为分界，分为尝试、竞赛和多极化三个阶段，贯穿着潜力巨大的航天工程，贯穿着相互交织的科技、政治、经济、社会、军事等因素。

一、1903—1957 年，航天成为现实

（一）导弹技术的发展

只有“上天”，才能“航天”。按照牛顿力学的观点，只有当物体被抛出时拥有的初速度不小于第一宇宙速度，才能进入空间而不至于落回地球。这是航天活动首先要解决的问题，即运载技术。科学家对运载理论与技术的探索或许主要出于学术兴趣，但一国对运载技术的探索，则更多受军事、政治因素的驱动，以研发各种导弹武器为起点，最终研制成可用的运载火箭。其中，导弹即靠火箭发动机推进、由制导系统导引的火箭弹，运载火箭与导弹的最基本区别在于有无战斗部。②

在以齐奥尔科夫斯基为代表的一批卓越科学家及其团队的理论设想与研究成果的基础上，20 世纪上半叶，美国、苏联和一些西欧国家纷纷着手液体火箭研制工作。美国人罗伯特 · 戈达德于 1926 年3 月 16 日在 4 名助手和妻子的帮助下，成功发射了世界上第一枚液体火箭。其中，德国因《凡尔赛条约》被限制发展重型火炮、坦克

① 中共中央文献研究室编：《习近平关于科技创新论述摘编》，中央文献出版社 2016 年版，第 41 页。

② 刘戟锋、刘艳琼、谢海燕著：《两弹一星工程与大科学》，山东教育出版社 2004 年版，第 85 页。

和作战飞机，不得不在明面上“另辟蹊径”，成为最早对火箭武器研制提供支持的国家。到 1942 年 10 月 3 日，第 3 枚 A-4 火箭进行试验发射，取得高度成功，最大上升高度达 85 千米，飞行距离达 190 千米，离目标仅 4 千米。德国于 1944 年决定使用火箭武器，希望挽回败局，尽管未发挥决定性作用，也未扭转战争进程，但达到了二战结束前火箭技术的最高水平。战后，美、苏、英等凭借战胜国优势，从德国火箭研制中得到了重要的技术借鉴。当时，德国火箭专家、资料、生产设备成为各方争夺的重要战利品，冯·布劳恩向美国投降后为美国航天发展做出了重要贡献。

二战结束后，战时的盟友很快走向对抗，苏联和美国竞相追逐霸权地位，冷战拉开了序幕。国家实力尤其是军事实力，成为国家对抗依赖的重要资本。为弥补与拥有原子弹的美国之间巨大的军事落差，苏联决定在抓紧开发核武器的同时，研发一种有力的武器实现双方的平衡，也就是后来的洲际导弹。

从技术上讲，研制运载火箭实际上同发展洲际导弹是一致的。1947 年 10 月 30 日，苏联组装的第一枚 V-2 导弹发射成功，射程为 270 千米。之后，苏联的导弹射程不断升级。1949 年 8 月 29 日，苏联第一颗原子弹成功爆炸，实现了与美国的核平衡。1957 年 8 月 21 日，苏联第一枚洲际导弹 P-7 成功进行了全程发射试验，射程达 8 000 千米。P-7 导弹是两级液体火箭，在设计中考虑了适应性和通用性，易于被改造成航天运载火箭。这为苏联先于美国跨入太空时代奠定了技术基础。

二战结束后，美国认为原子弹的威力不可估量，原子弹的秘密可以被“垄断”，因而奉行“原子外交”。当时的核弹头庞大而笨重，在当时的技术条件下不可能放弃远程轰炸机而转用导弹来运载。1945—1953 年，美国政府长时间忽视导弹的价值，并对洲际导弹研制成功的可能性持怀疑态度，贻误了走在苏联前面的机会。有学者将这一期间美国政府的这种政策选择，归咎于美国科学界领袖范内瓦尔·布什的观点带来的影响。范内瓦尔·布什曾声称“人们不会相信这种高度复杂、也许极不可靠的武器（远程导弹），它还有一个缺点是固有的不准确性。”①

直到1953年，美国首次得到了苏联正在加速发展洲际导弹的情报。加上核弹头体积与质量逐渐小型化，美国空军于秋季决定成立战略导弹评审委员会，并邀请冯·诺依曼担任主席。该委员会提出报告，认为美国必须加紧发展洲际导弹，以抢在苏联之先掌握远程核打击能力。1954年6月1日，美国空军授权施利威尔准将全面负责宇宙神洲际导弹计划，该计划于1955年3月获得最高级优先权。1958年8月2日，试验导弹宇宙神B进行了首次发射试验，射程超过4 000千米；同年11月28日进行的全程试验中射程达9 660千米。这个结果与苏联相比有了一年多的延迟。至此，美国与苏联均初步具备了洲际核打击能力。尽管第一代洲际导弹实用价值有限，但为后续持续多代的优化提供了起点，这也促进了航天事业的发展。

（二）人造地球卫星的成功

二战以后，在人类运载能力取得积极进展的背景下，很多科学家开始研究利用火箭远离地球的方法。人造地球卫星的构想呼声很高。美国空军于1945年年末制定了“兰德计划”。兰德小组在1946年5月13日提交的第一篇报告《实验性环地宇宙飞船的最初设计》中，阐述了人造地球卫星的科学和应用价值，指出带有某些适当仪器的人造地球卫星装置将成为20世纪最有价值的科学工具之一。②1948年11月4日，空军宣布在兰德小组的基础上，正式组建兰德公司。兰德公司后来提出了一系列报告，剖析了人造地球卫星的战略威慑价值、通信价值、遥感价值、政治意义和显示一国技术优越性的价值，让美国科学家、政治家和军事家都深受震动。

人造地球卫星和高空物理在高空大气和物理学研究中的价值，

---

① 转引自李成智编著：《中国航天技术发展史稿》，山东教育出版社2006年版，第22页。

② 同上书，第25页。

日益受到国际科学界的关注。在一批热心人的倡导下，首届国际宇航大会于 1950 年 9 月 30 日在巴黎举行，大会决定创立国际宇航联合会。这是人类航天事业开始的重要标志。① 1951 年 9 月 3 日，国际宇航联合会在第二届国际宇航大会上宣告成立。此后，科学家们越来越强烈地呼吁发射人造地球卫星，并在国际上引起广泛关注与讨论。国际科学界商定，将适逢太阳活动最趋活跃高峰的 1957 年 7 月 1 日至 1958 年 12 月 31 日定为“国际地球物理年”②。1954 年 10 月，苏联和美国同时接受了国际地球物理年委员会一个特别委员会关于发射一个不载人的科学卫星的建议。

苏联在研制中程导弹和洲际弹道导弹期间，第一颗人造地球卫星本体的主要设计者——吉洪拉沃夫于 1950 年提出了论证人造地球卫星可行性和必要性的建议，充分论证了利用两级火箭可以达到第一宇宙速度并用以发射人造地球卫星。苏联人造地球卫星计划的总设计师科罗廖夫认为，将导弹稍加改进，就可以作为发射人造地球卫星的运载火箭。在他的领导下，将洲际导弹改装成运载火箭的工作得到迅速推进。在美国，1955 年 5 月 20 日，美国国家安全委员会批准了国防部提交的题为“美国科学卫星计划”的高级政策文件（NSC5520 号文件），这是美国对于开发外层空间的态度和指导原则的最早的政策文件。由于 NSC5520 号文件特别指示“美国科学卫星计划”与“国际地球物理年”相连，因此计划很快转入程序性的实施阶段。③

1955 年 8 月 2—6 日，第六届国际宇航大会在哥本哈根召开。在会前的 7 月 29 日，白宫宣布美国将为迎接国际地球物理年发射一颗科学卫星；会上，苏联科学院院士谢多夫也宣布苏联打算在国际地球物理年期间发射一颗到几颗人造地球卫星。

---

① 李成智编著：《中国航天技术发展史稿》，山东教育出版社 2006 年版，第 27 页。

② 朱岗崑：《关于“国际地球物理年”》，《科学通报》1956 年第 2 期。

③ 张杨：《试论艾森豪威尔政府时期的美国外层空间政策》，《世界历史》2004 年第 5 期。

二战结束后的十年里，美苏两国围绕航天运载器和人造地球卫星展开了竞赛，都正式做出决定要研制并发射人造地球卫星；但由于洲际导弹研制走在前面，苏联人最终占得先机。在科罗廖夫团队的努力下，被称为“苏联月亮”的斯普特尼克一号卫星于 1957 年 10 月 4 日在中亚沙漠中的拜科努尔发射场成功发射，这标志着人类正式迈入太空时代。

二、1957—1991 年，冷战时期的航天发展

（一）太空军事化下的美苏争霸

斯普特尼克一号卫星入轨后不久，苏联方面就向国际社会公布了消息，塔斯社的报道称其“开辟了星际航行的道路”。卫星通过无线电波，将“的……的……”的声响传送到地面，轰动了世界。在苏联，该卫星的发射被作为领先美国而荣摘“全球第一”桂冠的重要标志，成为向十月革命 40 周年的重要献礼。美国和西方则深受震动地“歇斯底里”，社会遭受巨大的心理冲击：在美国，“朝野一片哗然”“吵嚷不休”；西欧“惶恐不安”，日本破除“对美国迷信”……对美国来说，技术优越的“神话”、一厢情愿的领先“幻觉”，都在“苏联月亮”上天后被“粉碎”了。①

美国艾森豪威尔政府陷入前所未有的政治困境，之前的空间政策几乎全被推翻。② 距离斯普特尼克一号卫星发射仅 1 个月，苏联于 11 月 3 日又成功发射了一颗卫星，并载有一只名为“莱卡”的小狗。在巨大的压力下，白宫开出了“空头支票”：将既定综合试验任务还没完成的先锋号运载火箭的完整试验，当成第一颗人造地球卫星的发射尝试。12 月 6 日，在这次发射尝试中，火箭点火后不到 2 秒、上升 2 米便因发动机故障而折回发射台并发生爆炸。在电视机

---

① 佐林：《华盛顿的争吵》，《世界知识》1958 年第 6 期。综合参考同时期《人民日报》的报道。

② 张杨：《试论艾森豪威尔政府时期的美国外层空间政策》，《世界历史》2004 年第 5 期。

前目睹实况的成千上万的美国人自尊心备受打击。直到1958月1月31日，一枚名为朱诺一号的运载火箭在卡纳维拉尔角将探险者一号人造地球卫星送入轨道。在苏联发射第一颗卫星之后近4个月，美国“奋起直追”跨入了航天时代。这颗卫星还首次发现了地球辐射带。

自1957年以来，美苏两个超级大国赋予太空探索以军事使命，即所谓的太空军事化。① 这让冷战的阴云更加浓厚，并弥漫到太空之中。在接下来30多年持续的冷战中，两个超级大国围绕太空展开了激烈的争霸赛，让静寂了亿万年的太空因为人类活动而“硝烟弥漫”。

从1959年美国发射首颗军用照相侦察卫星算起，一直到苏联解体前后，军事航天活动不仅是美苏太空争霸的重要内容，也是人类航天活动的重要内容，包括发展各种军事卫星、扩大空间军事应用范围、研制多样空间武器（如轨道轰炸系统、部分轨道轰炸系统、可能作为作战平台的载人航天器以及曾达到实战水平的反卫星武器等）。1983年，美国时任总统里根发表关于“星球大战”的演讲，提出了战略防御倡议，开始全面研究、试验和开发各种适合于空间作战的武器技术。与此同步，美军率先于1982年9月成立空军太空司令部，1983年10月成立海军太空司令部；1985年9月，美国在空海两军的太空司令部之上，成立了具有联合指挥能力的太空司令部；到1988年4月，美军又成立了陆军太空司令部，仍归太空司令部管辖。② 苏联则在反弹道导弹、激光武器、粒子束武器和动能武器等方面取得很大进展，发射大量天顶系列间谍卫星，积极研制太空微型“杀手”反卫星武器系统。③ 为了获得空间作战经验，两国从20世纪60年代起开始频繁开展空间作战试验和演习，实施了多次反

---

① 何奇松：《冷战后的美国太空控制战略》，《江南社会学院学报》2010年6月第12卷第2期。

② 同上。

③ 耿海军：《争霸太空——冷战时期苏联航天计划探秘》，《国防科技》2001年第11期。

卫星作战试验。不过，出于政治、经济、技术等方面的综合考虑，两国的相关试验和演习活动偏重于威慑，或为了防备潜在对手部署同样的武器，以维持某种“恐怖的平衡”；而在实际部署空间武器问题上则比较谨慎。[①]

（二）航天科技的长足进步

出于军事目的的航天活动，对航天科技全局的发展起到了重要牵引作用。苏联与美国牢牢占据航天科技“第一阵营”。在冷战中后期，运载火箭技术脱离导弹武器并日臻成熟，技术发展到能够发射不同吨级、不同轨道高度的航天器，从而适应各种发射任务。航天器制造与发展可以细分为三个阶段：20 世纪 50 年代末至 60 年代初，以人造地球卫星为主，主要包括探测地球周围空间环境、开展技术试验、掌握各类轨道发射技术等任务。1961 年人类第一艘载人飞船——苏联东方号成功试飞。从 20 世纪 60 年代中期开始，航天器逐渐走向应用，形成应用卫星系列和商业化卫星系列应用机制；开展了空间交会对接、航天员出舱等活动，1971 年第一个空间站——苏联礼炮 1 号进入轨道；美国完成了阿波罗计划，1969 年美国阿波罗 11 号首次将人类送上月球。到 20 世纪 80 年代，卫星应用市场走向成熟，试验型空间站也得以应用，人类在空间环境下实现了长期生活和工作的可能，空间独特的环境被用以开展多种科学研究与应用试验，与空间站配套的空间运输系统建成，航天飞机投入应用。[②] 于是，航天器的基本类别谱系形成了，如图 2 所示。

无论是苏联、美国，还是其他国家，都在人类最初的航天活动及其产生的深远影响中看到了在航天活动中占据优先地位的巨大利

---

① 相关论述参见尹志忠主编：《世界军事航天发展概论》，国防工业出版社 2015 年版，第 1-2 页。

② 尹志忠主编：《世界军事航天发展概论》，国防工业出版社 2015 年版，第 17-23 页。

- 航天器
  - 无人航天器
    - 卫星
      - 科学卫星
      - 应用卫星
        - 军用卫星
        - 民用卫星
      - 技术试验卫星
    - 空间平台
    - 空间探测器
      - 月球探测器
      - 行星和行星际探测器
  - 载人航天器
    - 空间站
    - 载人飞船
      - 卫星式载人飞船
      - 登月载人飞船
      - 行星载人飞船
    - 航天飞机
    - 空天飞机

图 2　航天器的基本类别谱系①

益：可以大为拓展本国的战略空间，具备利用太空资源的机会，有利于政治建设、经济发展、科技进步与军事实力的提升，有利于强化民族凝聚力与自豪感，有利于获得更受尊重的国际地位与更强大的外交话语权。越来越多的国家参与到航天活动中来，考虑到综合国力、发展战略、政治军事需要等因素，不同国家的航天活动及成就各有差异，如有的国家兼具研制运载火箭和航天器的能力，有的国家只能研制航天器，有的则选择购买、租用或联合研制等途径。其中，中国是第 5 个用自制运载火箭将自主研制的卫星送上太空的国家。

随着航天科技的发展，人类对地球表面及大气环境，对地外空

① 彭成荣编著：《航天器总体设计（第二版）》，中国科学技术出版社 2011 年版，第 14 页。

间及月球这一地球的天然卫星，对太阳系的各类星体，对浩瀚宇宙的认识，在这一阶段大为延展，深刻影响了人们的世界观。同时，人类也经历了数次重大太空探索任务的失利，包括1967年4月苏联联盟1号飞船因降落伞故障坠毁，科马洛夫当场身亡；1986年1月挑战者号航天飞机升空73秒后爆炸，7名航天员全部罹难。这些失利让人类对探索太空活动的风险认识得更加深刻。

三、1991年至今，航天走向多极化

1991年，在海湾战争中，美国首次全面动用航天系统支援部队参加战斗，累计调用50多颗军、民用卫星为战争提供服务。这种作战方式是颠覆性的，军用卫星系统强大的信息支援对战争的胜利起到了至关重要的作用。这次战争被美国国防部称为“第一次太空战争”。这也让世界各国更加真切地认识到航天的巨大威力和重要影响，反过来进一步刺激了人类航天事业的纵深发展。更多的国家，尤其是发展中国家将发展航天作为重要战略选择。

从20世纪80年代末起，欧洲地缘政治发生剧烈动荡，社会主义阵营国家纷纷“改旗易帜”。东欧剧变、苏联解体，深刻冲击了二战以后的国际秩序。随着1991年年底莫斯科红场上的红旗降落，长达近半个世纪的冷战走向尾声。世界格局进入“一超多强”时代，并向多极化迈进。与国力高度相关的航天领域发展也随之走向多极化，并不再过分聚焦军事战争的需求。尽管航天活动的军用色彩依旧浓厚，但民用航天也日益兴起。越来越多的国家、组织、企业积极并深入参与航天活动，航天科技不再被少数国家所垄断。对更多国家和地区的人民而言，航天科技也不再局限于“可望而不可及”的高精尖印象，而是为人们的日常生活带来了许多切身的便利，更对人类社会生产、生活方式产生了全局性的、重大而深远的影响。

美国仍在航天领域居领先地位。冷战结束后，美国为了独霸太空，提升太空在国家安全中的战略地位，调整并优化太空作战指挥机构，制定太空保护战略，组建空间站实验室和实验部队，组建并

强化太空作战部队，加大太空战武器装备研发力度，拒绝签署禁止太空武器化的条约，进行太空战军事演习乃至实战，部署导弹防御系统等，并于近年来持续加强太空军事力量，设立太空军种和军事决策机构。[①] 2019 年，美国正式成立天军（也译作“太空军”），并退出了《中导条约》。从海湾战争、科索沃战争，到自 21 世纪以来进行的阿富汗军事行动、伊拉克战争、打击极端组织（ISIS）等，美国深度运用了军用航天，其威力大放异彩。这些也标志着，军用航天由战略应用全面转向战役、战术应用阶段，并由此带来更加直观、更为剧烈的杀伤与危害。目前，美国仍然是全球太空科研支出最高的国家，并远超其他国家。[②]

与此同时，俄罗斯、中国、西欧国家的航天活动持续活跃，日本、印度、以色列等国家的航天能力也不断提升。俄罗斯继承了苏联大部分“衣钵”，受限于经济发展、人才队伍等因素，已不复当年与美匹敌的战略地位，但仍在国际航天活动中发挥着重要作用。中国在应用卫星、载人航天、深空探测等方面持续进步（详见本章第二节）。西欧[③]近年来着力开发伽利略卫星导航系统（Galileo Satellite Navigation System），欧空局研制并成功试射了织女星火箭，着力推动建设“欧洲数据中继系统”等，应用卫星能力保持世界领先，在深空探索、空间天文等领域卓有建树。[④] 日本、印度、以色列的航天技

---

① 何奇松：《冷战后的美国太空控制战略》，《江南社会学院学报》2010 年 6 月第 12 卷第 2 期。

② 根据 NASA 网站提供的数据，NASA 在近年来每个财年的预算和花费持续增长，不断接近并超过 200 亿美元（约相当于 1 400 亿元人民币），参见 https：//www. nasa. gov/news/budget/index. html。NASA 的预算和花费仅是美国探索太空和开展航天科研活动的一部分，但仅此一项就超过世界上绝大多数国家了。

③ 在苏联/俄罗斯以外的欧洲，既有作为区域组织的欧洲空间局（ESA），也有作为欧空局成员的欧洲国家同时着力于发展航天。本书中，如无特别注明，“西欧（或欧洲）”一般泛指不包括苏联/俄罗斯的欧洲区域，但包括作为欧空局成员国或准成员国的沿波罗的海三国——爱沙尼亚、拉脱维亚和立陶宛；在开展对国家和地区的讨论时，欧空局也作为其中的一个对象。

④ 张雪松：《这些年，欧空局也是蛮拼的》，《中国航天报（飞天科普周刊）》2015 年 1 月 31 日第 1 版。

术也有不同程度的发展。伊朗、朝鲜在运载等技术上也有一些探索与实践，其开展的航天发射活动给地区形势与国际格局带来影响。

截至2004年，世界各国及组织向太空发射了大大小小5 700多个航天器，其中俄罗斯（含苏联）3 192个，美国1 782个，日本104个，欧空局48个，印度30多个。[①] 截至2013年，发射总数增至6 789个，其中，俄罗斯（含苏联）3 393个，美国2 134个，日本170个，欧空局48个，印度64个。[②]

2014—2019年[③]，人类开展了570次航天发射活动，涉及2 181个航天器。[④] 其中，美国发射156次、共934个航天器[⑤]，俄罗斯发射144次、共365个航天器，中国发射148次、共334个航天器，三国发射次数占全球77.9%，发射航天器数量占全球74.9%。与美国、俄罗斯、中国相比，欧空局、印度、日本等国家或组织在数量上处于第二梯队（发射次数分别为54、34、27次，涉及航天器154、280[⑥]、90个）。另外，伊朗、以色列、朝鲜等国也进行了航天发射活动。[⑦] 这大致相当于在过去6年里，在每4次发射中，美国进行1次，中国开展1次，俄罗斯实施1次，其他国家负责剩余的1次。

---

① 朱毅麟：《世界航天强国排行榜》，《中国航天》2006年第4期。原文未提及中国的情况。

② 尹志忠主编：《世界军事航天发展概论》，国防工业出版社2015年版，第21页。

③ 本章第二节“中国的航天历程”中，将2014年1月起算作第5个阶段。故在此处将2014年作为统计节点。

④ 应该说，航天发射次数只是体现航天发展实力和水平的许多衡量尺度之一，是最好总结和比较的一种；它并不能准确地反映全貌。发射次数越多固然越强，但运载能力同样重要。在增加发射次数的基础上，更要注重提高火箭发射能力和技术水平，以更好地满足当下及未来的发展所需。

⑤ 2019年，美国发射270个航天器，相当一部分系低轨星座卫星。

⑥ 2017年2月15日，印度使用PSLV-C37火箭发射了104颗卫星，尽管创造了单次发射卫星数量最多的新纪录，但在104颗卫星中，除了一颗卫星达到730千克外，其余103颗卫星总重只有712千克。

⑦ 综合自《国际太空》近年来刊发的研究报告和《中国航天科技活动蓝皮书（2019年）》。部分数据与其他报告或存在出入，这是由统计口径不同导致的，本文以该系列资料数据为准。

截至目前，国际上绝大多数国家都在开发和应用航天技术。

总体来看，自 20 世纪 90 年代以来，空间军事化、工业化、商业化同步发展，航天科技活动更加重视实用价值。运载火箭增至百余种，并在可重复利用方面取得重要进展①，小型运载火箭也开始发展，火箭应用更加多元。应用卫星总体上朝着大型化、长寿命、高性能、多功能的方向发展；另一方面，受益于小型器件和微电子技术的进步，具有造价低、质量小、风险小等显著特点的小卫星受到军方、企业、大学、科研机构的重视与欢迎，一股小卫星热逐渐兴起，被更加灵活地应用于通信和对地观测等业务。航天器研制走向双边或多边合作，出现了跨国公司或联合集团形式的航天企业。在国家意志以外，商业航天公司在航天舞台上扮演了日益重要的角色，甚至吸引全球为之瞩目，尤其是 SpaceX 公司的猎鹰号火箭的火箭回收复用技术日益发展，SpaceX、OneWeb 等公司推出的全球低轨宽带星座计划赚足了眼球。人类还致力于探测更深的太空领域。1997 年美国火星探路者号在火星上登陆。发射于 1977 年的旅行者一号和旅行者二号都已飞出太阳系，正在向星际空间（interstellar space）挺进。② 集合美国、俄罗斯、欧空局、日本、加拿大、巴西等 16 个国家或组织之力，国际空间站于 1993 年完成设计，并于 2011 年 12 月完成了最后一个组件的组装。这标志着人类在太空中建成了可供长期生活和工作的基地，向开发空间及其丰富资源的理想迈出重要一步，推动航天科技发展迈向更高阶段。③

---

① 2015 年 12 月 21 日，美国太空探索技术公司（SpaceX）发射的猎鹰 9 号火箭在佛罗里达州卡纳维拉尔角成功实现第一级火箭软着陆，开创了火箭从太空直接垂直回收的历史。

② 数据来源为美国国家航空航天局（NASA）官网。参见 https：//www. nasa. gov/feature/goddard/2019/the-voyage-to-interstellar-space。

③ 本段观点参考尹志忠主编：《世界军事航天发展概论》，国防工业出版社 2015 年版，第 21 页。

第二节 中国的航天历程

尽管近代科学终究未出现在中国，但毋庸置疑，科学在中国文化中有光辉灿烂而深厚的根基。[①] 将《中华科学技术史》改编成《中华科学文明史》的柯林 · 罗南也认为："在人类了解和控制自然方面，中国人有过伟大的贡献。"[②] 中国的风筝和火箭被称作最早的飞行器。[③] 但受封建制度的禁锢，中国对技术的应用长期处于奥特加所谓的"工匠的技术"时期，迟迟未曾过渡到"技术专家或工程师的技术"阶段。[④] 到 19 世纪，与西方国家相比，中国的科技发展已经极其落后了。

1840 年以后，西方国家得益于近代科学技术的发展，凭借坚船利炮叩开了中国的大门，将中国拖入了悲惨的百年近代史。近代以来，中国人民面临着争取民族独立、人民解放和实现国家繁荣富强、人民共同富裕这两大历史任务。[⑤] 1949 年中华人民共和国的成立，标志着第一个任务的实现，从政治上恢复了中华民族的凝聚力与自

---

① ［英］李约瑟著，柯林 · 罗南改编：《中华科学文明史》，江晓原主持，上海交通大学科学史系译，上海人民出版社 2014 年版，扉页。

② 同上书，第 7 页。

③ 美国华盛顿宇航博物馆的大厅里挂着一支中国风筝，在它边上写着："人类最早的飞行器，是中国的风筝和火箭。"参见刘卉：《漫谈中国风筝艺术》，《文艺争鸣》2011 年第 6 期。

④ ［美］卡尔 · 米切姆著：《技术哲学概论》，殷登祥、曹南燕等译，天津科学技术出版社 1999 年版，第 25-26 页。原文介绍了"谈技术问题的第一个职业哲学家"奥特加在《对技术的沉思》一书的观点。奥特加将技术的历史勾勒为三个时期：1）偶然的技术；2）工匠的技术；3）技术专家或工程师的技术。在第一个时期，完全没有任何方法或技能，技术的发展纯粹是偶然的。在第二个时期，某种技术已经变成有意识的，而且通过一个特殊的阶级——工匠，从一代传到下一代，但仍没有任何有意识的技术研究；技术单独是一种技艺，而不是一门科学。只有在第三个时期，随着与历史上现代科学的兴起相联系的分析思想方法的发展，技术专家或工程师的技术，科学的技术，本来意义上的"技术"出现了。

⑤ 李捷：《中国共产党与两大历史任务》，《中共党史研究》2011 年第 7 期。

豪感。而要实现第二个任务，需要长期的奋斗，并大力发挥科学技术的作用。从 19 世纪中叶“师夷长技”的呼吁，到 20 世纪初“科学救国”“实业救国”的思潮，从 20 世纪 50 年代“向科学进军”到 20 世纪末“科教兴国”战略，再到 21 世纪建设“科技强国”，中国人对科学技术终始寄予厚望。

中华人民共和国成立前，中国重工业基础十分薄弱，科研能力十分有限，武器装备以“缴获为主”，长时间处于“小米加步枪”阶段。当时，全国科学机构包括社会科学研究机构在内仅 40 个左右，研究人员只有 650 人。按当时 4.5 亿人口算，全国科研机构、科研人员与总人口的平均比例是每 1 125 万人中只有一个科研机构，每 70 万人中只有一名科研人员。而且从学科和门类来说，空白和缺门相当多。[①] 中华人民共和国成立后，决心大力发展科学技术，并立足自力更生，积极向苏联等国家借鉴经验、学习技术，购买并仿制武器装备，进入了以“引进为主”“仿制为主”的阶段[②]，并以此为过渡，最终迈入了自主创新阶段。

20 世纪 50 年代初爆发的朝鲜战争和台海危机，令中国最终下定决心发展原子弹和导弹等尖端武器。毛泽东曾形容这是决定命运的。1960 年 2 月 19 日，中国第一枚液体探空火箭（T-7M）发射成功，标志着中国拉开了太空时代的大幕。[③] 之后，中国的近程导弹、中程导弹、中远程导弹、洲际导弹、潜地导弹等先后发射成功。导弹成果还衍生出了长征系列运载火箭。1970 年 4 月 24 日，中国第一颗人造地球卫星东方红一号发射成功，这标志着中国正式进入太空时代。1984 年 4 月，东方红二号通信卫星发射成功，中国进入了实用卫星

① 转引自侯光明等编著：《国防科技工业军民融合发展研究》，科学出版社 2009 年版，第 180 页。

② 同上书，第 187 页。原文表述为“揭开了中国太空时代的序幕”。

③ 侯光明等编著：《国防科技工业军民融合发展研究》，科学出版社 2009 年版，第 279 页。

时代。① 2003 年，神舟五号载人飞船发射成功。2007 年，中国首颗月球探测卫星嫦娥一号发射成功。至此，人造地球卫星、载人航天和深空探测成为中国航天发展的三大里程碑。

2016 年中国航天迎来创建 60 周年，这一年中国航天也取得了多项重大进展：6 月 25 日，新一代中型运载火箭长征七号首飞成功；8 月，墨子号量子科学实验卫星成功发射；11 月 3 日，新一代运载火箭中质量最大、运载能力最强的长征五号成功首飞，标志着中国进入“大运载时代”；9 月至 11 月，天宫二号成功发射，并与神舟十一号飞船交会对接，首次实现中国航天员中期在轨驻留。②

自 2017 年以来，中国航天持续快速发展。2018 年、2019 年连续两年发射次数位列全球第一。2017 年 4 月 20 日，中国首艘货运飞船——天舟一号发射成功。2018 年 12 月 8 日，由玉兔二号巡视器和着陆器组成的嫦娥四号探测器成功发射，并于 2019 年 1 月 3 日顺利在月球背面预选区着陆，由多个国家和国际组织参与的科学探测任务陆续展开。这是人类历史上首次航天器在月球背面的软着陆和巡视勘察，首次实现了地球与月球背面的测控通信，在月球背面留下了世界探月史上的第一行足迹，揭开了古老月背的神秘面纱，开启了人类探索宇宙奥秘的新篇章。2019 年 12 月，北斗三号系统核心星座部署完成，具备正式提供全球服务的能力；长征五号遥三运载火箭复飞成功，将东方红五号新一代大型卫星平台的首颗试验星——实践二十号送入预定轨道。2020 年 1 月 5 日，实践二十号卫星成功定点，预示中国正跻身世界一流通信卫星“俱乐部”。

回顾中国航天 60 多年的发展历程，可以大抵按照每 13～15 年进行阶段的划分，依据主要是某些具有标志性的成就。以此而论，中

① 《外国舆论评述我发射试验通信卫星　中国进入了实用卫星时代》，《人民日报》1984 年 4 月 20 日第 6 版。

② 综合参考《中国航天科技集团公司 2016 十大新闻》，《中国航天报》2017 年 1 月 4 日第 4 版。

国航天已经走完4个阶段，正处于迈向航天强国的新阶段。①

一、1956年10月—1970年4月，解决导弹研制、卫星上天的问题

与苏联、美国类似，中国航天也是先从导弹研制着手②，先解决迫切的军事需求，并以此提升运载能力，再研制人造地球卫星，这也是航天科技在起步阶段的基本脉络。从1956年10月国防部第五研究院成立，到1970年4月24日东方红一号卫星发射成功为止，中国航天在一穷二白的基础上艰苦创业，取得了以“两弹一星”③为代表的重大成就。“两弹一星”的成功，从军事上，从科学技术上，智慧、知识和能力上，增强了中国人民的自信心与安全感。④

1956年2月，刚刚回国的钱学森向国务院报送了《建立我国国防航空工业的意见书》，提出了中国发展导弹武器工业的设想。意见书引起了党和国家决策层的高度重视。随后中国政府做出了一系列有关导弹技术发展的重大决策。同年5月10日，聂荣臻代表航空工

---

① 这一阶段划分借鉴了闵桂荣2002年在“中国近现代科学技术回顾与展望国际学术研讨会”上发表的论文《中国人造地球卫星发展回顾》。文中，闵桂荣将中国人造地球卫星的发展历史分为“1958—1970年，向太空进军的序幕”“1971—1984年，自力更生、开发太空技术”和“1985—2000年，应用卫星的发展”三个阶段。本书在参考这一发展阶段划分的基础上，结合中国航天自1956年至21世纪第二个十年这60多年来的总体脉络，进行了整体性的阶段划分尝试。更多资料，可见本书附录“中国航天取得的部分重要成就”。

② 在1960年2月召开的中央军委第六次扩大会议上，讨论并通过了《国防建设工作纲要》，提出尽快突破“两弹”（导弹、原子弹）技术的任务，并确立了“两弹为主，导弹第一，努力发展电子技术”的国防尖端技术发展方针。参见《中国航天事业发展的哲学思想》编委会：《中国航天事业发展的哲学思想（第二版）》，北京大学出版社2016年版，第22-23页。

③ 对“两弹”的内涵，从历史看应指导弹、原子弹，但也有观点认为指原子弹、氢弹；“一星”指人造地球卫星。导弹和人造地球卫星的成就均产生于航天领域。关于“两弹一星”内涵的讨论，详见《江泽民国防科技工业建设思想研究》，电子工业出版社2005年版，第364-366页。

④ 刘戟锋、刘艳琼、谢海燕著：《两弹一星工程与大科学》，山东教育出版社2004年版，前言第1页。

业委员会向国务院和中央军委提出了《关于建立我国导弹研究工作的初步意见》。5 月 26 日，周恩来主持中央军委专门会议，就此展开讨论，并批准立即成立国防部导弹管理局，组建导弹研究院，即国防部第五研究院，确定研究院院长为钱学森。1956 年 10 月 8 日，聂荣臻正式宣布国防部第五研究院成立，并勉励大家以自力更生、奋发图强的精神，进行研究学习，毕生致力于我国的导弹事业。他后来又提出了五院的建院方针："自力更生为主，力争外援和利用资本主义国家已有的科学成果。"

国防部第五研究院成立，被看作中国航天诞生的标志，这项伟大的事业由此滥觞。之后，老一辈航天人在极其艰苦的条件下筚路蓝缕、艰苦创业，最终实现了"两弹一星"的重大突破。

导弹的研制历经波折。20 世纪 50 年代中期，在中苏友好的背景下，中国向苏联寻求导弹技术的援助。由于涉及不可轻易示人的"国之重器"，苏联在中方几次外交交涉的努力后，于 1956 年 9 月委婉地拒绝了援助中国的要求，仅仅给了两枚 P-1 导弹供教学使用。这是苏联人之前仿制的第二次世界大战中德国人研制的 V-2 导弹。到 1957 年下半年，苏联对华尖端武器援助有了新进展，10 月 15 日，中苏正式签署《关于生产新式武器和军事技术装备以及在中国建立综合性原子能工业的协定》（简称《国防新技术协定》），苏联在协定中允诺在导弹、核武器等方面给中国相应的帮助。[①] 这加快了中国研制导弹的速度。两枚苏制 P-2 弹道导弹于同年 12 月 24 日运抵中国。不久，苏联派遣到中国的专家和提供的图纸资料也陆续抵京。科学家们从仿制起步，不断取得突破性进展。但 1960 年 7 月 16 日，在导弹仿制进入决战阶段、即将开始总装之际，苏联照会中国政府，宣布停止对华援助，停止派遣并撤走专家。苏联专家临行前对中国人说，他们走后这些导弹零件会变成废铜烂铁。钱学森号召大家

---

① 当时苏联刚发射了第一颗人造地球卫星，《国防新技术协定》中并未纳入卫星技术援助条款。

“一定要搞出争气弹”。

4 个月后的 1960 年 11 月 5 日，中国第一枚导弹东风一号（代号 1059）[①] 首次飞行试验获得圆满成功。这表明中国已经初步掌握了导弹制造技术，是中国国防和军队装备史上一个重要的转折点。

1964 年 6 月 29 日，中国自行设计研制的东风二号中近程液体导弹经过一次发射失利后，终于成功完成首次飞行试验。1965 年 3 月，在 2 400 多名科技人员、干部和工人对研制地地导弹进行大讨论的基础上，《地地导弹发展规划》（即“八年四弹”规划）提出并得到中央专委原则批准。该规划明确指出，要在 1965—1972 年内，研制成功中近程导弹、中程导弹、中远程导弹以及洲际导弹，分别对应东风二号甲导弹、东风三号导弹、东风四号导弹和东风五号导弹。1966 年 10 月 27 日，中国成功地用东风二号甲中近程导弹进行了“两弹结合”试验，表明中国已具备战略威慑能力，打破了美、苏两个超级大国的核垄断。1966 年 12 月 26 日，中国第一枚新型地地中程导弹东风三号首飞成功，这是中国第一枚独立研制的地地导弹，掀开了中国战略导弹研制史上新的篇章。1970 年 1 月 30 日，中国自行研制的第一枚中远程两级地地导弹东风四号第二发全程遥测弹飞行试验成功，表明中国基本攻克多级导弹的关键技术难题。[②]

“我们也要搞人造地球卫星”这一想法从呼吁到实现，前后历经 12 年。1957 年 10 月苏联发射人造地球卫星后不久，毛泽东率团赴莫斯科参加“十月革命”40 周年庆祝大会以及国际共产党和工人党会议。抵达莫斯科的第二天（11 月 3 日），苏联又发射了一颗更大的而且是肉眼可见的人造地球卫星。毛泽东对苏联率先发射人造地球卫星一事评价称：“全世界公认：苏联两次发射人造卫星的成就，

---

① 1964 年 3 月 12 日，总参谋部、国防科委颁发经中央军委批准的各种导弹、火箭的名称。其中“1059”地地导弹改称东风一号；原东风一号改称东风三号。

② 综合参考：《中国航天事业的 60 年》编委会：《中国航天事业的 60 年》，北京大学出版社 2016 年版，第 157-174 页；侯光明等编著：《国防科技工业军民融合发展研究》，科学出版社 2009 年版，第 279-281 页。时间和表述不一致的，以《中国航天事业的 60 年》为准。

开辟了人类征服自然界的新纪元。”① “在苏联发射人造卫星以后，就在最重要的科学技术部门也占了压倒性的优势。”② 同期，他提出了中国要用15年时间赶上英国的目标。1958年春，中国科学院的一些科学家提出了“上天、入地、下海”的口号。其中，“上天”就是要研制和发射人造地球卫星。5月17日，毛泽东在中共八大二次会议上明确提出“我们也要搞人造地球卫星”。之后，中国科学院将研制人造地球卫星列为当年第一项重点任务，并于7月拟定了卫星发展规划，主张卫星发展分发射火箭、发射小卫星、发射大卫星“三步走”，明确要求“只争朝夕，苦战三年，实现中国第一颗卫星上天”。

1959年，中国经济情况恶化，随之进入了三年困难时期。时任中央委员会总书记的邓小平分析了国际经济和科技形势，按照科学规律，指示“现在放卫星与国力不相称，要调整空间技术研究任务”。之后，中国科学院将研究重点转到研制探空火箭上来。到1964年，国家经济形势才显著好转。年底，全国人大三届一次会议开幕，周恩来在政府工作报告中号召“向科学进军”。在赵九章、钱学森等的建议下，周恩来于1965年1月批示有关部门尽快提出具体方案。1965年4月，国家科委向中央专委提出在1970年至1971年发射中国第一颗人造地球卫星的报告。7月，中国科学院受国防科委的委托，草拟了《关于发展我国人造地球卫星工作的规划方案建议》。8月，中央专委第13次会议讨论，批准了这个规划方案。人造地球卫星研制工作终于再次启动。

之后，按照“上得去、抓得住、听得到、看得见”的研制要求，中国航天的科技人员着手研制运载火箭和人造地球卫星，并做了大量探索试验。1967年11月，在对中远程导弹改进的基础上，长征一

① 毛泽东：《在苏联最高苏维埃庆祝十月革命四十周年会上的讲话》，载《毛泽东文集》人民出版社1999年版，第七卷第313页。

② 毛泽东：《在莫斯科共产党和工人党代表会议上的讲话》，载《毛泽东文集》人民出版社1999年版，第七卷第325页。

号运载火箭研制工作正式启动；12 月，人造地球卫星被正式定名为东方红一号。1970 年 1 月 30 日，也是我国的农历“小年”，长征一号运载火箭试验发射成功；2 月初，东方红一号完成了出厂前的各项准备工作；4 月 1 日，火箭与卫星双双抵达酒泉发射基地。4 月 20 日，周恩来亲自给时任国防科委副主任罗舜初打电话，对卫星发射工作提出了十六字要求：“安全可靠，万无一失，准确如归，及时预报。”4 月 24 日凌晨，毛泽东批准卫星在当天实施发射。当晚 21 时 35 分，火箭喷焰腾空；13 分钟后，发射场现场广播了“发射成功”的喜讯。约 90 分钟后，卫星转到第二圈经过喀什上空，酒泉发射基地的收音机响起了“东方红，太阳升……”的乐曲；展开后的卫星观测裙也如三等星一样明亮可见。至此，中国成为继苏联、美国、法国、日本之后第 5 个能独立研制和发射卫星的国家。

二、1970 年 4 月—1984 年 4 月，解决运载提升、卫星应用的问题

东方红一号上的乐音装置和短波发射机连续工作了 28 天，与卫星应用还有较大距离。我们已经实现了把卫星打上天的目标，接下来是怎么把更重的卫星打上天与怎么开发并利用实用卫星的问题。在长期的航天科技活动实践中，决策层认识到：“卫星要搞急用、实用的，不要贪多求全，要抓重点，搞一个算一个，真正有用。”① 这与之前第一颗人造地球卫星在研制过程出现中断、灯塔一号导航卫星纳入国家计划但进展困难、载人航天工程（代号“714”）正式立项后又暂停等事件有关。1979 年 1 月，邓小平访美期间参观约翰逊航天中心，表示中国“不参与太空竞争，不急着上月球，要把有限的力量集中在急用、实用的应用卫星上”。

1970 年 4 月成功发射东方红一号，标志着中国进入太空时代；1984 年 4 月 8 日成功发射东方红二号通信卫星，标志着中国正式开

① 《中国航天事业的 60 年》编委会：《中国航天事业的 60 年》，北京大学出版社 2016 年版，第 202 页。

启“实用卫星时代”。这一时期，中国航天推进既有任务规划，并着力解决多个航天科技领域的“有无”问题。作为相对的后发国家，中国综合考虑技术积累、工程实现难度、任务需求迫切程度、应用价值等，在航天的局部领域实现了突破式追赶，基本解决了以导弹为代表的尖端武器研制问题，并实现了卫星应用。主要的工程成果包括科学探测与技术试验卫星、洲际导弹、长征二号运载火箭、返回式遥感卫星、潜地导弹、长征三号运载火箭、静止轨道通信卫星等。

在这一阶段的航天科技决策中，导弹仍具有相对的优先地位，①在导弹的带动下，运载能力也得到了提升。1971 年 9 月 10 日，远程运载火箭第一发遥测弹按预定的弹道顺利升空，试验取得了基本成功。但受大环境影响，参试人员不仅未受到表彰，反而受到了不公正待遇。在此后一段时间里，远程运载火箭全程飞行试验处于延宕状态。直到十一届三中全会后的 1980 年 5 月 18 日，中国向南太平洋预定海域成功地发射了自行设计生产的东风五号洲际导弹，首次全程飞行试验成功完成。这是中国首次从本土向公海进行的洲际导弹发射试验，是中国导弹研制史的一个里程碑②，标志着中国战略武器达到了新的水平，走完了研制、试验全过程。③ 东风五号洲际导弹飞向太平洋，使中国远程运载火箭结束了试验阶段，进入实用阶段，不仅解决了中国远程运载火箭的“有无”问题，而且也为中国发展

---

① 1973 年 4 月 11 日，中国共产党第九届中央委员会委员华国锋在听取国防科委副主任张爱萍汇报后指出：卫星与武器的关系，卫星不是不想要，但它与武器有矛盾时，卫星要让让路。1980 年抢出东风三号、东风四号和东风五号来，使我们有还手之力。详见《中国航天事业的 60 年》编委会：《中国航天事业的 60 年》，北京大学出版社 2016 年版，第 182 页。

② 《中国航天事业的 60 年》编委会：《中国航天事业的 60 年》，北京大学出版社 2016 年版，第 201 页。

③ 《中国航天事业发展的哲学思想》编委会：《中国航天事业发展的哲学思想（第二版）》，北京大学出版社 2016 年版，第 91 页。

大型运载火箭打下了坚实基础。[①] 这也意味着，延迟多年的“八年四弹”规划最终全部变成现实。1982 年 10 月 12 日，第二发巨浪一号遥测弹水下发射试验成功，标志着中国的战略核导弹从液体发展到了固体，从陆上发展到了水下，从固定阵地发射发展到了隐蔽机动发射，中国成为世界上第 5 个拥有潜艇水下发射导弹能力的国家。此后，战略武器的研制重点向改进与提高转变，包括精度、生存能力、发射方式、发射时间等方面。[②]

运载能力方面，这一时期的成果主要有风暴一号运载火箭、长征二号运载火箭和长征三号运载火箭。1979 年，远望一号航天测量船建成并投入使用，中国成为世界上第 4 个拥有远洋航天测量船的国家。

卫星研制方面，这一时期的成果主要包括实践科学探测与技术试验卫星、返回式卫星、地球静止轨道通信卫星等，并有效推进了气象卫星研制工作。在实践科学探测与技术试验卫星中，实践一号于 1971 年 3 月成功发射，并在太空运行 8 年多，这在 20 世纪 60 年代国外研制的卫星中亦属少有；1981 年 9 月，中国“一箭三星”将 3 颗实践系列卫星送入太空。在返回式卫星方面，从 1975 年 11 月 26 日到 1983 年 8 月 19 日，中国先后 5 次利用长征二号运载火箭成功发射第 1 颗到第 5 颗返回式卫星。至 2005 年 8 月 29 日，中国成功完成 22 次返回式卫星发射任务。

1984 年 4 月 8 日，长征三号运载火箭成功地将东方红二号通信卫星送入太空，卫星最终进入赤道上空的静止轨道。作为一项规模庞大、技术复杂的航天工程，发射静止轨道通信卫星“不仅是中国工程技术的一项重大突破，也大大满足了中国通信、电视广播事业

---

① 《中国航天事业发展的哲学思想》编委会：《中国航天事业发展的哲学思想（第二版）》，北京大学出版社 2016 年版，第 92 页。

② 参考 1980 年 8 月 5 日，时任国防科委主任张爱萍在国防科委党委扩大会议上讲话的有关要点。详见《中国航天事业的 60 年》编委会：《中国航天事业的 60 年》，北京大学出版社 2016 年版，第 202 页。

和国家现代化建设、国防建设的需要”。[①] 此次任务的成功表明“中国的运载火箭水平不亚于其他先进国家，卫星通信技术也接近世界先进水平”。[②]

三、1984 年 4 月—1999 年 11 月，解决工程能力全面提升的问题

以东方红二号成功发射为标志，中国航天的工程研制能力进入新阶段，“有无”的问题得到初步解决，“好不好”“强不强”的问题逐渐成为主要矛盾。中国航天主要关注的问题不再立足于“急于求成”解决“有无”问题，更在于把眼光放远一点，尽可能地完善、改进、提高，要解决先进、精良问题，并力求先进更先进。[③] 在党和国家的大力支持下，中国航天加速发展，并开始进军国际商业发射服务市场。

1986 年 3 月 31 日，国务院根据邓小平加快发展高新技术的指示，批准了航天工业部提出的《关于加速发展航天技术的报告》。该报告明确指出航天技术是中国跻身世界先进行列的综合技术之一，已具有比较雄厚的基础，现正处在发展的关键时期。在 20 世纪 80 年代后期和 20 世纪 90 年代前期，航天任务的目标是“新三星一箭一论证”，即东方红三号中容量通信卫星、资源一号资源卫星、风云二号地球同步轨道气象卫星，长征三号甲运载火箭，开展载人航天

---

① 侯光明等编著：《国防科技工业军民融合发展研究》，科学出版社 2009 年版，第 284 页。

② 参见《张爱萍就试验通信卫星发射成功发表谈话：我国运载火箭和卫星通信技术进入世界先进水平》，《人民日报》1984 年 4 月 20 日第 3 版。

③ 1984 年 10 月 28 日，时任中央军委副秘书长张爱萍对航天工业部导弹研制方向做重要指示：对已研制的武器装备，主要集中优势力量，尽可能地完善、改进、提高。当前和今后的武器研制，不要着眼于当前作战使用，要把眼光放远一点，不能像过去那样急于求成。过去是解决“有无”问题，而现在主要是解决先进、精良问题了。加强力量用于预先研究。凡是关键技术未过关者，一律不能进行型号的设计研制。与外国先进技术结合，力求先进更先进。详见《中国航天事业的 60 年》编委会：《中国航天事业的 60 年》，北京大学出版社 2016 年版，第 213-214 页。尽管这一指示是针对武器装备的，但航天其他领域的发展都遵循了这一大方向。

工程的论证和关键技术的预先研究。① 这些任务的完成，将全面提升航天科技能力。同年 11 月 18 日，中共中央、国务院批准了《高技术研究发展计划纲要》，将航天技术列为七大高技术发展重点之一。②

从东方红二号通信卫星发射成功到 20 世纪末这 15 年间，中国导弹技术持续发展，长征系列运载火箭升级换代，为后续更先进卫星项目的研制和载人航天工程的实施奠定基础，并投入国际市场开始承担国际商业卫星发射任务；卫星谱系更加完整且实用性日益提高。1994 年 2 月 8 日，长征三号甲运载火箭首次发射成功。1997 年 5 月 12 日，东方红三号中容量通信卫星发射成功。1997 年 6 月 10 日，风云二号地球同步轨道气象卫星发射成功。1999 年 10 月 14 日，中国与巴西联合研制的资源一号 01 星发射成功，这也是中国首颗陆地资源卫星。1999 年 11 月 20 日，神舟一号飞船发射升空，并于 11 月 21 日成功着陆，在国内外产生巨大影响。至此，中国完成全部“新三星一箭一论证”航天任务目标，并迈出了载人航天工程的第一步。

20 世纪 90 年代中期，中国航天发展遭遇多次重大失利，发展经历低谷，但客观上也加强了人们对航天科技活动规律的认识与把握。1996 年 10 月 20 日—2011 年 8 月 16 日，中国长征系列运载火箭取得连续 102 次发射成功的纪录。

1999 年 9 月 18 日，中共中央、国务院、中央军委在人民大会堂召开表彰为研制“两弹一星”做出突出贡献的科技专家大会，授予或追授 23 位科技专家“两弹一星功勋奖章”，其中 9 人在航天工业部门工作过。在表彰决定和江泽民的讲话中都阐述了“两弹一星”精神，表述为“热爱祖国，无私奉献，自力更生，艰苦奋斗，大力

---

① 《中国航天事业的 60 年》编委会：《中国航天事业的 60 年》，北京大学出版社 2016 年版，第 219-220 页。

② 1986 年 3 月，王淦昌、陈芳允、杨嘉墀、王大珩向中央提出了《关于追踪世界战略性高技术发展》的建议。根据邓小平的批示，国家有关部委组织两万多位专家编制了《高技术研究发展计划纲要》。

协同，勇于登攀”。①

四、1999 年 11 月—2013 年 12 月，解决成为航天大国的问题

从 1999 年 11 月神舟一号飞船成功发射并着陆开始算起，中国航天迎来快速发展时期。以我国最主要、也是最重要的长征系列运载火箭执行发射任务次数为例，如图 3 所示，从 1970 年 4 月长征一号运载火箭发射东方红一号、长征火箭第 1 次飞行，到 2000 年 1 月 26 日长征三号甲运载火箭发射中星二十二号通信卫星、长征火箭第 60 次飞行，时间跨度约为 30 年。而下一个“60 次”仅用了不到 10 年时间就实现了——2009 年 12 月 9 日，长征二号丁运载火箭成功发射遥感卫星七号。3 年 9 个月后，第三个“60 次”便实现了：2013 年 9 月 2 日，长征四号丙运载火箭成功发射遥感卫星十七号。2016 年 11 月 12 日，长征二号丁将云海一号 01 星送入太空：时隔 3 年 2 个月，第四个“60 次”又完成了。② 2019 年 3 月 10 日，第五个“60 次”也完成了，时隔仅 2 年 4 个月，又缩短了 10 个月。长征系列运载火箭执行每 60 次发射任务的时间跨度见表 1。

1998 年 10 月 8 日，中国工程院和中国科学院学部组织 25 名院士对航天工业总公司组织拟制的《我国空间技术发展思路》进行了评审。《我国空间技术发展思路》提出 21 世纪初中国空间技术及其产业的发展重点仍是应用卫星、卫星应用和运载工具；发展的主要任务是建立天基信息系统，解决国民经济和社会发展中亟待解决、难以解决的重大问题；运用空间技术促进科技强军；为开发利用空间资源提供技术支撑与保障；加强大型静止轨道卫星公用平台、大推力运载火箭和小卫星星座等空间科技基础建设；培养和造就高素

① 《中国航天事业的 60 年》编委会：《中国航天事业的 60 年》，北京大学出版社 2016 年版，第 286 页。

② 本段及下图的数据统计来源为《中国航天事业的 60 年》编委会：《中国航天事业的 60 年》，北京大学出版社 2016 年版，第 385-398 页。2016 年以后的数据统计来自中国航天科技集团公司官方网站“大事记”栏目。

质的空间技术队伍。① 这一思路对世纪之交以来的中国航天发展产生了重要影响。

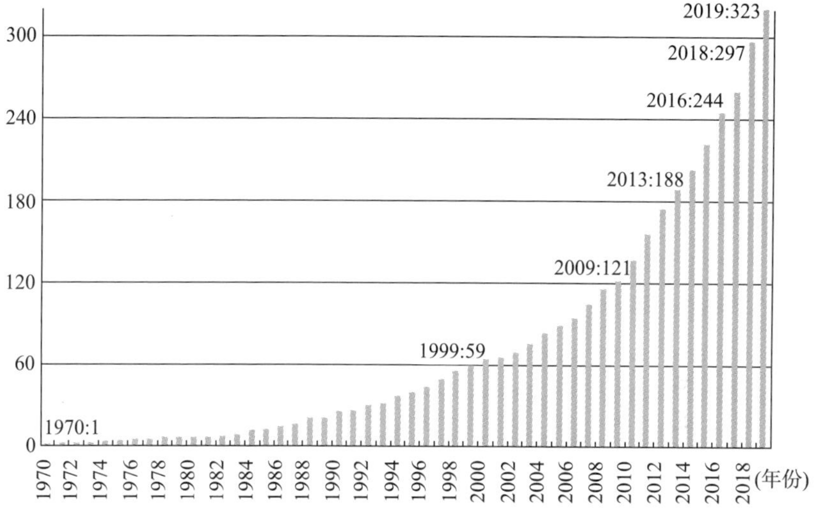

图 3　长征系列运载火箭累计发射次数②

从 1998 年开始，中央着手对国防科技工业体制进行改革，实现了政企分离，引入了市场竞争机制，推动结构与布局的优化完善。③ 1999 年 3 月，中共中央政治局讨论批准了军工总公司改组方案。后根据国务院批复，中国航天科技集团公司（简称航天科技集团）和中国航天机电集团公司（2001 年 7 月改称中国航天科工集团公司，简称航天科工集团）分别在原航天工业总公司所属部分企事业单位基础上组建特大型国有企业。1999 年 7 月 1 日，两大集团正式挂牌。

① 《中国航天事业的 60 年》编委会：《中国航天事业的 60 年》，北京大学出版社 2016 年版，第 283 页。

② 同上页页末注 2。图中，“1970：1”为“年份：截至该年年底的累计发射次数”。

③ 侯光明等编著：《国防科技工业军民融合发展研究》，科学出版社 2009 年版，第 246 页。

表 1　长征系列运载火箭执行每 60 次发射任务的时间跨度

年份	时间	运载火箭	发射航天器	节点	时间跨度	间隔天数
1970—1999 年	1970 年 4 月 24 日	长征一号	东方红一号卫星	第 1 次发射	29 年 9 个月	10 869 天
	1999 年 11 月 20 日	长征二号 F	神舟一号无人飞船	1999 年收官战		
2000 年至今	2000 年 1 月 26 日	长征三号甲	中星二十二号通信卫星	2000 年首战		
				第 60 次发射		
	2009 年 12 月 9 日	长征二号丁	遥感卫星七号	第 120 次发射	9 年 10 个月	3 622 天
	2013 年 9 月 2 日	长征四号丙	遥感卫星十七号	第 180 次发射	3 年 9 个月	1 363 天
	2016 年 11 月 12 日	长征二号丁	云海一号 01 星	第 240 次发射	3 年 2 个月	1 167 天
	2019 年 3 月 10 日	长征三号乙	中星 6C 卫星	第 300 次发射	2 年 4 个月	848 天

之后，两大集团公司成为中国航天发展的主角，发挥了主要的推动作用。[①]

21 世纪以来，中国航天的成就举世瞩目。导弹研制水平跨入世界先进行列，运载火箭技术取得巨大进步，遥感、通信、气象、科学探测与技术试验、资源、导航等应用卫星实现序列化发展，载人航天、深空探测取得突破性进展，航天技术应用规模化发展不断加快，技术溢出和产业带动效应更加显著，商业发射与整星出口“常态化”，国际合作广泛开展。航天应用产业规模持续扩大。

每一次重大航天任务的执行，尤其是载人航天、月球探测等任务，都能引起国内外的媒体与民众的关注。有广泛共识的是，中国已跻身“航天大国”行列，正向“航天强国”迈进。具体应将什么看作是中国跻身“航天大国”行列的标志？前文的发展阶段是按重大成就的取得来划分的。但自 21 世纪以来，中国航天“全面开花”，难以从中择一而标定全局。

孙家栋于 2012 年撰文指出：中国在人造地球卫星、载人航天器和深空探测器三大航天器工程技术领域，都获得了里程碑式的跨越发展和工程应用，极大地促进了国民经济发展、科学技术进步和国防建设，并在各个领域产生了显著的经济社会效益。[②] 2012 年 10 月 25 日，第 16 颗北斗导航卫星进入预定轨道、中国北斗导航工程区域组网顺利完成，可以覆盖亚太大部分地区并提供服务。2013 年 6 月，神舟十号飞行任务圆满成功，神舟系列飞船可以说是“十全十美”。2013 年 12 月，嫦娥三号月球探测器成功发射，玉兔号巡视器顺利驶抵月球表面，中国探月工程第二步战略目标全面实现。这些成就的取得，为孙家栋的说法提供了直观注脚，也标志着中国在三大航天器工程领域不仅“站稳了脚跟”，更开始“阔步前行”。有评论指

① 两大集团均于 2017 年四季度完成了公司制改制，分别更名为“中国航天科技集团有限公司”和“中国航天科工集团有限公司”。

② 引自孙家栋为《通信卫星总体设计和动力学分析》撰写的序。参见周志成、曲广吉：《通信卫星总体设计和动力学分析》，中国科学技术出版社 2012 年版，序（一）。

出，三大航天器工程领域的成就，不仅标志着中国已名副其实地进入世界航天大国行列，更表明中国在其航天器设计学科的科学理论和专业技术发展及其工程研制能力已达到或接近当代世界领先水平。①

截至2013年12月，中国累计发射了16颗北斗导航卫星（不含2007年4月之前发射的4颗试验卫星），开展了10次神舟飞船发射任务、1次天宫目标飞行器发射任务、3次嫦娥月球探测任务，向国外整星出口5颗通信卫星、1颗遥感卫星。可以认为，这些成就的取得，标志着中国正式驶上了建设航天强国的“快车道”。

五、自2014年1月以来，解决建设航天强国的问题

一国成为航天强国，就能够在国际社会拥有更高的地位和更大的影响力。中国的航天大国地位得到巩固后，开始谋划向航天强国的目标迈进。2013年1月15日，作为中国航天科技工业主导力量的中国航天科技集团公司，召开了第五次工作会议暨2013年年度工作会议，并印发了《中国航天科技集团公司关于加快推动我国成为世界航天强国行动纲领（2013—2020）》。该纲领明确提出了推动航天强国建设的指导思想、行动方针、战略举措以及具体行动计划。行动计划分为四个阶段。其中，2013年为全面宣传贯彻、分解目标、明确措施的阶段；2014年1月起进入全面启动阶段。②

这一战略目标很快得到了中国高层的确认。2013年6月11日，习近平在酒泉卫星发射中心接见天宫一号与神舟十号载人飞行任务参研参试单位代表时指出：“发展航天事业，建设航天强国，是我们不懈追求的航天梦。”③ 6月24日，习近平同正在执行任务的神舟十

① 周志成、曲广吉著：《通信卫星总体设计和动力学分析》，中国科学技术出版社2012年版，前言。

② 《中国航天科技集团公司关于加快推动我国成为世界航天强国行动纲领（2013～2020）》，《中国航天》2013年第2期。

③ 董正强、张楠楠、徐曼：《发展航天事业　建设航天强国》，《军民两用技术与产品》2013年第7期。

号航天员通话时说："航天梦是强国梦的重要组成部分。随着中国航天事业快速发展，中国探索太空的脚步会迈得更大、更远。"① 2016年是中国航天事业创建60周年，中国从这一年起将每年4月24日设立为"中国航天日"。习近平对此指示："探索浩瀚宇宙，发展航天事业，建设航天强国，是我们不懈追求的航天梦。"国家航天局认为这一批示"为航天发展指明了方向，对航天战线全体同志提出了殷切期望，吹响了建设航天强国的号角"。② 国务院新闻办公室于2016年12月27日发表的《2016中国的航天》白皮书明确提出，将全面建成航天强国作为中国发展航天事业的愿景。

2014—2019年，中国运载火箭能力持续提升。运载火箭能够更好满足高密度发射需要，六年发射次数分别为15、19、22、18、39、34次，其中2016年首次突破20次，2018年首次突破30次，2018年、2019年连续两年发射次数位列世界第一。运载火箭型谱进一步完善，长征五号、长征六号、长征七号、长征十一号等新型火箭成功首飞；"快舟""捷龙"等成为火箭家族新成员；北京星际荣耀空间科技有限公司设计研制的双曲线一号成功发射，实现民营运载火箭"零"的突破。运载能力持续提高，中国最大运载能力、新一代运载火箭长征五号直径实现了从3.35米到5米的跨越，大幅提升长征系列运载火箭的运载能力，低轨运载能力达到25吨级，高轨运载能力达到14吨级，成为中国运载火箭升级换代的重要标志。③

2014—2019年，中国各类航天器研制与应用任务顺利推进，可谓众星璀璨耀太空。

人造地球卫星服务国民经济建设与社会发展。风云、海洋、资源、高分、遥感、天绘等系列卫星，以及环境与灾害监测预报小卫

---

① 据新华网2013年6月24日报道：《习近平同神舟十号航天员亲切通话》，http：//news. xinhuanet. com/politics/2013-06/24/c_ 116271117. htm。

② 吴艳华：《加快航天强国建设步伐　助力中国梦早日实现》，《紫光阁》2016年第12期。

③ 中华人民共和国国务院新闻办公室：《2016中国的航天》白皮书，2016年12月27日。据中国政府网，http：//www. gov. cn/xinwen/2016-12/27/content_ 5153378. htm。

星星座等对地观测卫星进一步完善。同时，中国全面推进固定通信、移动通信、数据中继卫星系统建设，迎来首颗海事卫星——天通一号 01 星，第二代地球同步轨道数据中继卫星首发星——天链二号 01 星成功发射，推动中国数据中继卫星系统能力再次实现大幅提升。北斗二号系统全面建成，北斗三号系统核心星座部署完成，全球导航卫星系统建设顺利推进。成功发射实践九号系列卫星等技术试验卫星，为新技术验证提供了重要手段；悟空暗物质粒子探测卫星、墨子号量子科学实验卫星、实践十号微重力科学实验卫星、天琴一号引力波探测技术验证卫星等发射，为前沿科学研究提供了重要手段。①

在载人航天方面中国扎实推进。天宫二号空间实验室和神舟十一号载人飞船先后成功发射，形成组合体并稳定运行，开展了较大规模的空间科学试验与技术试验，突破并掌握了航天员中期驻留、地面长时间任务支持和保障等技术；首艘货运飞船天舟一号发射任务也取得圆满成功。

在深空探测方面中国取得突破。2014 年 11 月，月球探测工程三期再入返回飞行试验圆满成功，标志着中国完全掌握航天器以接近第二宇宙速度再入返回的关键技术；2018 年年底至 2019 年年初，探月工程四期首战任务——嫦娥四号月背探测任务圆满成功，实现人类首次月球背面软着陆和巡视勘察，是中国无人月球探测从“追赶”到“引领”这一重大转变和伟大进程的具体体现；其中，嫦娥四号中继星“鹊桥”还是国际上首颗运行于地月拉格朗日 L_2 点的中继卫星。

在国际商业合作方面多点开花。为位于香港的亚太通信卫星有限公司和老挝、白俄罗斯、阿尔及利亚等国际客户制造的通信卫星，

① 国际权威学术期刊《自然》和《科学》评论称：纯科学卫星的发射标志着中国空间战略开启了一个新的发展方向，以“悟空”为首的空间科学系列卫星将为此前主要集中在工程和应用领域的中国空间活动增加新的“维度”——空间科学。参见杨帆、韩淋、王海名等：《空间科学领域发展观察》，载中国科学院《2016 科学发展报告》，科学出版社 2016 年版，第 289 页。

为委内瑞拉、巴基斯坦制造的遥感卫星成功发射并完成在轨交付。中国与巴西合作的地球资源卫星04星、04A星直接服务于中巴两国及广大发展中国家的经济社会发展。其他发射的型号中，中法海洋卫星（CFOSAT-1）提升了中法、中欧的航天合作水平，苏丹科学实验卫星一号帮助苏丹圆了太空梦，赠埃塞俄比亚微小卫星则是中国落实关于实施“一带一路”气候变化“南南合作”承诺的重要举措。

这些任务的顺利推进，加速了航天技术成果转化与应用。卫星应用与“互联网+”结合，孕育发展新业态，更好地服务百姓生活。航天技术成果的二次开发和转化应用对新材料、智能制造、电子信息等相关领域的支撑带动作用更加显著。①

2016年6月，中国自主设计建造、绿色生态环保、技术创新跨越的新一代航天发射场——海南文昌航天发射场承担长征十一号火箭发射任务，这标志着该发射场正式投入使用。它与正在进行适应性改造的酒泉、太原、西昌三个发射场一起，使中国拥有了沿海内陆相结合、高低纬度相结合、各种射向范围相结合的航天发射场布局。②

《2016中国的航天》白皮书明确了2016—2020年的主要任务：“加快航天强国建设步伐，持续提升航天工业基础能力，加强关键技术攻关和前沿技术研究，继续实施载人航天、月球探测、北斗卫星导航系统、高分辨率对地观测系统、新一代运载火箭等重大工程，启动实施一批新的重大科技项目和重大工程，基本建成空间基础设施体系，拓展空间应用深度和广度，深入开展空间科学研究，推动空间科学、空间技术、空间应用全面发展。”③

---

① 本段资料综合参考各种公开报道以及中华人民共和国国务院新闻办公室：《2016中国的航天》白皮书，2016年12月27日。据中国政府网，http：//www.gov.cn/xinwen/2016-12/27/content_ 5153378.htm。

② 中华人民共和国国务院新闻办公室：《2016中国的航天》白皮书，2016年12月27日。据中国政府网，http：//www.gov.cn/xinwen/2016-12/27/content_ 5153378.htm。

③ 同上。

《2016中国的航天》白皮书给出了关于航天强国“三步走”的战略构想，见表2，体现了国家意志。2017年10月召开的中国共产党第十九次全国代表大会也在报告中明确要建设航天强国。

表2 关于航天强国“三步走”的战略构想①

步骤	时间	目标	内容
第一步	2020年左右	实现重点突破 加速迈向航天强国	全面完成国家已有科技重大专项，突破制约发展的瓶颈短板，初步建成先进开放的航天科技工业体系和空间基础设施，在部分领域实现由跟跑转向并跑，大幅缩小与世界航天强国的差距
第二步	2030年左右	实现整体跃升 跻身航天强国之列	重点领域填平补齐，进出空间、利用空间和控制空间能力全面提升，在若干领域由并跑转向领跑，工业基础全面自主可控，空间基础设施完备可靠，行业治理科学高效，进入世界航天国家第一阵列
第三步	2050年之前	实现超越引领 全面建成航天强国	自主创新能力持续提升，重点领域全面超越，综合竞争实力全球领先，成为世界航天发展的领跑者

2018年8月30日，中国航天科技集团有限公司召开第七次工作会议，分析了当前建设航天强国面临的形势任务，系统阐述了推动航天强国建设的指导思想和基本原则，提出了推动航天强国建设的战略部署，并对2018—2020年的改革发展任务进行部署。会议指出：当前，抢占航天发展制高点是主要航天国家一致的战略，未来的竞争更加激烈，建设航天强国的使命更加光荣；我国国家安全形势日趋复杂严峻，航天武器装备对支撑世界一流军队建设的作用日益凸显，需求更加迫切；适应建设现代化经济体系的新要求，推动实现高质量发展，航天技术应用及服务产业的任务更加艰巨。中国航天科技集团有限公司推动航天强国建设的战略安排见表3。

① 吴艳华：《加快航天强国建设步伐　助力中国梦早日实现》，《紫光阁》2016年第12期。

表 3　中国航天科技集团有限公司推动航天强国建设的战略安排①

步骤	时间	目标
第一步	到 2020 年	全面完成“十三五”规划目标,为推动航天强国建设夯实基础
第二步	到 2030 年	建设成为世界一流航天企业集团,支撑国防和军队现代化建设,推动我国跻身世界航天强国前列
第三步	到 2045 年	在全面建成高质量发展的世界一流航天企业集团基础上,有效支撑世界一流军队建设,推动我国全面建成世界航天强国

推动航天强国建设，要坚持六个基本原则。一是坚持党的领导，把党的政治建设摆在首位，筑牢建设航天强国的思想基础。二是坚持以国为重，将国家利益摆在首要位置，把满足国家战略需求作为最高追求，以发展航天事业为己任。三是坚持全面深化改革，将全面深化改革作为发展的根本动力。四是坚持创新驱动，将创新发展作为提升核心竞争力、推动航天强国建设的根本途径。五是坚持航天产业发展，将其作为高质量发展的战略途径。六是坚持人才强企，着力打造一支具有大局观念、国际视野、市场理念、创新意识和职业精神的人才队伍。

中国航天科技集团有限公司第七次工作会议是航天强国建设进程中的一个重要事件，起到了鼓劲蓄力和再动员的重要作用。在 2019 年中国航天科技集团有限公司开展的“不忘初心、牢记使命”主题教育中，建设航天强国更是被提升到航天人的“使命”的新高度。自 2018 年以来，以嫦娥四号任务成功、长征五号遥三火箭发射实践二十号卫星等为代表，中国航天持续取得一系列重大成就。这些也反映了建设航天强国的步伐正在加快。

① 据中国航天科技集团有限公司网站 2018 年 8 月 30 日刊文：《中国航天科技集团有限公司召开第七次工作会议》，http：//file. spacechina. com/n25/n1995122/n1996785/c2018156/content. html。

第三节 走向太空的基本脉络

纵观人类航天事业发展历程，先是经由神话传说、科学幻想阶段，以相关科学理论的提出为标志，进入科学探索阶段，糅合既有技术并注重研究发展，推进了工程，研制成导弹和火箭，并最终发射了人造地球卫星。之后，人类进军太空的步伐越迈越大，应用航天科技的力度也不断加大。在这其中，科学牵引技术，技术构筑工程，三者在人类航天事业的认识深化与实践探索中密不可分，共同作用。由此，太空，至少是近地空间的神秘面纱逐渐褪去，人类的世界观得以“去魅”；人类的生存空间得以拓展，并给人类文明发展带来巨大福祉，尽管其中也笼罩着一层群雄逐鹿太空的阴云。

在20世纪之前数千年的文明史中，人类从未完成飞天夙愿，根源在于不具备与发展航天相匹配的生产力发展水平，尤其是没有掌握正确的科学理论和必要的技术手段。在数个世纪工业文明积累的基础上，人类才逐渐掌握了正确的科技探索方向，也具备了实现向天空和天外空间发起挑战的能力。科幻小说家们大胆展开想象，用笔触描绘人类主宰太空的图景；先驱科学家们则小心求索、仔细试错，最终找到了摆脱地心引力的正确方向，为人类发展航天事业带来曙光。在这一曙光的吸引下，越来越多的同行，包括科技专家、工程师等被吸引并参与进来，推动这个共同体日益壮大。

国家机器的介入，让共同体的力量得到极大的充实，也大大加速了航天从科学理论到技术探索、工程组织，再到目标实现的进程。一个重要的因素是航天技术在军事与战争中的应用前景，由于燃遍半个地球的战火而受到越来越多国家的重视。于是火箭的雏形出现了，从近程导弹到中远程导弹，再到洲际导弹，出现了能够上天的运载火箭，人造地球卫星也上天了。

苏联发射第一颗人造地球卫星，让世界为之震动，这不仅是人类科技发展的创举，具有划时代的意义，而且也是一次具有政治意味的宣誓。无论大国小国，无论东方西方，都从中强烈地意识到发展航天、走向太空对包括发展本国科技、加快经济发展、增强民族凝聚力、保证国家安全、提升国际地位等的重大意义。具备一定条件的国家纷纷进入航天领域，角逐太空。苏联和美国出于争霸的需要，将航天作为战略重点展开了一系列探索，客观上推动了人类航天事业的进步，加速了航天科技应用并造福人类文明的进程。苏联和美国在早期的航天实践中具有以下共同点。

1）拥有成规模的、协作良好的科技共同体，通过设想与实践掌握了正确、系统的航天科学理论和管理思维，在科学共同体中有起到重要作用的核心科学家；

2）拥有强大的工业实力和领先的科技发展水平；

3）具有强烈的政治、军事上的客观需求，国家机器重视航天，参与制定、协调推进航天战略；

4）能够得到充沛的资源投入，包括来自国家和社会的大量人力、物力、财力等支持；

5）不仅立足本国，同时借助国际资源，如美苏争抢德国火箭专家、资料、设备，各国在国际航天科技组织中开展交流等。

苏联和美国作为航天先发国家，具备先发优势；其他如中国、日本、印度、西欧等作为后发国家或地区，在航天事业起步过程中也在探索自己的路径。到目前为止，世界上只有十几个国家才称得上在航天领域有所建树。这是因为，航天事业要取得发展，在外因上离不开国家机器的强有力支持和来自社会方方面面的充足资源投入，在内因上则有赖于足够高的科学理论和技术发展水平、足够强的研制队伍、足够科学的组织和管理运营模式等。这些只有为数不多的国家能够实现。归根结底，航天事业是人理与物理交叉互动的发展呈现。

在航天发展历程中，有三个因素值得特别关注。

1）思想先行。航天迥异于20世纪以前的科学技术，是人类对几乎完全未知领域的探索，没有丰厚的理论积淀与正确的思想引导，决难窥得门径；各国发展航天也面临不同的具体情况，只有选择既符合航天规律、又符合本国国情的发展思路，才能避免不必要的试错，以更小的成本撬动更大的成绩与效益。思想先行是航天“万丈高楼平地起”的必要条件，这不仅在航天起步之初，也在各国建立和发展航天事业的深入实践中得到印证。

思想先行充分体现了航天的大科学、高科技属性，也奠定了航天专家的政治和社会地位。航天科学技术的专业性很强，需要经过系统深入的学习和实践，存在非同行难以进入的行业“壁垒”。这就使得，来自政治、军事的力量可以对航天做出决策、施加影响，却无法在专家缺席的情况下提出可行的发展计划，给出现实的路线图；可以提出对航天科技成果的应用需求，却不能在没有专家的帮助下实现它们、驾驭它们。加上航天本身对国家战略的重要意义，航天专家在各国受到重视，并掌握一定的话语权。与此相应，航天工作者在各国也往往拥有较高的声望和地位。

2）开放发展。航天的开放发展，涉及行业内外、国内外不同层次、不同范围的交流合作。在国际航天发展中，国际同行的交流合作尤为重要。苏联发射第一颗人造地球卫星，第一个将人类送入太空，美国实施了阿波罗登月计划，这些纵然是本国的骄傲，但背后离不开人类多年共同的理论探索与积累，离不开各国数代科学家和工程师的共同智慧。对苏、美之后的国家而言，在起步及之后一个较长的阶段里，只有选择与苏、美相同或相似的，被证明是正确的发展路线，尽可能地借鉴、引进、吸收人类共同的智慧成果，才能有效地节约成本，尽快有所建树；否则考虑技术升级换代的速度不断加快及带来的边际效应，一步之差会造成步步落后，而且会付出越来越大的代价。

苏联的航天工业高度闭合，与美欧同行缺乏交流，最终于 20 世纪 60 年代中期开始落在后面。西欧、日本发展航天虽然起步较苏、美略晚，但因与美国等保持了密切的交流合作，通过积极利用国际资源，实现了本国航天科技的快速发展。中国发展航天也是从向苏联学习、仿制导弹起步的，20 世纪 80 年代决定进军国际市场，经过多年积累在 21 世纪初实现了多颗整星出口，这客观上也倒逼中国航天不断推进自身在科研生产规范、组织模式等方面的变革。

3）体制支撑。航天从理论变成现实，是经由大范围的综合性科学技术活动实现的，活动过程中有组织、有目的，推进中既要考虑航天活动本身，也要综合考虑社会需要、经济核算、资源消耗、任务的可持续性及后续影响等。这也决定了，航天活动既需要总体上的领导、规划与协调，也需要科技力量与管理力量之间的平衡与和谐。总之，组织和管理运营模式十分关键，塑造并改变着所在系统的面貌，影响并持续作用于运行的效率。参与航天的组织机构及其职权划分、相互关系等，是航天规划与任务目标得以实现的重要保障。这部分内容，我们将在接下来的章节中具体展开。

第二章　航天体制路径：人理与物理交叉互动的演化历程

这些（社会体制领域之间的）交替变化的性质和程度随不同社会而异，取决于该社会的科学状况以及该社会的经济、政治、宗教、军事一类的体制制度的状况。①

——［美］罗伯特·金·默顿

19 世纪末，第二次工业革命中电力的发明与使用大大推动了生产力的发展，资本主义国家也陆续进入垄断时代，这推动了生产的社会化进程。正如列宁曾指出的，由竞争转变为垄断的结果是生产的社会化有了巨大的发展，特别是技术发明和改良过程，也相应地社会化了。② 与此相应，科技发展日益复杂、专业和多学科化，仅靠一个行业难以解决具体问题，而需多种行业、专业的协作，使用更加专业、精细、复杂的仪器设备。以 1881 年美国发明家爱迪生成立第一个科学技术研究所为起点，有组织的、规模较大的科学技术研究单位纷纷成立，伊始它们主要属于各垄断公司。③ 就这样，现代科

---

① ［美］罗伯特·金·默顿著：《十七世纪英格兰的科学、技术与社会》，范岱年、吴忠、蒋效东译，商务印书馆 2012 年版，第 5 页。尽管默顿在表述这句话前，指出“这项关于十七世纪英格兰的科学与其他社会体制领域的相互依存关系的研究，既没有采取一种因素（决定）论，也没有假定发生在这个时期的社会体制领域之间的交替变化的情况同样会发生在其他的文化和其他的时期”，但他在后文强调“关于工业–军事–科学综合体的发现，使我们注意到科学与其他社会体制趋于相互依赖的倾向，而这些倾向从某种程度上就是一直存在的”。默顿的这一观点在分析不同国家航天体制的路径选择上仍具有适用意义。引文括号中的“社会体制领域之间的”为作者补全。

② 张铃：《工程与技术关系的历史嬗变》，《科技管理研究》2010 年第 13 期。

③ 钱学森：《现代科学技术》，《人民日报》1977 年 12 月 9 日第 2 版。

学技术时代来临了。20 世纪上半叶先后发生了两次世界大战，战争的范围、规模史无前例。这既导致了国家出于战争目的而集中力量开展较以往更大规模的科技活动，又因后者的持续开展而描浓了战争的血腥色彩。现代科学技术在展示温情的同时不再遮掩它冰冷的一面，人类却不得不去面对它并且接受它、拥抱它或者憎恨它——尽管这一切的归因仍在人类自己。

社会化的活动意味着组织机制的强化。在现代科学技术时代，组织取代了个人、作坊、小团体，成为科学技术活动的主要单位；只有置身于组织之中，立志从事科学技术活动的科学研究人员、工程师才能将自己的勤奋劳动更快地转化成实际价值，才有机会释放自己的才智。在各国开展的各类现代科学技术领域中，都有大大小小的组织参与其中，并以一定的组织形式与运行模式整合为一个动态的系统，不同数量的人员在不同的组织中开展工作、接受管理。这些组织既有政府、军队等代表国家意志的，又有社会中的各类企业、科研院所、大学或学院、行业协会等。其中，政府设立行业或领域的管理部门，主要是各国的工业管理部门（如航天局），由它们代表国家意志履行行业统筹、领域管理、对外交往等职能。军队方面的机构负责国防军事活动的规划、推进与协作实施。社会层面的各类组织，负责研究、生产、制造、应用、协调、服务及教育培训等，是领域的主体。宏观上这些组织的架构、运转与演化，以及微观上置身于这些组织中人的竞争、协作、成长、相处的模式，正是所谓的“体制”。

自 20 世纪下半叶以来，航天科技得到快速发展，已成为“当今世界最具挑战性和广泛带动性的高科技领域之一”。① 航天技术，作为一种“大科学”，其从理论变成现实的关键一步，在于国家的意志与组织实施，是在众多行业、专业、学科共同协作下，由大量组织

① 中华人民共和国国务院新闻办公室：《2016 中国的航天》白皮书，2016 年 12 月 27 日。据中国政府网，http：//www.gov.cn/xinwen/2016-12/27/content_5153378.htm。

共同完成的。这也是许多国家将有关组织、机构的成立视作航天事业起步标志的原因。

在航天的体制中，人一方面彼此实现社会化协作，另一方面又凭科学知识、技术工具等展开工程实践。人理与物理的交叉互动不仅贯穿始终，还处于持续的演化之中。各主要航天国家的国情不同，人理与物理交叉互动的演化历程各有特点，从而形成了航天体制在国别上的路径差异。

第一节　航天体制的路径之别

稳健的航天体制，是一国建立并发展航天事业的组织保障。纵观世界各主要航天国家，从宏观层面看，航天的组织体系及相应制度，包括各级组织机构的设置、职权或功能划分、相互关系等，以及它们的演化与变迁，是相对直观且易见的，资料也是比较容易获得的。各国在航天体制的选择与演化上，整体呈现出技术路径大抵相似、体制选择大相径庭的特点。从微观层面看，组织及参与航天活动的人在宏观体制架构下的具体运作与行为方式，并不易于追寻；但可以确定，因为宏观层面体制选择的大相径庭，微观层面也定然会呈现出不同的特征。

技术路径大抵相似，特别是在航天科技起步阶段相近的原因是：航天活动具有成本高、风险高、难度大、周期长等特点，开展航天活动必须面对和遵循共同的规律。先发国家通过漫长的探索与试错解决了“有无”问题后，后发国家只有选择与先发国家相近的技术发展道路，才能有效节约成本，避免过多试错，实现尽快发展，在达到一定水平后再谋创新与跃升。毛泽东在 1956 年指出：“在技术方面，我看大部分先照办，因为那些我们如今还没有，还不懂，学了比较有利。但是，已经清楚的那一部分，就不要事事照办了。”①

① 毛泽东：《论十大关系》（1956 年 4 月 25 日），《毛泽东文集》第 7 卷第 42 页。

以苏联和美国为开拓者，后来者在航天领域探索起步、开拓发展时基本选择了从提高导弹和运载器的能力起步，再开展航天器研制的大路线，在各航天器领域的技术演化路径选择上也都有相近之处。

体制选择大相径庭，主要缘于不同国家在政治制度、经济水平、科技实力、工业基础、文化传统、军事需要、资源储备等方面存在的差异。航天是个大工程，需要巨大的投入和各方面的支持。各国在选择航天体制、设计实践组织和管理运营模式、开展航天活动时，必然要在本国掌握的既有的或可支配的生产资料基础上，经过十分广泛的讨论与论证，做出谨慎而务实的选择与决策。这就决定了各国在发展航天时，既会充分考虑航天科技活动的内在要求，又会注重摸索与自身情况更相适应的体制模式。

尽管具体的体制选择有所差异，但因技术路径大抵相似，各国在航天体制选择上仍有一些共同点。同时，各国在体制演化中也会不断吸收他国优长，推动本国体制的持续完善与优化。

当前，这些共同点主要体现在以下几个方面。

一是政府、军队发挥主导作用，并设置专门机构（如国防工业管理部门、太空机构或类似机构、作战指挥部门），负责管理对航天计划的投资，行使相应的领域管理、公共政策或军事应用等职能。美国、俄罗斯、印度等国家还成立了面向太空的作战部队。图 4 展现了世界主要航天国家及组织机构中，公共机构对航天政策制定的作用强度。

二是在社会层面，科研院所、企事业单位是航天的活动主体。航天活动需要巨额的投资，这决定了其主要依靠大型军工集团在政府支持下推进。在世界上主要从事航天活动的国家中，大型军工集团是最重要的力量，其研究能力与研制水平决定了该国航天科技的发展水平。私营企业一般仅在航天项目已经广泛应用并且具有较大的市场价值时才有可能投资。

三是航天攸关国家战略与安全，这决定了参与航天活动的组织必然具有浓厚的政治、军事色彩，或者与本国政界、军方有着千丝万缕的联系。

四是航天高度复杂，需要大量的协作，参与航天活动的组织其专业化程度高、产业链复杂、组织设计趋向庞大而精巧；各组织强调系统性的配合，注重行业内的交流以及与国内、国际的合作。

	从事航天活动的人力和经济资源	主要航天国家及组织机构中，公共机构对航天政策的作用强度			
		政府	议会	武装部队	太空机构
美国	●●●●	●●●●	●●	●●●●	●●
俄罗斯	●●	●●●●	●	●●●●	●●
中国	●●●●	●●●●	●	●●●●	●●
日本	●●●	●●●●	●●●●	●●	●●●
欧洲空间局	●●●	●●●●	—	—	●●●●
法国	●●●	●●●●	●●	●●●	●●●
印度	●●●	●●●●	●●	●●●	●●
德国	●●●	●●●●	●●●●	●●	●●
意大利	●●	●●	●	●●	●●●
以色列	●●	●●●●	●●	●●●●	●●

● 低　●●●● 高

图 4　对主要航天国家及组织机构的航天政策的定性分析①

在过去的半个多世纪中，各国的航天体制都经历了持续的演化。下面择主要航天国家的航天体制而扼要述之。

① ［意］Marcello Spagnulo，Rick Fleeter，Mauro Balducini，Federico Nasini 著：《航天项目管理——方法与工具》，周建平译，国防工业出版社 2013 年版，第 16 页。其中，“议会”为作者原文用语，是一种泛指。按实际情况，其在不同国家指向不同的机构。如，美国为参众两院，俄罗斯为联邦会议，中国应指全国人大，日本为国会，欧洲则包括欧盟和各国议会机构等。

一、美国的航天体制

美国具有比较完善的航天管理体制，极大地促进了航天的发展。美国的航天管理体制采取军、民、商分制管理。通过立法，明确各管理主体的分工。管理主体可以分为 3 个层次：一是以总统、国会为代表的最高决策层；二是由联邦的各个部门组成的计划管理层；三是联邦部门的下属机构，以及由工业界和科研机构组成的实施层。各个管理主体的权责明晰，其中决策和管理机关随执政党的更迭进行相应调整。

在最高决策层，美国总统负责制定国家空间政策和指令（directives）。白宫所属的国家安全委员会和科技政策办公室负责协助总统制定空间政策指令，以及协助总统对各个联邦部门进行协调。国会审批有关航天的财年预算、重大任务决策等。第二层主要由国防部、国家航空航天局（NASA）、国务院、商务部、交通部（下属联邦航空局 FAA）、联邦通信委员会（FCC）和国家情报总监办公室等构成。其中，国防部负责实施涉及国家安全（军事航天）的航天项目，美国国家航空航天局、国务院、商务部、交通部和联邦通信委员会实施民用和商用空间活动。在联邦部门的下属机构中，比较重要的有国务院空间和高级技术办公室、商务部的国家海洋和大气管理局（NOAA）、交通部的空间商业运输局等。

美国在不同时期设立的国家航天委员会和国家安全委员会等机构，也体现了对航天管理的集权化。国家安全委员会是美国国家安全的最高决策机构，由总统直接领导，其主要职责是制定及协调国家安全、外交和军事政策，以及航天相关政策。2017 年 6 月 30 日，美国总统特朗普签署行政令，重启国家航天委员会，由副总统担任委员会主席，这也预示着美国政府将进一步加强对航天活动的集权管理。2019 年，特朗普签署《2020 财年国防授权法案》，美国正式成立太空军，这也是美国的第六军种（与陆军、空军、海军、海军陆战队和海岸警卫队并列）。

（一）必要的背景

美国自建国以后就形成了重视实际应用研究的传统，强调技术的研究与发展；到 19 世纪后期，开始逐渐重视基础研究。这些研究有赖于民间私人捐助，而非政府预算和拨款，受政府控制的色彩很弱。到 20 世纪上半叶，尤其是在第二次世界大战中，出于对武器的需要，美国政府试图调动更多的科学家进行武器的开发和研制，并成立了科学研究与开发局（Office for Scientific Research and Development，OSRD），作为美国在二战期间全国科学研究的总指挥部，实现了科学家与武器研发的良好结合，成果包括曼哈顿计划、雷达研制与应用等，这充分验证了政府与大学合作的可能性，标志着美国政府开始全面干预并领导科学技术。从此，政府支持研发的新体制得以确立，政府在科技活动中开始发挥更大的作用。①

二战以后，美国政府、军方对科技活动的支持力度不断加大，并把以国有企业为基础的军事工业转变为以私营企业为基础的国防科技工业，以支持美国取得军事技术优势。但总体而言，美国仍维系着军民分离的态势。美国为了维持世界霸主、太空霸主的地位，推行“先军后民、以军代民”的政策，逐渐形成了民用和军用几乎是完全分离的两个市场。这种状况一直持续到冷战结束。②

1957 年，苏联成功发射首颗人造地球卫星。作为回应，美国在一年多的时间里先后成立了三个部门——NASA、美国国防高级研究计划局（DARPA）、总统科学顾问委员会，分别负责制定与组织推进国家空间发展计划，负责从事与国家安全相关的高回报的项目研

---

① 田华著：《美国国防部基础研究管理体制分析》，北京大学出版社 2012 年版，第 1-4 页。

② 侯光明等编著：《国防科技工业军民融合发展研究》，科学出版社 2009 年版，第 58 页。

究与开发，负责加强政府对科学的决策能力。[①] 1962 年，肯尼迪政府设立了白宫科学技术办公室，加强了政府对科技计划的协调与管理，把科学技术管理提高到史无前例的战略高度。

冷战后，美国开始以扶持军民两用技术为重点，重视军转民和企业合作，扶持技术商业化。克林顿政府于 1993 年建立国家科学技术委员会（National Science and Technology Committee，NSTC），从根本上改变了之前由各部门分别进行有关科学研究的科研管理体制，使科技预算成为国家的一项议事日程；同时成立了总统科技顾问委员会。1994 年，克林顿政府首次界定了政府在科技发展中所起的作用——矫正市场失灵。2001 年"9 · 11"事件后，美国将保证反恐力度和保障国家安全置于科技政策首位，其次是持续的经济增长，第三是保持并改善人民的生活质量。为此，布什政府还提出要加紧进行国家导弹防御系统试验，主张建立全球防御系统。在布什任期内，咄咄逼人的单边主义进攻性太空政策维持了八年。2009 年奥巴马政府上台后，追求一种更加现实、更加"平衡"的太空政策，但仍以确保美国太空优势和领导地位为内核目标。2017 年秉持"美国优先"治国理念的特朗普政府上台后，更加关注美国在太空的领导地位和对太空治理规则的主导权；强调公私结成伙伴关系，促进太空商业化；削减地球科学项目，支持深空探测；推进太空武器化，强调太空的进攻性，退出《中导条约》等，持续增强面向太空的军事存在。统观特朗普政府出台的美国太空政策，其维护美国太空霸权地位的意图更加赤裸而直白。

（二）参与航天的各方

在 20 世纪最初的几十年里，美国多所高校的学者对火箭产生兴趣，钱学森在美国留学期间就与冯 · 卡门进行了一些相关探索，但政府对航天的关注并不多。二战让美国充分认识到科技的威力，

---

① 田华著：《美国国防部基础研究管理体制分析》，北京大学出版社 2012 年版，第 4 页。

1945 年德国投降时，德国的火箭专家、研制资料等成为美军的重要战利品，如著名专家冯·布劳恩。在冷战对立的环境下，为了与苏联争夺太空霸权，美国高度重视航天科技发展，为此对政府部门进行了调整，以确保美国长期以来在国防科技工业各领域中处于领先的优势。

美国国防部是重要的太空防务合同提供方，代表美国军方提出面向太空及与航天有关的业务需求。在国防部内也有专门从事航天基础研究、太空作战规划等的机构。

NASA 自成立以来就在人类航天活动中扮演着重要角色。作为美国联邦政府的一个行政性科研机构，NASA 负责制定、实施美国的民用太空计划，开展航空科学暨太空科学的研究，承担着美国的主要航天器、空间站、航天飞机，以及各类太空探测计划的提出与推进工作等。NASA 的雇员不仅包括航天员，还包括科学家、工程师、互联网技术（IT）专家及其他保障组织正常运行的各类管理人员等。NASA 作为一个集管理、协调、研究等于一体的政府公共职能实体，依靠政府的拨款维系运转。NASA 的组织结构如图 5 所示。

在美国，很多大学设置了与航天有关的专业，设立了研究机构，并与军方、NASA 或军工企业等开展合作。

受益于美国国防和军队的巨大防务需求与合同支持，美国的军工“巨无霸”们不断成长壮大，并通过与美国政府、军方的密切合作，实现并维系了双方千丝万缕的联系。在美国政府和军方的支持下，受益于大量的军方合同和美国的科技领先地位，美国多家军工企业具有全球性影响，在资产数额、产品覆盖等方面都在全球竞争中处于压倒性的垄断地位。在美国国内，这些企业不仅在经济、军事与国防领域拥有很大的话语权，还凭借其自身实力，在政治、外交等领域也获得了极大的影响力。

这些公司的组织特征具有鲜明的共同点，体现在：

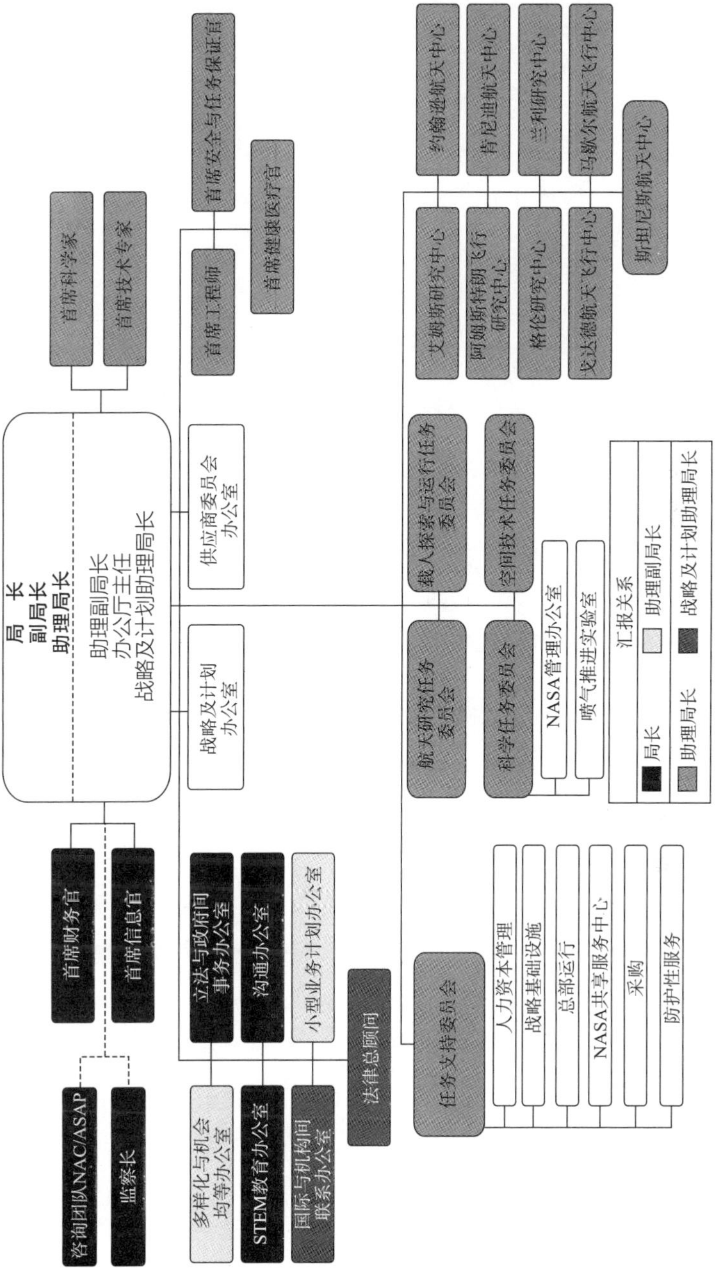

图5　NASA 的组织结构①

① 译自 NASA 官网，见 https：//www.nasa.gov/sites/default/files/atoms/files/agency_chart_sept_2019.pdf。

1）集合了美国乃至全球顶尖的人才和智力资源，拥有庞大的科学家、工程师和IT专家及专业的管理队伍，机构广泛分布在美国各地，在海外拥有若干机构，遵循现代化的管理制度和理念。

2）私营企业占据主导地位，资本运作相当成熟，经常进行并购、业务重组等，形成了你中有我、我中有你、竞争与合作并存的局面；美国政府投入了巨额资金和大量人力、物力开展相关业务研究，以便更好地满足业务开发和领域拓展的需求。

3）国防部和NASA的合同是重要的收入来源；通过重视并维系与美国政府、国会、军方等方面的关系，形成了庞大的利益集团，它们深度参与并影响着美国的太空开发、防务政策等。

4）重视与美国及其盟友国家中的同行开展广泛交流合作，立足美国本土市场，以军用为主，注重服务民用；同时重视国际市场开拓，积极挖掘增长空间。

随着商业航天的兴起，以马斯克创办的SpaceX公司为代表的商业航天公司已成为美国航天活动的重要参与力量。

二、从苏联到俄罗斯的航天体制

苏联是人类航天活动中扮演重要角色的国家。苏联解体后，俄罗斯成为其主要的继承者。从苏联到俄罗斯，航天体制顺承而进。

（一）苏联时期

与美国的资本主义制度不同，苏联在社会主义制度下，实行高度的计划经济体制。在二战前后的苏联，无论是经济活动，还是科技活动，都是在苏联共产党和政府的领导下开展的。从发展导弹等武器，到以太空为目的地的人造地球卫星飞行，都是苏联党和国家意志的体现。这也确保了苏联在与美国争霸太空的前期具备相当大的优势：制成首枚洲际导弹、发射首颗人造地球卫星、发射首艘载人飞船并完成首次载人飞行等。

究其原因，有学者指出了五个方面：1）苏联党和政府高度重视科学技术发展；2）教育事业的进步推动了航天技术发展；3）拥有较为宽松的政治环境和一支杰出的科学家队伍；4）设立了系统研究机构并具备体制上的优势；5）政府对科技人员采取了物质、精神奖励并举的措施。但由于苏联缺乏雄厚的经济实力，以及长期处于高度闭合式发展，缺少必要的国际合作与交流，苏联在 20 世纪 60 年代中期逐渐被美国反超。[①] 需要指出的是，这种闭合状态既有苏联方面的内在原因，也有外在原因。冷战时期，西方各国为了阻止苏联提高军事能力，严禁各国与苏联进行空间硬件的进出口交易，甚至禁止双方工程师围绕技术问题开展讨论，以避免产生所谓的“非法的数据传递”。[②]

在苏联时期，出于争霸太空的需要，苏联集中力量优先发展军事航天工业，导致航天存在“畸形”发展。苏联航天一直而且几乎全部是军用的，采取了军民之间严格保密的政策，民用航天归军品系统领导。军事科研和航天技术发展的最高决策机构是苏共中央部长会议，该会议审批有关军事科研与航天事业方面的一切重大方针政策、规程计划、人力与经费等事项。会议主席由苏共总书记担任，副主席由部长会议主席担任，成员包括国防部部长、主管军工的书记、国家安全委员会主席、国家计委主任、外交部部长等。苏共中央国防工业部是苏共中央书记处办事机构，由一名书记主管。[③]

航天主要由通用机械制造部负责。该部成立于 1965 年 3 月，下设四个生产管理局，分管战略导弹和航天器、推进系统、制导系统和地面设施的研制与生产。苏联一直没有类似 NASA 的主管民用航天的部级政府机构，直到 1985 年 10 月在通用机械制造部下设立了苏联航天局，旨在将航天技术服务于国民经济和科学研究，兼顾对包括商业性合作在内的国际合作加以管理。1987 年，苏联

① 李华：《初析 1953—1964 年苏联航天技术领先于世界的动因——兼评存在的问题》，《自然辩证法研究》2000 年第 6 期。

② 张英达：《苏联解体前后的空间事业状况》，《中国航天》1992 年第 7 期。

③ 何慕彦：《国外航天管理机构和体制简介》，《中外科技信息》1992 年第 3 期。

又成立了航天技术设备总局，负责向国际商用航天市场提供四种服务——发射卫星、将航天员或其他有效载荷送至和平号空间站、发射科学试验设备以及签订设计、制造商用航天器的合同等。① 国家科学院及各加盟共和国科学院、高等学校及其他科研机构主要从事航天科研活动。

在苏联，航天作为重要的军工门类，在庞大的工业体系中居重要地位，但由于计划经济体制的僵化束缚，研究机构与企业缺少将相关成果向国民经济转移的内在动力。苏联的解体，在很大程度上也是因为长期以来偏重重工业从而形成了庞大而过剩的国防科技工业生产能力，严重影响了国民经济的正常发展。②

（二）俄罗斯时期

在俄罗斯，总统对航天决策具有绝对领导地位，负责审批航天领域的国家政策、重大的航天发展规划，解决航天领域的国家重大政策问题，签发航天活动管理的变革命令等。但在组织机构层面，俄罗斯则经历了深刻调整。

在苏联解体之际，由于社会秩序混乱，苏联航天工业遭受了严重冲击；各加盟共和国纷纷独立，也使苏联航天工业的完整性遭到破坏。俄罗斯独立后，继承了苏联的绝大部分航天工业。由于经济陷入萧条，研制经费拮据，人才严重流失，在1990—1994年航天企业总人数减少了近35%、专家流失了近50%③，俄罗斯不得不对航天工业做出重大调整，打破航天模式的高度军事化，并向“为国民经济服务的方向”倾斜。

1992年2月，俄罗斯航天局在总统下令后建立，作为民用航天活动的管理执行机构，领导全俄开展为科学和国民经济服务的

① 何慕彦：《国外航天管理机构和体制简介》，《中外科技信息》1992年第3期；王永生、赵东明：《俄罗斯航天机构艰难改革路》，《国际太空》2014年第5期。

② 侯光明等编著：《国防科技工业军民融合发展研究》，科学出版社2009年版，第116页。

③ 王永生、赵东明：《俄罗斯航天机构艰难改革路》，《国际太空》2014年第5期。

航天活动。有关国家防务和安全的航天活动仍由国防部领导，通用机械制造部被取消，原属该部的企事业单位划归俄罗斯工业部管理。俄罗斯航天企业所有制也由完全的公有制向多元化发展。1997 年以后，受国内经济危机的影响，俄罗斯全面改组了航天产业结构，以减轻国防军费的重负，加快航天商业化进程。1998 年 1 月，俄罗斯将军事航天活动管理权、38 家军工企业以及 21 家控股公司交给俄罗斯航天局管理，使其成为集军事航天、民用航天和商业航天于一身的航天管理机构。1999 年 5 月，俄罗斯航空工业部的管辖权也从俄罗斯经济部移交给航天局，后者改为俄罗斯航空航天局。2004 年 3 月，该局改名为俄罗斯联邦航天局，不再管辖航空领域的工作。为了配合这些改革举措，俄罗斯还订立了若干与航天有关的法律，以减小因政府领导人变化对航天发展的影响。①

由于既有的航天体制结构庞大而复杂，俄罗斯对航天体制的改革未能取得突破性进展，导致各种矛盾和问题逐渐显现。从 2010 年开始，俄罗斯的航天事业遭遇高密度重大挫折，2010 年 12 月至 2014 年 5 月，质子号火箭在 50 次发射中失利 7 次，这些重大航天事故造成了巨大经济损失，并严重削弱了俄罗斯在国际社会中航天大国的形象。根据俄罗斯事故调查委员会给出的结论，这些失利的原因是俄罗斯航天部门在组织管理上存在多方面的问题，包括管理有失科学、监管不够到位、产品质量管控不严、航天人才大量流失、资金投入不足、工业基础弱化等。俄罗斯专家认为，有必要在航天领域恢复苏联时期的垂直管理结构，首先应当保留硬性的垂直管理权。还有专家认为，应当借鉴俄罗斯联邦原子能机构的管理经验，将企业转变为国有公司，在管理上向欧洲质量体制过渡，建立西方式多阶段的监控制度。②

① 王永生、赵东明：《俄罗斯航天机构艰难改革路》，《国际太空》2014 年第5 期。

② 同上。

自 2013 年以来，俄罗斯加速了航天领域的变革。迈出的重要一步是 2014 年 3 月联合火箭-航天集团（URSC）的注册成立，这使俄罗斯导弹航天工业管理体系分成两个部分：一是保留职能调整后的俄罗斯联邦航天局，它负责制定航天领域的国家政策，但失去了对企业的管理权，改为充当国家“订货人”的角色；二是以航天仪器制造研究院为基础，将俄罗斯航天领域的所有企业并入其中的联合火箭-航天集团。该集团采取股份制形式，俄罗斯联邦政府成为公司的股东，受总统直接领导，并交由执行机构代为管理，其主要职能是作为主承包商集中力量完成国防订货。①

2015 年 1 月，俄罗斯总统普京同意了俄罗斯联邦航天局与联合火箭-航天集团合并成立俄罗斯航天国家集团公司（Roscosmos Space State Corporation）的提案。2015 年 7 月，法案在俄罗斯联邦会议上议院（联邦委员会）和下议院（俄国家杜马）均得到通过。该法案指出，俄罗斯计划用 10 年时间完成航天领域改革，以解决目前俄罗斯航天面临的系统性问题，同时抢占更多的市场份额，并针对地缘政治对手保持在航天领域的优势。该法案于 2015 年 7 月由总统签署；总统令于 2016 年 1 月 1 日开始生效。之后，俄罗斯联邦航天局这一政府职能部门被解散。俄罗斯航天国家集团公司的成立，是政府与企业的直接融合，规模巨大、涉及面广，这在全球航天发展格局中并不多见。②

三、西欧的航天体制

（一）欧洲空间局

二战中饱受摧残的西欧各国，在战后安定中得以休养生息，并在国家经济社会发展和安全需求等方面形成共识。在第三次科技

① 王永生、赵东明：《俄罗斯航天机构艰难改革路》，《国际太空》2014 年第 5 期。

② 张京男：《俄罗斯航天国家集团公司成立的影响与分析》，《国际太空》2015 年第 9 期。

革命、马歇尔计划等的带动下，西欧各国得到快速发展。面对美国和苏联具备的强大技术优势，西欧各国认识到，有必要团结起来在欧洲建立国际空间研究组织，以发展和稳固自己的国际地位，从而打造具有竞争力的空间计划，并有助于防止欧洲最杰出的科学家流失到美国。1962 年 6 月，法国、英国、联邦德国、意大利、丹麦、比利时、瑞典、荷兰、挪威、瑞士等 10 国的科学家成立了欧洲的联合空间机构。该机构自筹备时起就明确自己为一个纯粹的科研组织，尽可能地避免政府对具体事项的干扰；不过各成员国出于政治和民族主义方面的考虑对其机构设置与分布产生了一定影响。截至 1968 年年底，该组织成功发射 100 枚探空火箭，并在美国的帮助下发射了首批三颗小卫星。但因未能明确其计划中前两个大型卫星的技术和财务事宜，该组织遭遇了管理和发展上的危机。①

不同的是，欧洲运载火箭开发组织（亦译作欧洲运载火箭发展组织）的成立具有浓厚的政府背景。1961 年 1 月，法国总统戴高乐和英国首相哈罗德·麦克米伦密谈后认识到，欧洲可以成为第三大空间力量。之后，澳大利亚、比利时、法国、联邦德国、意大利、荷兰和英国于 1962 年 4 月签订协议，决定由欧洲运载火箭开发组织负责开发可将质量约 1 吨的卫星送入高约 500 千米轨道的运载火箭。该组织理事会于 1964 年 5 月召开首次会议。但这个想法诞生后不久就出现了严重问题，欧罗巴火箭的第一级、第二级的集成从未成功，火箭也从未进入轨道或成功发射卫星。造成这一问题的原因是其运行体制：没有集中管理的能力，技术管理权、项目的统筹权均不在组织手中；每个成员国只负责自己的部分，且没有一个总承包商负责项目的总体管理。1974 年，该组织停止运营，所有人员由欧洲空

---

① ［法］罗格·博奈、［意］维托里·曼诺著：《国际空间合作：欧洲空间局范例》，李磊译，科学出版社 2014 年版，第 5-27 页。

间研究组织接管。[①]

1968 年 11 月，欧洲空间联合会召开会议，决定将欧洲运载火箭开发组织和欧洲空间研究组织合并，合并后的机构为欧洲空间局（European Space Agency，ESA，亦译作欧洲航天局）。与这一决定同步提出的，还有选择性计划和强制性计划的概念，前者旨在为有意参加欧洲运载火箭和应用计划研发的成员国提供机会，后者则要求所有成员国必须参加。1975 年 4 月，欧洲空间局正式成立。[②] 进入 21 世纪后，欧空局开始扩容，截至 2019 年年底，欧洲空间局共拥有 22 个成员国，以及加拿大和多个其他欧盟成员国为合作国或准会员国。

欧洲空间局不是单一的政府组织，而是多国组织，由来自所有成员国的代表组成的理事会管理，预算也来自各个成员国缴纳的资金。与 NASA 相比，欧洲空间局没有可以与之媲美的制造能力；在确立任务、启动项目等方面，科学家具有很强的自主权，而且具有相对于政府、军方、企业的高度独立性；欧洲空间局下属研究机构的规模也有限。[③] 欧洲空间局执行的航天合作政策内涵是：欧洲是独立的，欧洲与美国是平等合作的关系。欧洲空间局虽然与欧盟是不同的独立组织，但在壮大欧洲、造福成员国上有相同的立场，双方近年来不断加深彼此合作。[④] 欧洲空间局运营流程如图 6 所示。

依靠欧洲空间局，航天工业让“欧洲精神”发扬光大。它的合同常转包给欧洲工业界，成为绝大部分经费的支出去向。经费使用遵循“公平返款”原则，旨在确保所有参与计划的成员国的企业都

---

① ［法］罗格·博奈、［意］维托里·曼诺著：《国际空间合作：欧洲空间局范例》，李磊译，科学出版社 2014 年版，第 15-19 页。

② 同上书，第 19-27 页。

③ 同上书，第 56-68 页。

④ 参见欧洲空间局对其与欧盟关系的介绍：ESA AND THE EU，http://www.esa.int/About_Us/Welcome_to_ESA/ESA_and_the_EU。

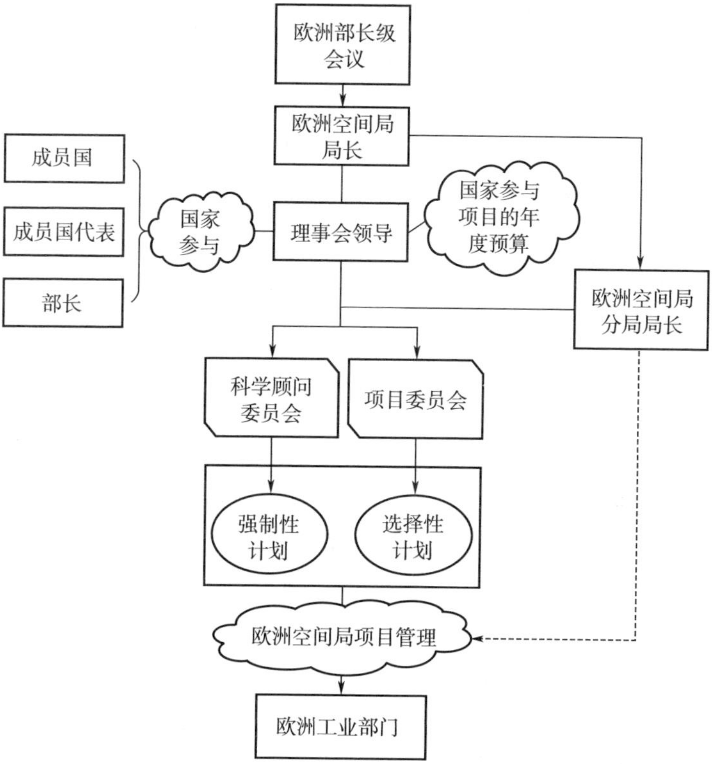

图 6　欧洲空间局运营流程①

能以分配投资的形式收回合同所需费用，比例至少在 90%，理想值是接近 100%。这也带动联合的工业机构产生，并取代传统的联合方式。在主合同商的领导下，依靠科学家、工程师等的积极参与和合作，通过研发空间项目，使大量工业公司实现整合，促进了欧洲一体化进程。②

① ［意］Marcello Spagnulo，Rick Fleeter，Mauro Balduccini，Federico Nasini 著：《航天项目管理——方法与工具》，周建平译，国防工业出版社 2013 年版，第 27 页。

② ［法］罗格 · 博奈、［意］维托里 · 曼诺著：《国际空间合作：欧洲空间局范例》，李磊译，科学出版社 2014 年版，第 56-68 页。

（二）欧洲各国

在西欧，一些国家也成立了航天局或类似机构，与欧洲空间局共存并以多种形式打交道。法国国家空间研究中心（CNES）、德国航空航天研究院（DLR）、英国航天局（UKSA）、意大利航天局（ASI）等是其中的代表。各国在欧空局框架下开展国际航天合作的同时，也并未停止本国面向太空的国家计划。① 这也使得欧洲的航天体制在管理层面呈现出与美国、苏联/俄罗斯不同的特点。

从航天的具体发展历程来说，西欧的航天发展起步整体落后于苏联和美国，在发展中很大程度上依赖美国。在欧洲航天事业发展中，很多领域的发展路径是“先商后军”，军事航天规模和水平相对有限，但商业化航天发展水平较高，具备雄厚实力。② 其中，各国的国防部提出军用航天需求，并与相关集团、企业订立合同；各国的科研院所、大学等也广泛从事航天科研活动。受美国成立太空军种的影响，法国于 2019 年批准建立航天司令部。

受益于欧空局的工业政策，以及在欧盟及欧洲主要国家的扶持下，欧洲产生了多家具有世界广泛影响力的军工企业，其在航天领域也有卓越成就。欧洲具有雄厚的工业基础，这些军工企业在通信卫星、对地观测卫星、运载火箭等领域具备相当优势，能够在产品性能、市场份额、综合竞争力等方面与美国抗衡。不过，这些公司的主要机构，主要分布在法国、德国、意大利、荷兰、西班牙等欧盟主要国家以及英国。

因与美国保持了各方面的密切联系，欧洲的军工企业在体制上与美国的同行有很多类似之处。不同的是，欧洲的军工企业大多在二战后经历了一段时期的国有化阶段，然后从 20 世纪六七十年代开始推行私有化、民营化，并推动企业组织形式的集团化。受益于欧

---

① 罗格·博奈、［意］维托里·曼诺著：《国际空间合作：欧洲空间局范例》，李磊译，科学出版社 2014 年版，第 71–80 页。

② 李云：《美俄欧航天军民商融合发展思路与措施研究》，《卫星应用》2016 年第 9 期。

洲一体化进程，欧洲军工企业的跨国、跨行业合作程度不断提高，实现了异国企业欧洲化和国际化。不过，由于主权国家仍在西欧扮演重要角色，出于对各自利益的考量，加上欧洲一体化进程也频遭挫折，西欧仍存在数量众多、规模不大的军工企业，尽管被整合在若干大型集团之中，但仍不能避免不必要的竞争和消耗。[①] 在航天领域亦如此，尤其是英国“脱欧”，给欧洲航天的工业布局与体制演变带来复杂影响。

四、其他国家的航天体制

除美国、苏联/俄罗斯、西欧之外，国际社会中还有一些国家在航天发展上有较多建树，并形成了本国的航天体制。在此扼要列举与中国可比性较强的日本、印度、巴西三国的情况。

（一）日本

有学者总结指出，体制、技术和美国因素是众多影响日本航天开发进度与走向的因素中最重要的动力。[②] 其中，调整体制被日本作为发展航天的重要策略。

冷战期间，日本根据《宇宙开发委员会设立法》，于 1968 年 5 月成立了空间活动委员会（SAC），对政府各部门与空间科学有关的业务实行统一归口管理，并实现有机的协调分工。1969 年 1 月，日本成立了日本宇宙开发事业团（NASDA），根据用户的要求，进行空间科学项目的开发，向有关机构提供研究成果。科学卫星的开发原则上由文部省宇宙科学研究所（ISAS）承担，并努力充实其机能。各种卫星、运载火箭的开发项目也相应由 NASDA 和 ISAS 承担。[③] 自 1989 年以来，日本的航天活动发生了深刻的变化，从事空间科学研

---

① 侯光明等编著：《国防科技工业军民融合发展研究》，科学出版社 2009 年版，第 139 页。

② 蒿旭：《扶桑の太空雄心（下）——日本航天事业发展回顾与展望》，《航空世界》2016 年第 4 期。

③ 何慕彦：《国外航天管理机构和体制简介》，《中外科技信息》1992 年第 3 期。

究和发展的机构除了原来的三家政府机构外，还包括私营部门。私营部门在政府的政策鼓励下直接参与空间科学研究和发展计划，与政府共同投资航天技术发展项目。这些私营部门以集团化的企业为主，其研究和开发具有国际性。[①] 20 世纪 90 年代中后期，日本接连发生重大航天事故。研究表明，从总体上看，这与管理协调不当不无关系。

2008 年，日本颁布了新的航天基本法，明确了航天在国家发展中的重要性，加强了国家对航天的统一领导，解除了航天不能应用于军事目的的限制，同时提出要加强应用。内阁府下成立统管航天的宇宙开发战略本部（SHSP），定期发布《宇宙基本计划》，全面系统地推进政府的航天政策和计划。

总体来看，日本航天产业以宇宙开发战略本部为主导进行宏观战略管理，由其统筹协调防卫省、文部科学省、经济产业省、国土交通省等政府机构的航天政策，由日本宇宙航空研究开发机构（JAXA）负责执行具体事务，是以大学、科研院所和企业为基础的综合性体系。日本航空宇宙工业会（SJAC）是日本航天企业的公共实体代表，负责建立和完善整个航空航天产业体系，推动日本航天产业的决策体系及执行流程实现更高的制度化。冷战后日本大力推进航天产业发展，从而造就了以三菱重工、川崎重工、富士重工、神户制钢等为代表的一批大型航天工业企业。日本的航天产业也由以研发为主导转向以应用需求为主导。[②]

值得注意的是，2017 年，日本围绕新《宇宙基本计划》的三大目标出台了多项政策。首先，在空间安全保障方面，政府相关部门专门成立了联络会议制度，讨论如何保障空间系统的整体性能，宇宙政策委员会根据讨论结果发布了《关于强化空间系统“抗堪性”的基本想法》，目的是增强天基能力的抗攻击性以及受损后快速恢复

① 关荣策：《飞速发展的日本航天事业》，《中国航天》1992 年第 3 期。

② 郭锐：《冷战后日本航天产业发展及其军事化的影响》，《同济大学学报（社会科学版）》2016 年第 4 期。

的能力。在推进民生领域的航天应用方面，为顺利实施《航天活动法》，完善了《卫星管理措施》《根据发射形式的实施安全标准》《卫星构造标准》等多项内阁府令；出台了进行航天活动需提交申请的《申请方法细则》。在强化航天产业基础方面，航天开发政策委员会制定了《航天产业远景规划 2030》（草案），指导加快航天产业化，带动国家产业发展。这些政策的出台将推进日本航天计划的实施。

日本积极开展航天合作，鼓励商业航天发展，在众多的航天项目中均可看到国际合作的身影。日本曾与美国、俄罗斯、英国、澳大利亚、印度等国达成了十多项双边合作协议，同时还通过多边合作致力于解决国际社会共同面对的消除空间碎片威胁等问题。最新的航天基本计划中甚至提出在所有航天项目中都要考虑国际合作。在促进产业创新方面，日本政府正在扩大向初创公司等提供风险资金的投入，建立航天商业创新奖励基金，努力完善商业航天制度，以促进航天新兴企业的发展和壮大。①

（二）印度

1963 年，印度建设了顿巴赤道火箭发射站，它标志着印度航天事业的起步。印度的航天工业由政府总理领导。1972 年，印度成立航天委员会和航天部，前者负责制定政策以促进航天科技发展与应用，从而实现社会和经济效益；后者通过印度航天研究组织（ISRO）和国家遥感局等相关机构落实航天委员会制定的政策。印度于 1969 年 8 月成立的印度航天研究组织是其最主要的国家航天研发机构。1992 年，印度成立安特里克斯公司，为政府所有，负责推销印度航天产品和服务，其成效显著。经过半个多世纪的建设，印度形成了门类齐全、基础雄厚的航天工业体系。出于经济相对落后、资金相对有限等考虑，印度采取了与中国“先箭后星”不同的策略，而是“先星后箭”，即先行实现卫星应用，使有关部门体会到航天技

① 肖武平：《日本航天能力发展评估》，《国际太空》2018 年第 12 期。

术带来的好处，从而获得其对航天事业的支持，继而带动各行业的发展。印度在发展航天时重视应用，尤其是在满足国家需求方面；积极争取外援的同时努力实现自主发展，发展路径呈现系列化和由民转军等特点。①

2014 年 1 月，印度在国防生产政策方面进行重要变革，约六成国防产品可不再向国防部申请许可证，只需经程序审批便能生产。据此，印度航天研究组织探索出一套公私合营的业务发展模式，试图将私营企业引入航天，引导工业企业更多地参与到航天项目中来，改变长期以来主要依靠国家投资的局面，并谋求印度航天整体实力的提升。印度航天研究组织希望自身能更加专注于航天核心和前沿领域的研究。②

在印度航天发展历程中，集中统一领导是一条成功经验。航天委员会主席、航天部部长和航天研究组织主席这三个职位由一人担任，提高了办事效率。各航天部门之间重视综合协调、避免重复，通过统一接收国外卫星图像、统一培训有关人员等，有效节约了资金。③

莫迪政府于 2014 年 5 月上台后，积极调整航天规划模式，引领航天系统和技术的开发；逐年增加航天预算，为增强本国航天实力提供资金保障；同时政府制定了广泛的航天政策框架，为本国航天的发展提供规范和指导。尽管印度尚未在国家层面制定顶层的航天战略和政策，但在具体执行层面制定了较为广泛的航天政策框架，用以指导航天计划的规范实施，推进航天活动的高效开展。印度航天发展战略将重点围绕保证空间安全、发展商业航天、深化国际合作、提升自主能力等方面展开。2019 年，印度宣布成立国防航天局。

国际合作一直是印度航天发展的特色，凭借良好的国际政治环

① 光波：《印度航天介绍（上）》，《中国航天》2008 年第 1 期。
② 朱鲁青、宋轶姝：《印度航天发展战略一瞥》，《国际太空》2015 年第 7 期。
③ 光波：《印度航天介绍（上）》，《中国航天》2008 年第 1 期。

境，印度已经与 39 个国家的航天局和 4 个多国机构签订了航天合作协议。印度与法国、美国、俄罗斯、以色列、日本、澳大利亚等航天国家开展了合作，涉及共同研发、有效载荷搭载、数据共享、合作运营等多个维度。这些合作并非停留在意向层面，其程度较为深入，并受到合作方的重视。与此同时，印度强调提高自主能力，为与“印度制造”战略相匹配，围绕航天提升关键系统的国产化程度，持续开展了本国航天自主技术与自主能力的发展建设。①

必须看到的是，印度是一个充满太空雄心的国家，尤其在月球探测、火星探测等方面表现不俗。在掣肘重重的印式民主政治环境中，印度近年来开展的太空项目并未受到太多干扰。这反映了该国从政治精英到普通民众对发展航天的较强共识，并让航天享受到了较大的自由度与宽容空间。

（三）巴西

1961 年 8 月，巴西成立全国空间活动委员会组织小组，这标志着巴西航天技术的起步。1971 年 4 月，以该组织小组为基础，巴西国家空间研究所正式成立。早期的巴西主要使用外国的卫星，但不能满足巴西幅员辽阔、资源丰富的实际需求。为发展适应本国国情的航天科技，巴西于 20 世纪 70 年代后期成立了全国空间委员会；于 20 世纪 80 年代建立了综合实验室。1994 年，巴西成立巴西空间局（AEB），是总统直属局，在管理、财政上实现独立的自治。AEB 主要负责协调和规划航天项目，并就航天政策和规划直接向总统提出建议。在巴西，航天工业企业多为私营，政府拥有科研机构并进行拨款。其中，航天项目和经费管理主要有两个机构：负责运载火箭发展的航空航天技术中心（CTA）、负责发展和经营卫星的巴西空间研究院（INPE）。② 不过，巴西计划独立研制的 VLS-1 火箭从

① 何慧东：《印度航天政策与战略分析》，《国际太空》2018 年第 4 期。
② 刘红星：《VLS 火箭与巴西航天工业》，《航天工业管理》2003 年第 10 期。

1997 年试飞开始频遭失利，迄今 20 多年过去了，巴西仍未在运载火箭技术上取得突破。

为促进本国航天技术的发展，巴西注重国际航天交流合作。合作对象包括德国、美国、法国、俄罗斯、中国、乌克兰、阿根廷、智利以及欧洲航天研究机构等。① 其中，中巴合作研制并发射的地球资源卫星系列，有力地推动了巴西航天工业的发展。

第二节　中国航天体制的演化

在中国，由中央层面决策管理航天事业，推进航天领域体制改革；航天工业部门是航天的主要研制单位；军方和应用航天技术的企事业单位是重要的用户；大学、科研院所等也对航天事业发展做出了贡献。在这里，主要讨论航天事业的领导协调、研制推进等层面的组织与管理制度。

中国航天的体制建构，是中国航天取得一系列重大成就的重要条件。自 1956 年 10 月 8 日国防部第五研究院成立以来，中国航天在国家工业基础相对薄弱的条件下发展起来，其管理体制也是在缺乏经验的情况下，逐步探索并完善形成的。在中国，航天作为重要的国防科技门类，以“社会主义制度能够集中力量办大事”的举国体制作为持续发展的支撑，以不断调整的国家发展战略为塑造力量，使航天体制既具有根本上的中国特色，又具有鲜明的时代特征。

总体来说，这一历程具有三个总体趋势。

1）在中国共产党的领导下，在发挥社会主义制度优越性的基础上，持续推进体制改革；

2）从高度闭合、全方位的计划性，到深化改革、注重开放，积极融入市场；

① 新华社：《巴西航天技术发展 30 年》，《世界科技研究与发展》2000 年第 6 期。

3）从强调政治军事属性、不惜代价成本，到兼顾经济效益、重视持续发展。

这些趋势具体地体现在以下三个层面。

一、始终受中央领导

航天工业是国防科技工业的重要组成部分，既具有战略意义（如探索未知领域、占据科技制高点、增强军事实力、实现战略威慑、巩固政治地位等），又具有实际的应用意义（如拓展科技知识、实现卫星应用、推动相关领域发展、带动经济增长、实现战术武器列装等）。航天的这些意义直接或间接关系到国家安全，决定了其必须在国家的有效掌握之下。

20 世纪 50 年代中期，毛泽东、周恩来等党和国家领导人接受了科技专家的建议，决定独立自主地发展航天科技工业。自此以后，航天部门在党中央、国务院、中央军委的领导下，由中央决策发展战略、体制架构、重要项目等，具有很高的政治地位和深远的社会影响。

中国的国防科技工业，是在中国共产党的领导下，举全国之力建立和发展起来的，高度体现国家意志。在社会主义制度基础上的举国体制，为中国航天在一穷二白的基础上实现迅速追赶，起到了重要的支撑与保障作用。

60 多年来，中国航天始终由中央直接领导。历任党和国家领导人都高度重视航天事业，经常开展考察，听取汇报，做出指示，提出工作要求等。每逢具有重大影响、重要意义的型号发射任务，党和国家领导人会莅临现场，或以其他方式参与其中。任务成功后，中共中央、国务院、中央军委常以联合形式向参研参试单位致贺电。① 中央还多次在人民大会堂隆重举行庆祝大会，会见参研参试人

① 大多数情况下，贺电落款包含中共中央、国务院、中央军委，有时因任务性质不同，只包含其中的两者。

员，领导同志一般会发表讲话、发出号召，进行表彰等。具有重要意义的航天发展规划、项目，都须经过国家批准才能实施。

当前，航天领域形成了由军委有关机关、国防科工局和航天科技工业企业共同管理的基本格局。航天科技工业企业的国有资产由国资委监管。此外，对于部分重大工程，中共中央、国务院、中央军委成立了专门的领导机构进行管理与协调，如中国载人航天工程办公室、探月工程重大专项领导小组、中国卫星导航系统管理办公室等。

以航天传统精神、“两弹一星”精神、载人航天精神为核心的航天“三大精神”，由中央先后确认，给出内涵界定，并在社会上形成了广泛反响，成为重要的精神财富。

以上种种，均体现了航天在中国的政治话语体系和整体体制架构中具有重要而特别的意义。体现中国航天政治地位的部分事件见表4。

表4　体现中国航天政治地位的部分事件①

序号	围绕事件	事件
1	东方红一号发射	1970年4月24日，毛泽东亲自批准东方红一号卫星实施发射。5月1日，毛泽东、周恩来等党和国家领导人在天安门城楼上接见了参加研制和发射东方红一号卫星及长征一号运载火箭的领导干部、科技人员、工人、解放军代表
2	东方红二号发射	1984年4月8日，东方红二号卫星发射成功后，中共中央、国务院、中央军委于4月18日发电祝贺，庆祝试验通信卫星发射成功大会于4月30日在人民大会堂召开
3	863计划纲要实施	1986年3月，邓小平批示了王淦昌等四位科技专家提出的《关于跟踪世界战略性高技术发展》的建议，国家有关部委组织编制了高技术研究发展计划纲要，即“863计划纲要”。该纲要于11月18日得到中共中央、国务院批准，其中航天技术为七大领域之一

① 第1~6条整理自《中国航天事业的60年》编委会：《中国航天事业的60年》，北京大学出版社2016年版，第175-354页；第7、8条根据新华网公开报道整理。

续表

序号	围绕事件	事件
4	长征二号丁运载火箭发射	1992 年 8 月 9 日,长征二号丁运载火箭首次成功发射一颗新型返回式科学探测和技术试验卫星,江泽民于 8 月 11 日到酒泉卫星发射中心接见试验队员并发表讲话
5	表彰为“两弹一星”做出突出贡献的科技专家大会	1999 年 9 月 18 日,中共中央、国务院、中央军委在人民大会堂召开表彰为研制“两弹一星”做出突出贡献的科技专家大会,授予 23 位科学家“两弹一星功勋奖章”,中共中央、国务院、中央军委的决定和江泽民的讲话都阐述了“两弹一星”精神
6	神舟五号任务成功	2003 年 10 月 15 日,神舟五号载人飞船升空,胡锦涛赴发射现场观看发射,并发表重要讲话,第一次正式使用了“载人航天精神”的表述;吴邦国、温家宝等中央领导在北京航天飞行控制中心观看发射。11 月 7 日,中共中央、国务院、中央军委在人民大会堂举行庆祝中国首次载人航天飞行圆满成功大会
7	天宫二号和神舟十一号任务成功	2016 年 10 月 17 日,习近平在印度访问期间就神舟十一号载人飞船发射成功发贺电。11 月 18 日,中共中央、国务院、中央军委对天宫二号和神舟十一号载人飞行任务圆满成功致电祝贺。12 月 20 日,习近平等七位中央政治局常委在人民大会堂会见参与此次任务的航天员及参研参试代表
8	嫦娥四号任务成功	2019 年 1 月 11 日,中共中央、国务院、中央军委致电祝贺嫦娥四号任务成功。2 月 20 日,习近平等七位中央政治局常委在北京人民大会堂会见探月工程嫦娥四号任务参研参试人员代表

二、工业部门持续变革

中国的航天工业部门在 60 多年的发展中，经历了从多部门协调到统一领导，从军队编制到集体转业，从国家部委到大型航天科技企业的体制演化历程。

（一）持续的调整①

从宏观历史脉络看，航天工业的部门体制经历多次重大调整，以相关部门机构成立为标志，划分为国防部第五研究院、第七机械工业部、航天工业部、航空航天工业部、中国航天工业总公司和两大航天集团公司等六个时期。

1956 年 10 月 8 日，中国第一个导弹研究机构——国防部第五研究院（简称国防部五院）正式成立。钱学森为第一任院长。国防部五院先后建立或接收了部分研究单位，编制规模不断扩大。此外，一些隶属其他部门的工厂、科研教育机构也参与到航天项目中。国防部第五研究院成立时为军队编制，1965 年 6 月 1 日起，原国防部五院现役军人集体转业。

1964 年 12 月 26 日，三届全国人大一次会议通过成立第七机械工业部（简称七机部）的决议。七机部以国防部五院为基础，统一管理整个航天科技工业，以有效组织当时分散在不同部门的研制单位，解决分散管理的模式难以继续适应研制需要的问题。1981 年 9 月 10 日，五届全国人大常委会第二十次会议决定将第八机械工业部和第七机械工业部合并，合并后保留第七机械工业部的名称。这一调整是为了贯彻“调整、改革、整顿、提高”的方针，加强对地空、海防等战术导弹和战略导弹研制、生产的统一领导和管理。

1982 年 3 月 8 日，五届全国人大常委会第二十二次会议通过关于国务院机构改革问题的决议，第七机械工业部改称为航天工业部。1985 年 10 月 26 日，航天工业部代表中国政府向世界郑重宣布：中国将把自行研制的长征系列运载火箭投入世界航天发射市场。这也是中国航天迈向国际市场的重要一步。

1988 年 4 月 9 日，七届全国人大一次会议通过了国务院机构改

① 本目部分内容参考航天两大集团官网资料，详见 http：//www.spacechina.com/n25/n142/n152/n174/index.html，http：//www.casic.com.cn/n101/index.html。

革方案，决定撤销航空工业部和航天工业部，组建航空航天工业部。1981 年 9 月至 1988 年 4 月这三次重大调整，使中国航天工业的管理更为系统和集中。

1993 年 3 月 22 日，八届全国人大一次会议批准撤销航空航天工业部，分别成立中国航空工业总公司和中国航天工业总公司(国家航天局)。1993 年 6 月，中国航天工业总公司（国家航天局）正式成立。做出对航天科技工业实行企业化改革决策的背景，是 1992 年召开的中共十四大明确中国经济体制改革的总体目标是建立社会主义市场经济体制。在这一形势下，由国务院组成部门直接领导全国航天科技工业的机制已难以适应新的环境。在过渡阶段，中国航天工业总公司和国家航天局实行“一个部门、两块牌子”的制度，既开始进行企业化运作，又担当国家航天管理部门的角色。

1999 年 7 月 1 日，根据九届全国人大一次会议精神，经国务院批准，成立十大军工集团公司，在航天领域为中国航天科技集团公司、中国航天机电集团公司。2001 年 7 月，中国航天机电集团公司更名为中国航天科工集团公司。这次改革的目标是全面实行政企分开，建立现代企业制度。另外，1998 年 5 月，国家航天局划归国防科工委管辖，现隶属工业和信息化部，作为国家在航天事业方面的最高行政管理部门，中国航天工业总公司不再承担政府职能。20 多年来，两大航天集团已经历多届领导班子。2013 年 4 月，中共中央、国务院决定，两大航天集团均设立董事会。2017 年第四季度，随着全面深化改革的持续推进，两大航天集团均完成了公司制改制，分别更名为“中国航天科技集团有限公司”和“中国航天科工集团有限公司”，这为两大航天集团健全现代企业制度、建立有效制衡的公司法人治理结构和形成灵活高效的市场化经营机制奠定了坚实基础。

（二）当前的选择

目前，中国航天科技工业以中国航天科技集团有限公司和中国航天科工集团有限公司为主体，已发展成国际性的、以科技为先导的大型航天企业集团。此外，中国科学院、中国工程院及国内一些工科院校，以及近年来方兴未艾的商业航天公司，也都不同程度地参与到航天科技工业活动中来。这种以两大集团公司为主、多方力量参与的航天工业体制格局，是国家意志的必然体现，也是多方博弈的必然结果。航天科技活动充满了不确定性，风险高、投入大，对国家意志而言，既要有效集中资源实现突破，避免无序的投入与竞争，又要掌握主导地位，尽量稀释风险，避免绝对的垄断。在中国的航天科技实力尚不发达的条件下，通过“1+1+X”的格局，能够较好满足战略需求。

在两大航天集团公司中，建立以型号研究院为基础，按型号配套；以科研为主导，科研、生产、经营相结合；实行全行业统筹规划、运行管理协调的总部、研究院和所、厂三级管理体制，如图 7 所示。[①] 研究院是业务模块的联合体，所、厂承担该业务模块下的具体职能。

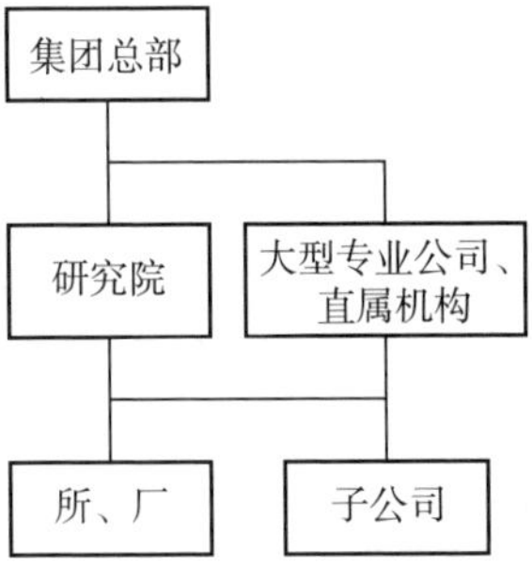

图 7　航天三级管理体制

从地理位置上讲，两大航天集团公司总部均设在北京，位于西三环航天桥附近，与上级领导机关的距离不远。北京也是航天二

① 《中国航天事业发展的哲学思想》编委会：《中国航天事业发展的哲学思想（第二版）》，北京大学出版社 2016 年版，第 207 页。

级单位分布最为密集的城市，集合了最多的研究院、大型专业公司、直属机构的本部；上海、西安、天津、成都等城市也是二级单位分布的重点。不过，在城市规划与扩张的过程中，为了更好满足大型科研生产联合体的作业需求，这些院、所、厂多落脚距离市中心较远的位置。

三、工程系统深化发展

航天事业的发展需要大量的人、财、物的投入，但任何一个国家，对航天的投入始终是有限的。置身国际航天快速发展的时代环境中，一国要用有限的资源，尽快实现航天的规划目标，必须经过精细的管理设计与全局的统筹推进。对航天来说，工程的实现与应用是各项工作的核心，是航天活动的意义所在，也是航天的决策机构、工业部门的根本关注。这就决定了航天工程系统在航天体制中居重要地位。

经过不断深化，中国航天探索形成了以研究院及所、厂的科技研发能力为支撑的大协作配套体系和由“两条指挥线”构筑的型号研制管理模式。两者通过矩阵式结构形成的工程系统结构，保证了中国航天科技工业完成研制任务，保持持续发展的整体能力。①

（一）研究院：从专业院到型号院

在航天事业起步之初，国防部五院在内部按照不同专业设置研究分院，最后进行系统集成。这种项目模式没有明显区分行政指挥线与技术指挥线，并人为割断了型号内在系统的联系。在仿制苏联导弹的单一任务阶段，各分院只需消化吸收导弹设计资料，或根据科技人员“反设计”得出的专业技术需要，完成与所负责专业相关的任务，工作要求相对简单，能够以这种模式为支撑。但到了自行

① 《中国航天事业发展的哲学思想》编委会：《中国航天事业发展的哲学思想（第二版）》，北京大学出版社 2016 年版，第 207 页。

设计、研制、开发型号及多个型号并行研制的阶段，由于技术能力不高、资源配置不充沛，一个分院同时要面对多个任务要求不同、技术特点迥异的工程项目，就难以全面照顾。此外，专业分工的条块分割，也造成了各系统之间缺少密切的沟通联系，各研制环节之间的衔接也不够充分；航天内部及航天与外部的协作不通畅，也影响了任务进度。结果就是，推进任务也好，出现问题也罢，就经常出现“谁都负责、谁也负不了责”的局面。① 这也导致在早期的导弹研制任务中，一些技术难关被陆续攻克，但工程的整合与任务目标的实现却充满坎坷。

在吸取教训的过程中，型号总体设计能力日益受到重视。钱学森根据他所倡导的系统工程理论，吸收苏联设计局的经验，结合中国的实际情况，创造性地提出在中国建设型号院的思想。1962 年 11 月，国防部五院颁发《国防部第五研究院暂行条例（草案）》（又称五院《七十条》），系统地总结了型号研制规律、科研工作程序和以科研为中心的工作经验。主要内容包括：

1）制定型号研制程序，强调必须按照各个阶段要求开展工作；

2）建立技术责任制与总设计师系统；

3）强化总体意识，明确实现总体设计意图是研制过程中的主导；

4）组织管理要在统一的计划与调度下进行。②

五院《七十条》的颁发，最重要的贡献是明确了责任分工，奠定了中国航天系统工程管理的基本框架。以此为始，专业院开始向型号院过渡。之后，按照型号类别调整组建的研究院，实现了对型号科研与生产任务的集中统一管理。以型号为目标，每个研究院负责一大类产品的整体研究工作，同时设置相关分系统专业，作为科研与生产的基础力量；型号研制的链条不再被研究院之间的边界分割，而是实现了院内的资源整合与集中推进，便于科研工作的集中

---

① 《中国航天事业发展的哲学思想》编委会：《中国航天事业发展的哲学思想（第二版）》，北京大学出版社 2016 年版，第 241-242 页。

② 同上书，第 242 页。

开展，便于生产任务的标准适用、进度协调、短线管理。这也适应了社会主义建设时期工业基础不发达的国情，满足了国家安全的需要，并便于上级机关进行宏观管理与责任落实。

在后来的探索完善过程中，以型号研制为基本单元组织研制生产工作的研究院模式被一直传承下来，至今仍是航天体制重要的组成模式。目前，在两大航天集团公司下设的研究院中，型号院是核心单元，承担项目的总体设计与研制工作；同时还建有负责研制发动机、关键电子元器件等重要系统的研究院。客观地看，这种模式也造成了工程系统在领域与领域之间、型号与型号之间的闭合性。领域、型号的分线、独立发展，使一些机构重复配置，彼此之间缺乏竞争和信息沟通，人员和信息流动面临壁垒，削弱了开放性与创新活力，不利于成本控制与效益提升。[①] 随着改革的深化，研究院已不再局限于传统领域，而是选择更加开放的发展视角。目前研究院之间正在互相渗透，并在某些业务领域展开竞争。

（二）所、厂：总体与专业的分工

所、厂这一级，又可以细分为总体设计部、分系统承研部门、总装测试部门、生产制造部门、服务保障部门等，其中总体设计部居于核心地位，发挥关键职能。其他厂、所在研究院的统筹下开展工作，实现了型号研制流程的一体化。

总体设计部被称为“航天系统工程的关键核心”。以中国航天科技集团有限公司为例，三大总体院均设有总体设计部门，负责相关领域的总体设计工作。总体设计部取代了以往居于核心地位的某一个或某几个人，负责系统总体设计与专业把关，负责协调指挥任务推进中开展的大规模的科学技术活动。其他专业所、厂同样发挥着重要功能，与总体设计部均属系统整体的有机组成部分，在发展自身专业的同时，配合总体设计部开展工作。

---

① 《中国航天事业发展的哲学思想》编委会：《中国航天事业发展的哲学思想（第二版）》，北京大学出版社 2016 年版，第 243-244 页。

在所、厂这一级，领导层下一般分设机关部门、业务部门。前者承担具体的管理职能，后者承担研发、设计、研制、总装、测试、运营、服务保障等具体业务。在部门之下，多设有班组，承担某项或某几项具体的职能或业务。班组是最基础的管理组织，是航天体制的“基石”。

在航天各级单位中，一般都设有科学技术委员会（简称科技委），通过集合领域专家，发挥“参谋部”和“智囊团”的作用。科技委对项目预研与立项、技术路径选择、研制进度推进、组织战略调整等重大事项进行论证评审，提出意见和建议。科技委尽管不具备行政权力，但在工程系统中发挥着重要影响；科技委的专家也在工程系统中拥有较高的地位。

（三）项目办与“两条指挥线”

在总体院，项目办公室（简称项目办）也是重要的组织机构，负责统筹本项目、本领域的科研与生产工作。在项目办，总指挥、总设计师（合称“两总”）是关键岗位，是该型号项目或该领域中行政、技术的最高负责人。“两总”由集团和总体院按照人事权限分工任命，但集团的任命也主要基于总体院的意见。

以总指挥、总设计师为首，形成了总指挥系统和总设计师系统“两条指挥线”。狭义的针对某一特定型号项目或领域的总指挥系统，包括总指挥、副总指挥、分系统指挥，质量师、工艺师，以及计划、调度、项目秘书等；广义的总指挥系统还包括各级领导机关的行政头脑和各级计划管理部门。[①] 总设计师系统则包括总设计师、副总设计师、总体主任设计师、分系统主任设计师、主管设计师等。目前，总体院的责任分工体系一般遵循“总指挥、总设计师抓型号，所、厂长抓产品”的原则。

“两条指挥线”的责任分工，在中国航天工业总公司成立（1993

---

① 《中国航天事业发展的哲学思想》编委会：《中国航天事业发展的哲学思想（第二版）》，北京大学出版社 2016 年版，第 247 页。

年）前后有所调整。在未进行企业化改革前，航天发展程度有限，仍面临大量关键技术瓶颈，加上型号总体数量少，长征系列运载火箭发射次数只有 30 次左右，型号研制以总设计师为主，总指挥负责保障，保证总设计师设计意图的实现，以确保任务的顺利推进与最终成功。随着综合国力的不断提升，航天任务的需求不断增加，多项目管理成为必然；航天任务的复杂程度不断提高，信息技术广泛应用，总设计师在带领技术人员进行攻关的同时，很难兼顾综合性的管理协调工作。在企业化改革后，受市场导向、现代管理思维等的影响，航天开始实行总指挥全面负责制，由总设计师主要负责技术责任。

应该看到，型号研制工作是一个有机的整体，技术和行政“两条指挥线”的紧密配合和互相协调是至关重要的。在实际工作中，两条指挥线的工作既各负其责又紧密结合，两者之间互为条件，共同推进并保障任务的进行。

第三节　航天体制的多重二元性

各国选择航天体制路径的差异，是人理与物理交叉在一起、互相作用、持续演化的结果。

这是因为，航天体制既受管理或参与人的影响，又受航天内在规律的约束，还受一国国情、资源配置及其他因素的制约。一国航天体制的选择与演化，是基于现实设计的主观方案在具体实践中得到不断深化与修正的过程。各国航天体制路径的实践证明，这一过程必须处于动态调整之中，否则就会令体制僵化，削弱航天发展的成效与可持续性。航天体制的选择与演化，必须将“人”与“物”的客观情况及发展特点作为根本依据。

正是由于人理与物理的交叉互动作用，航天体制在面向结构、支配逻辑、发展格局等各个层次呈现出多重二元性。

一、结构的二元性

航天首先是人的活动，是由参与航天活动的人共同完成的。这些人及他们组成的各级组织，是航天体制的基本依托；人与人、人与组织、组织与组织之间的关系制度，是航天体制的基本面貌。参与航天活动的人往往带有鲜明的群体烙印，他们直接或间接地参与航天科技活动，接受组织调配并开展协作，致力于完成共同的任务目标。但人的思想是主观的活动，用于认识和指导实践；组织必须通过对人的思想加以引导，对人的实践加以规范，才能确保协作的效率与结果。

航天活动的主要内容是开展航天科技研究，完成工程目标并实现应用。首先，与其他科技领域相比，航天项目具有成本高、风险高、难度大、周期长等特点。在关键技术研发、火箭或导弹发射、卫星飞向预定轨道、航天器开展任务中，任何一个环节的纰漏都可能导致任务的全盘失利；而且在既有的技术条件下，这些失利往往是难以修复、无可挽回的。因此，既要把握并尊重航天规律，加大创新探索，又要科学统筹进度，有效控制风险。其次，对航天的投入是有限度的，如何用有限的资源完成既定的目标，需要对项目设计、资源配置等做出周密安排。最后，航天科技在不断发展中也展示出更多的未知领域，要对其进行探索和应用，需要更加深入的研究和更加科学的设计。

在航天领域，对人的管理很重要，对科学探索、技术研发、工程实践及资源投入等的管理同样重要。它们分别对应行政管理和项目管理两个子体制。前者以管理“人”为主，同时管理经费、资源等“周边物”；后者主要关注“核心物”，即技术与工程本身。

（一）行政管理子体制

行政管理子体制是显性的体制架构，按照前文所述包括决策机构和工业部门这最主要的两大部分，按照一定的组织模式整合承担职能并发挥作用。

航天发展关乎国家主权与安全，国家意志是航天活动开展与实现的充分条件，也是国家机器必须纳入管理的对象。在政府层面的“航天局”或类似机构，履行政府相应的管理职能，管理该国的航天活动，促进航天活动稳定、有序、健康、协调地发展，并代表该国开展航天领域的对外交流与合作等。

军事航天是航天的重要内容。在从事航天活动的主要国家，尤其是航天大国中，满足一定的军事需求是开展航天活动的重要初衷。军方作为航天的重要用户，会根据战略威慑或战术应用需求，在国防部、具体军种或作战指挥机构中设置保障太空安全或应用航天技术的主管或职能部门，成立导弹部队、天军等与航天高度相关的军种，主要履行与空间有关的需求研判、战略需求或战术应用的项目论证与推进，负责导弹与空间攻防技术在战争中的应用。

航天行业的主体，主要是从事航天活动的企事业单位，以及一些科研院所。在这些企事业单位的组织结构中，纵向看是不同的层级划分，横向看是不同的职能定位。前者体现为集团或联合体、研究院或子公司、部门、团队或班组等。后者从业务模块上，可以分为飞行器、发动机、航天技术应用、领域市场开发等；从具体部门设置上，可以分为管理部门和业务部门。管理部门主要承担着工程管理与任务协调、产品保证与质量管理、研发创新管理、市场开拓与合作、财务、审计、人力资源、企业文化、综合保障等职能；业务部门则具体面向基础研究、工程预研、项目设计、分系统开发与研制、总体装配、地面测试、发射任务执行、飞行控制与保障、运营服务等不同环节中的具体任务。在不同国家，航天行业的主体构成各有特色，拥有不同的源流，但在组织机构设置上，基本具有贯穿着纵向的不同层级划分与横向的不同职能划分相结合的共同点。

工程系统中也有行政管理的体现。在中国航天中，这一职能由总体院、总体设计部、总指挥系统承担；在其他国家，这一职能由总合同承包商、项目负责人等机构或角色履行。

无论哪一类、哪一层级的组织，都有管理所属的专家、干部、员工、官兵等的职权，具体管理模式因组织的属性、源流与组织制度不同而各有差异。狭义的管理“人”的职能在组织中主要由组织的人事部门、企业文化部门承担，前者管理干部、人才，后者建设思想、文化；在工程项目中主要由总指挥系统或类似机构、角色负责。两者拥有共同的任务目标，彼此实现有效的配合与协作。

（二）项目管理子体制

项目管理子体制主要面向作为客体的航天科学技术与工程项目。航天的工程组织与项目实现，涉及错综复杂的管理过程，是航天组织协作的主要服务对象，也是航天活动的主要目的。

前文提到在中国航天中，从研究院的分工协作，到厂、所的职能分配，再到“两总”系统的设置，都是项目管理子体制的有机组成部分。其中核心是“两总”系统。总指挥系统负责项目中人、资源的统筹与保障，负责进度的执行与协调推进；总设计师系统则承担技术责任，专注于技术工作与工程目标的实现。两者互相分工，互为条件。

在航天体制中人理与物理的交叉互动，决定了行政管理子体制与项目管理子体制的密切关联：两者绝非彼此独立，而是交织在一起的。从航天活动的目的来讲，行政管理子体制服务于项目管理子体制，为其提供支撑与保障；项目管理子体制则在行政管理子体制的涵盖下实现运转与完善，并以项目成效与管理经验，反作用于行政管理子体制的动态演化。

二、支配逻辑的二元性

航天首先是一种科学技术活动，但将航天科技工程化，是国家或组织出于政治、军事、经济的需求而实施的，目的是通过发展航天科技，满足特定的需求，实现具体的目的。航天科技作为一种国防科学技术，各国均以满足特定的政治、军事、经济需求为重要任务目标；同时，航天还作为一种产业，为实现持续发展必然注重追求经济和社会效益。

无论科技的，还是政治、军事、经济的，都是人类的活动；但两方面的活动是有别的。科学技术主要是自然科学领域的活动，人类要不断深化对客观世界和客观规律的认识，从而运用它们并借助一定手段开展发明创造；政治、军事、经济等则主要是社会科学领域的活动，受人的、集体的意志支配，充满了变化和不确定性，有着强烈的权力、胜利或利益的功利性诉求。

于是，对航天而言，既受科学技术发展的内在逻辑支配，又受政治、军事、经济的外在逻辑的支配，使航天体制在支配逻辑上呈现出显著的二元对立特征。

（一）科学技术发展的内在逻辑

科技的发展规律是客观的，只有尊重并正确运用它们，才能实现探索的进步和对科技的有效利用。而且，科技的发展本身具有不确定性，设想的进度不一定能如期完成，结果与初衷也不一定相符。要提升科技水平，需要一定的知识积累和人的创造性劳动，也离不开一定的物质基础，否则只能是镜花水月。

对科学技术活动来说，失利不是例外，而是一种常态；工程的开展，受到很多因素的制约，预期目标的实现需要苛刻的条件。对于充满复杂性的航天活动来说，成功的难度和失利的风险更高，需要更高昂的成本来应对其中的风险和改进的需要。

科技的发展还有赖于开放的维持，如此才能实现系统的进化，否则进步就会受到影响，甚至陷于停滞状态。开放不仅指的是航天对其他行业的交流合作，还指的是国际层面的交流合作，这一直是航天发展历程中的重要部分。在发展前沿的不断扩展中，航天的复杂性也会日益增加，人们对前沿科学、尖端技术、新材料、新理念等知识的诉求愈发强烈，需要更大规模的人力、物力和经费投入，这使国际航天交流合作的广度和深度得到提升。

从人的角度说，科学家、工程师等科技工作者是科学技术的实践主体，必须培养、壮大这支队伍，提高其专业素养，才能为科技发展提供源源不断的智力支持。在现代科学技术环境下，只有以某种组织化、制度化的体制形式把这些人整合到一起，在共同体中实现良好的分工配合，才能有序、有效、充分地发挥作用。

（二）政治、军事、经济的外在逻辑

航天不仅仅是一种科学技术活动，更是与政治、军事、经济等密切联系。在政治上，航天技术是衡量一国综合实力的重要标志之一；军事是航天的重要服务对象，也是航天发展的支撑力量。航天需要长时间的、大量的成本投入，其产品能够创造价值，因此，航天也是一种经济活动，谋求开发空间资源为“我”所用，谋求在最短的时间内，以最经济的投入，实现最理想的效益；但这种经济活动往往不是市场自发的、企业自主的行为，而是有着国家机器的深度参与，这也是航天作为经济活动的特殊性。在航天领域，国家机器履行行业管理、规划发展战略、进行项目投资、统筹资源、制定政策法律、主导国际合作等职能。

早在 1946 年，美国兰德小组的报告《实验性环地宇宙飞船的最初设计》就指出：美国制造人造地球卫星的成就将极大地唤起人们的想象力，能够在世界范围内产生不亚于第一颗原子弹爆炸的影响，并预言“第一个在太空航天方面做出重大成就的国家将被看作是世界科学技术以及军事领域的领袖。”① 这在苏联发射第一颗人造地球卫星后得到了充分印证。邓小平指出：“如果六十年代以来中国没有原子弹、氢弹，没有发射卫星，中国就不能叫有重要影响的大国，就没有现在这样的国际地位。”② 出于政治的、军事的考虑，航天尤其受到官方的重视，在一国科研体系和工业体系中居重要甚至优先的地位。这也使得航天部门一般具有浓厚的国家或军方背景，并与官方保持密切联系。同时，航天发展会经常受到来自政治、军事因

① 李成智编著：《中国航天技术发展史稿》，山东教育出版社 2006 年版，第 25 页。

② 邓小平：《中国必须在世界高科技领域占有一席之地》（1988 年 10 月 24 日），《邓小平文选》2008 年版，第 3 卷第 279 页。

素的影响，如被要求开展一些具有浓厚政治或军事色彩的项目，被要求任务进度配合重大政治事件，被要求“只许成功、不容有失”等，这就需要进行相应的体制设计，如设置专门机构，优化流程模式与运行机制，拓展智力资源，优化人员调配。

无论是双边的，还是多边框架下的国际航天合作，一般由政府出面，授权给特定的组织或角色进行协调。在这里，国家利益被置于首位，优先级高于科学与技术本身，以确保这种合作是对本国有利的，至少是可以接受的。重大的合作项目，一般由高级别的官方进行协调来深化共识、达成意向，最终在领导人会晤、国际会议等官方场合得到确认，并签署协议。

国家、军队、企业都希望开展航天活动可以带来可观的效益，这既需要对成本加以控制，也要确保相应的产品和服务能够带来可观效益。在国际航天迅速发展的今天，涉足航天领域的集团公司作为航天活动主体，积极引入各种现代市场经济运作手段，在发展壮大中不断调整自身体制，谋求竞争优势。在西方国家，一些大型军工集团也成长为跨国公司，实现了航天业务跨国、跨区域的分布。经济社会对航天的客观需求，与航天对经济社会发展的支撑与带动作用，形成了一个“正反馈”机制，这也推动各国对航天活动给予更多的投入。航天的发展与应用前景，也正吸引着越来越多的组织与个人参与其中。

与科学技术发展的内在逻辑相比，政治、军事、经济的外在逻辑是显性的，倾向于占据支配地位，尤其是在以“人”为对象时。但在具体的科学技术活动中，这种显性逻辑只有与科技发展的内在逻辑相向时任务才能顺利执行，否则就会受到挑战，导致任务出现反复、延期乃至失利等。

三、发展格局的二元性

航天发展处于具体时空环境之中。整体而言，航天应坚持开放并开展交流；具体来说，航天必须依靠自己的力量。这就构成了航天发展格局的二元性。

（一）整体格局与具体格局

由于系统高度复杂，发展成本高昂，一国要发展航天，既要在内部的组织、群体之间实现良好的协调配合，又要在航天与其他领域之间、在不同国家的同行之间开展广泛的交流合作，在开放中谋求发展。这是航天发展的整体格局。

航天科技往往是一个组织、一个国家的核心竞争力，尤其是航天科技的关键技术、核心知识不会轻易示人。对一个国家而言，如果仅满足于航天科技的“有无”，可以寻求合作或技术转让的方式解决；如果仅满足于常规应用，可以通过购买或租用的方式解决；但要想攀上航天科技的“高地”，就只能在掌握足够的人才、资源、知识的基础上，依靠自力更生、自主创新实现。这是航天发展的具体格局。

以上两种格局，是航天在发展格局上的两个层面。追求开放式的合作交流，是外在的、必要的条件；自力更生则是内在的、根本的途径。这体现了唯物辩证法的观点：内因是根本原因，外因是重要条件。纵观世界各国的航天体制变迁，均受到“两个格局”关系的深刻影响。例如，如果拒绝开放（如苏联），体制就容易僵化，发展动力就会减弱；如果注重交流（如西欧、日本），在体制能够做出适应性调整的同时，技术进步的动力也能得到维持。但不管哪个国家，航天事业都建立在本国航天科技发展与队伍能力提升的基础上，离不开本国各方面的协作与支撑。

在经济全球化的今天，不同国家的航天资源也存在整合的趋势，如欧空局框架下的区域航天合作、围绕国际空间站的国际航天合作、大型军工跨国公司的持续扩张等。在欧空局框架或国际空间站项目中，科技发展与国家意志起到重要作用；在军工集团的跨国布局中，资本扮演着灵活的角色，但其扩张受制于政治、外交等因素——以美国、西欧、日本为背景的军工集团从未将涉及航天的核心业务布局在中国。

（二）中国航天：以自力更生为主，不“关门”

中国是航天领域的后进入者，不具备“先发”优势——领域技术已具备一定的成熟度，左右产业发展的主导技术路线和行业标准也已经形成并不断趋于完善；“另辟蹊径”难度大、成本高、风险不可控。另一方面，中国也具备一定的“后发”优势，即在探索技术发展路径上有前路可循，工程发展的方向和阶段性目标较为明确。航天工业作为国防科技工业前沿，属技术密集型产业，其风险高、竞争激烈、攸关一国核心竞争力。国外在航天核心技术上一直对我国采取提防态度或实施封锁政策。因此，中国仅依靠学习和模仿是不够的，因为如果长期处于追赶状态，差距只会越拉越大，最终就只能被淘汰出局。要克服这一点，就必须坚持自力更生，实施系统性创新，走出一条跨越式赶超的必由之路，最终跻身领先者的行列。

在社会主义建设时期，中国的党和国家领导人就对科技发展有了清醒认识。毛泽东指出：“搞社会主义建设，很重要的一个问题是综合平衡。”① “自然科学方面，我们比较落后，特别要努力向外国学习。但是也要有批判地学，不可盲目地学。在技术方面，我看大部分先要照办，因为那些我们现在还没有，还不懂，学了比较有利。”② “我们不能走世界各国技术发展的老路，跟在别人后面一步一步地爬行。我们必须打破常规，尽量采用先进技术，在一个不太长的历史时期内，把中国建设成为一个社会主义现代化的强国。”③ 在航天发展起步阶段，主要是向苏联学习，效仿其体制模式，利用其既有导弹开展研制；中苏交恶后，为了研制出“争气弹”，航天工

① 毛泽东：《经济建设是科学，要老老实实学习》（1959 年 6 月 11 日），《毛泽东文集》人民出版社 1999 年版，第 8 卷第 73 页。

② 毛泽东：《论十大关系》（1956 年 4 月 25 日），《毛泽东文集》人民出版社 1999 年版，第 7 卷第 42 页。

③ 毛泽东：《把我国建设成为社会主义的现代化强国》（1964 年 12 月 13 日），《毛泽东文集》人民出版社 1999 年版，第 8 卷第 341 页。

作者鼓足干劲，自力更生，最终成功。“两弹一星”的成功是在中国共产党的统一领导下，全国“一盘棋”集中攻关的结果。协同的力量来自“二十六个部委、二十多个省区市、一千多家单位的精兵强将和优势力量”[①]，这也充分体现了社会主义制度能够集中力量办大事的优越性。

自十一届三中全会以来，中国走上了改革开放的发展快车道。航天领域也对内深化改革，加强与其他方面的协调，对外注重合作交流。邓小平指出：“三十几年的经验教训告诉我们，关起门来搞建设是不行的，发展不起来。关起门有两种，一种是对国外；还有一种是对国内，就是一个地区对另外一个地区，一个部门对另外一个部门。两种关门都不行。”[②] “经验证明，关起门来搞建设是不能成功的，中国的发展离不开世界。当然，像中国这样大的国家搞建设，不靠自己不行，主要靠自己，这叫做自力更生。”[③] 聂荣臻于 1979 年 10 月在听取国防工办汇报时说：“武器装备依靠进口技术搞现代化是妄想，我们不能靠进口买个现代化，还是要立足自己动手，以自力更生为主，当然不排除进口个别关键技术。”[④]

以东方红三号卫星的立项为例。20 世纪 80 年代初，围绕满足持续增长的通信卫星业务需求，国内有一场关于“买星”还是“造星”的争论，坚持“造星”的航天专家们认为：中国应当在核心领域、战略产业方面坚持走自主发展的道路。由于通信卫星领域发展关乎国家的经济命脉和空间安全，同时为了壮大空间技术队伍、提高空间技术能力、提升国家核心竞争力，国产的通信卫星应作为国

---

① 江泽民：《在表彰为研制“两弹一星”作出突出贡献的科技专家大会上的讲话》（1999 年 9 月 18 日），《人民日报》1999 年 09 月 19 日第 1 版。

② 邓小平：《建设有中国特色的社会主义》（1984 年 6 月 30 日），《邓小平文选》2008 年版，第 3 卷第 64-65 页。

③ 邓小平：《我们的宏伟目标和根本政策》（1984 年 10 月 6 日），《邓小平文选》2008 年版，第 3 卷第 78 页。

④ 《中国航天事业发展的哲学思想》编委会：《中国航天事业发展的哲学思想（第二版）》，北京大学出版社 2016 年版，第 199 页。

内用户的首选。坚持“买星”的一方则指出：当时全世界有 170 多个国家和地区利用卫星通信，也只有少数几个国家才有自己的通信卫星；从价值规律的角度出发，“租星”或“买星”来得快，还可以又好又便宜，是解决国内市场燃眉之急的捷径。针对此争论，时任航天部副部长孙家栋于 1985 年 7 月发出了“要以我为主，尽快拿出通信卫星”的呼吁，并向国家上报请战书。几经波折，中央领导最终于 1986 年 3 月决定：依靠中国自己的力量研制新一代通信广播卫星。国务院也很快下发文件，明确通信卫星不外购，由中国自己制造，并由中国自行研制的长征三号甲火箭发射入轨。这次争论巩固了中国航天科技发展以我为主、自力更生的基调。通过“自己制造”“自主研发”，中国航天自力更生，保护了当时仍比较薄弱的国产卫星研制基础和能力，锻炼了卫星研制队伍。

尽管对国际资源的有效利用是有限的，但是国际资源对中国航天仍起到了一定的促进作用。在中国航天起步之初，留学归国人员带回的知识，来自国际航天学术界、工程界的公开资料，以及相关国际组织机构与中方开展的交流活动，为当时的队伍培养和事业发展提供了必要的帮助。但总体上看，中国与世界主要航天国家之间的合作是有限的。中国成立后，长时间处于西方的全面封锁之中。20 世纪 50 年代末中苏交恶，苏联撤回了专家和技术支持。中美建交以后，美国仍对中国航天发展报以谨慎和警惕的态度，这一状况自 20 世纪末以来变本加厉。1999 年，美国国会抛出《考克斯报告》，污蔑中国窃取美国导弹和空间应用的技术，夸大中国威胁，并对华实施更加严格的高科技出口禁运：美国制造的卫星、航天器或采用美国部件的航天器都被禁止运往中国。这致使中国失去了国际航天市场的很大一部分份额，阻挠了中国航天事业的国际化进程。同时，在美国的操纵下，包括加拿大、日本、巴西和欧空局在内的 6 个太空机构、16 个国家，以防止航天技术扩散为名，拒绝中国加入国际太空合作计划，参与国际空间站（ISS）的建设。在中国与欧洲决定共同研发伽利略卫星导航系统后不久，中国就被“踢出”了核心成员国的位置；中国科学家还被禁止参加在美国举办的一些航天学术会议等。这些给中国航天的发展带来很多客观的限制条件与现实困难，但反过来也形成了一种“倒逼”，坚定了中国航天走自力更生发展道路的信念。

在航天领域，人的因素与物的因素紧密交织，以一定的组织形式和制度安排融为一体，两种因素内化为共同体，外化为航天体制，一同促进着航天事业的发展进步。在体制结构、支配逻辑、发展格局上，航天体制呈现出普遍的二元性；在不同的国家，这些抽象的特点，会基于具体的国情差异而归于殊途。航天体制因路径不同而沿途风景各异，这首先体现在组织设置、职权分配等宏观而外在的层面上；同时，这些普遍的二元性更向内影响着不同国家航天的共同体在认识、实践、交往、文化等方面的取向与特点。要对一国的航天体制在系统的、微观的层面进行细致描述，就必须在深刻把握该国历史文化、社会制度、主流意识等要素的基础上，经过长时间的田野调查与跟踪研究才能完成。

前文中提出的在宏观、系统、微观三个层面的 9 个对立统一关系，同时也贯穿在这些多重二元性之中；前者是具象的矛盾贯穿，后者是基本的矛盾呈现。体制结构的二元性，首先反映的是国家目标与技术目标的对立统一，是宏观基本面。支配逻辑的二元性，主要是对整个系统而言，反映的是事业与产业、军工与民用、内生与外包的对立统一，无论是美国、苏联/俄罗斯、西欧，还是中国，或者其他主要航天国家或地区，发展航天都必须处理这三对系统层面的基本对立统一关系。尤其是从苏联得到的教训看，如果这三对关系处理得不好，就会给航天活动带来十分严重的后果，这种后果甚至会带来很强的外溢性。而美国长期维持着航天强国的地位，与把握这三对关系得当不无关系。发展格局的二元性，突出体现着内部与外部、跟随与创新的对立统一，贯穿着内生与外包的统一。这些二元性的多重并存，共同完成了不同航天体制基本形态的建构，同时具体地塑造并修正着其中的细节，使共同体在对内相互凝聚和对外适应市场的过程中完成建构与发展，使体制本身在趋向闭合与趋向开放中达到相对的平衡。

以社会视角观察航天，应该看到，这些多重二元性一方面催动航天在科技、工程、产品、服务层面的输出，形成硬实力的内容；另一方面赋予航天共同体、航天事业以精神价值，从而构成了软实力层面的航天影响。这一硬实力与软实力的并存，之于共同体本身又是一种对意义的修正与再确认，成为其他各个对立统一关系的“添加剂”。

接下来的两个章节将结合民族志等方法，以中国航天的核心研制单位之一——中国空间技术研究院为主要研究对象，对中国航天体制的建构路径这一宏大主题下的具体脉络与现状进行梳理，以更好展现人理与物理交叉互动的过程与面貌。结合多重二元性和9个对立统一关系，可以把握两个最重要的特点：一是作为人理与物理交叉互动的联结框架，系统工程的理念与方法在中国的航天体制建构中得到广泛的运用与实践；二是作为人理与物理交叉互动的组织形态，航天的共同体呈现出“半闭合”特征。

第三章　系统工程：人理与物理交叉互动的联结框架

“系统工程”是组织管理“系统”的规划、研究、设计、制造、试验和使用的科学方法，是一种对所有“系统”都具有普遍意义的科学方法。①

——钱学森

作为中国航天事业的重要奠基人，钱学森无论是对航天科技的起步与发展，还是对航天的组织设置，都起到了重要作用。他所倡导的系统工程方法在“两弹一星”及后续国防尖端技术的实践中得到有效验证，并在航天事业的发展壮大中得到强化，实现了由系统工程观到“系统思维”的演化，被更广泛地应用于战略谋划、科研生产、经营发展、综合管理等方面。

“系统工程的关键与精髓是改造世界。”② 在中国航天事业中，人们不仅奉系统工程为“圭臬”，更把航天自身打造成“广泛的”系统工程。系统工程的方法体现的是一种“事理”，在被广泛、深入地运用过程中同时面向“人”与“物”两种对象，并渗透在人理与物理的相互作用中，使其以系统工程为联结框架，得到系统性、全方位的体现。人、物分别从属于其各自所在的大小系统，更以交叉互动的形式联接成更加复杂的系统。

这就决定了，要探讨人理与物理是如何在中国航天体制的建构路径中各自展现并交叉互动的，就应该首先探讨系统工程这一理念是以何种形态占据支配地位的。本章旨在给出这种形态应用于中国

---

① 钱学森、许国志、王寿云：《组织管理的技术——系统工程》，《上海理工大学学报》2011 年第 6 期。该文最早于 1978 年 9 月 27 日发表于《文汇报》。

② 薛惠锋著：《系统工程思想史》，科学出版社 2014 年版，第 111 页。

航天的若干描述，而无意探讨系统工程方法的渊源与系统思维的发展。探讨到的“人”在本章中主要被看作系统中的客观组成要素。

在本章及后一章节，将以中国航天科技集团有限公司下属的中国空间技术研究院为研究对象开展民族志研究。中国空间技术研究院又被称为航天五院，在航天内部也常被简称为五院。

五院成立于 1968 年 2 月，最早为中国人民解放军第五研究院，属军队编制，由钱学森兼任第一任院长；后于 1973 年 7 月脱离军队编制，正式划归七机部编制，称“中国空间技术研究院”；到 2019 年年底，五院本部仍采用事业单位体制，包括下属核心的总体设计部门[①]。但在改革探索中，通过业务模块整合，五院在旗下也分设了若干公司，并开展了资本运作的尝试，“中国卫星”“康拓红外”分别在沪、深上市。五院的组织机构设置如图 8 所示。

五院自成立以来即是中国航天最主要的空间技术及其产品研制基地，东方红一号人造地球卫星诞生于此。五院负责研制了一系列重要的航天器，包括神舟、天宫、嫦娥系列，以及北斗导航、通信、遥感等应用卫星中的大部分。这些航天器是复杂的存在，其研制与应用涉及系统工程方法的深入应用，必须在尊重和利用“物理”的基础上完成。而五院之所以维持了这样的地位，取得了这样的成就，根据王希季院士的分析，根本在于五院拥有内在的核心竞争力。这是五院几种优势力量的合力，包括三大方面：一是五院拥有一批优秀的中国空间技术专家，能组成各种有创新能力的空间技术工程系统研制梯队；二是五院得到了各专业所的支持，还拥有能接纳院外力量为我所用的总体设计部门；三是五院以发展中国空间技术事业、满足国家和人民需求为己任，在发展中发扬航天“三大精神”、不断创新。这一分析凸显了“人理”的地位，也是系统工程在队伍、体制和思想层面的体现与结果。

---

① 此处的“总体设计部门”以及后文的“总体设计部”，均指承担总体设计的相关部门，不特指某一具体部门。

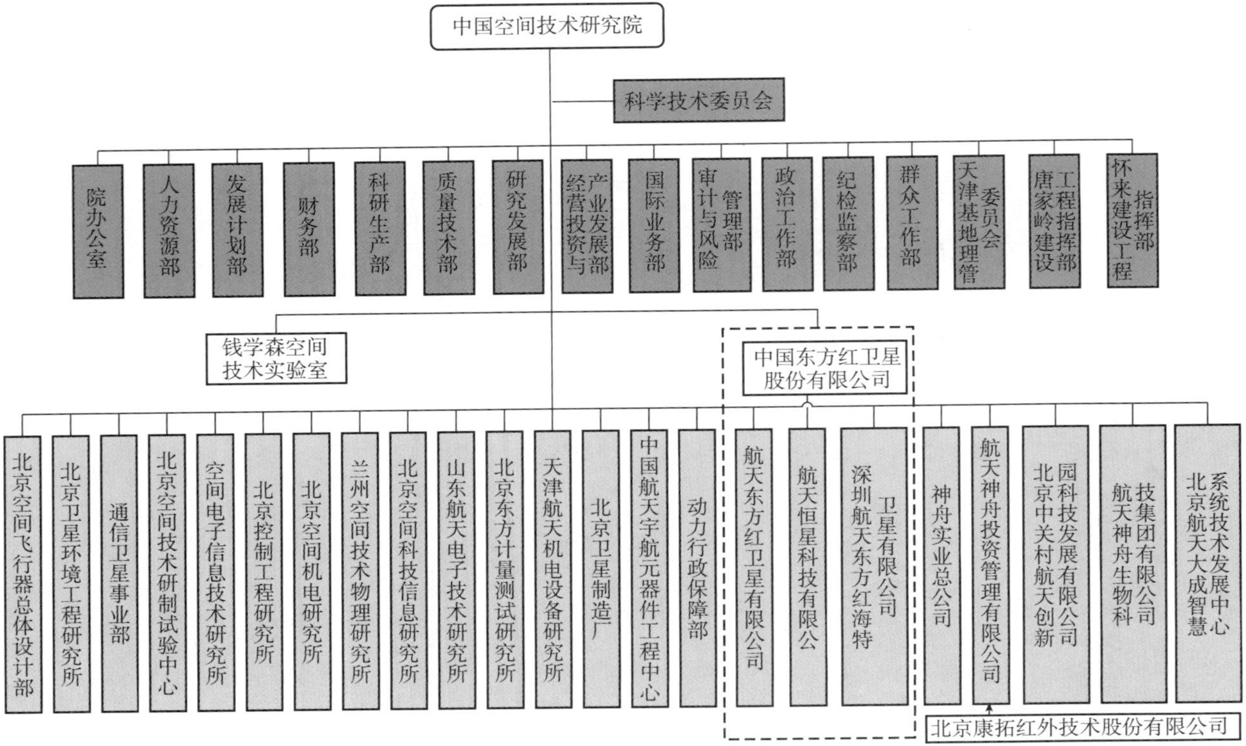

图 8　五院的组织机构设置①

① 引自 http：//www. cast. cn/Item/list. asp？ id＝1834。访问时间：2019年13月30日。

五院承担的研制主业——航天器，无一不是复杂的系统工程，航天器系统工程过程如图 9 所示。钱学森对系统工程的倡导，正契合了五院开展业务的需求，对五院的建设发展产生了直观而深远的影响，体现在五院的场所布局、科研生产活动、管理与协调、产品应用等方方面面。

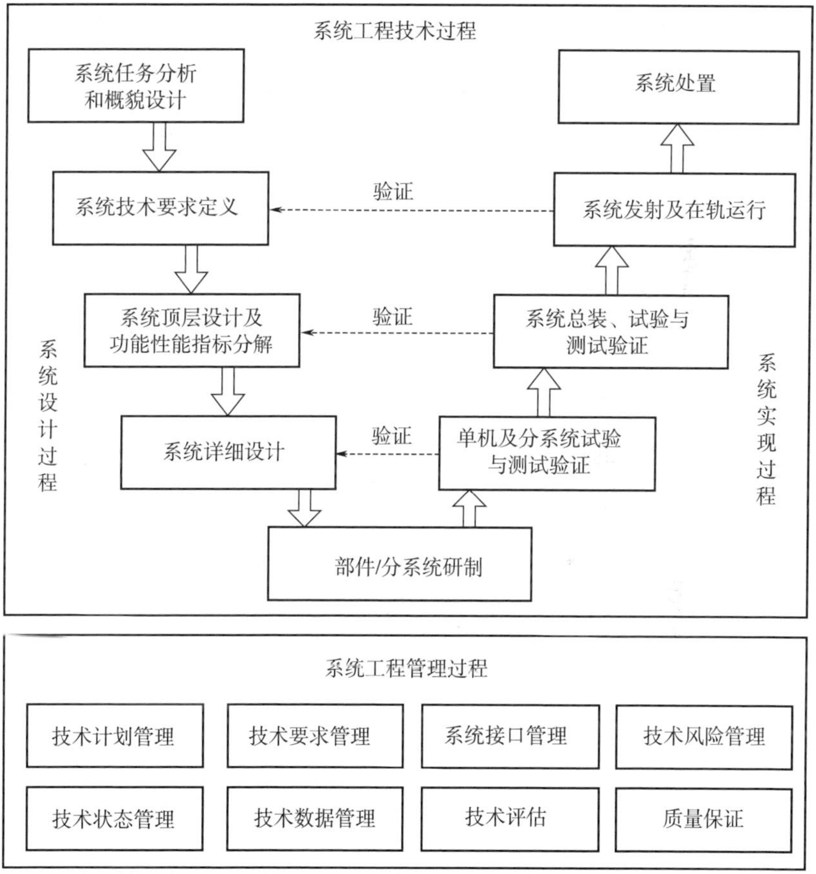

图 9　航天器系统工程过程①

① 周志成、曲广吉著：《通信卫星总体设计和动力学分析》，中国科学技术出版社 2012 年版，第 9 页。

第一节　位置与环境

开展航天科研活动，需要大片的土地来建设用途多样的厂房和办公区域，以满足安装大型设备，进行导弹或火箭、航天飞行器等的试制、组装、测试等需求。这就使得承担工程任务的研究院大多位于远离市中心的城郊。与北京这座古老城市的规划与扩张同步，五院先是在西三环内的白石桥附近、北三环外的知春路两侧等曾经的旷处落脚，世纪更替之际又在白石桥西北方向约 20 千米的唐家岭地区开发了数千亩的院区，这里与军队的院区部分被称为“航天城”。后来五院将本部机构移来，并陆续将曾分散在城区的所、厂迁至此处，使五院的组织系统在聚集中实现更好地运转。

五院在航天城的这片院区，按功能分为南侧的科研区与北侧的生活区。近些年两侧一直都有新楼宇陆续开工或竣工，也使日益密集的功能建筑拥有更大的空间。

五院科研区的西门是正门，门前中间是镂有“中国航天”标志和“中国空间技术研究院”字样的石刻。进入大门迎面而来的，是五院院本部所在的 9 层楼宇。楼前是名为“玉琮”的广场，靠近科研楼矗立着三根旗杆，中间悬挂五星红旗，两侧悬挂代表中国航天科技集团有限公司和五院的蓝色旗帜。每逢有关航天的重要节日、纪念日，五院都会在这个广场上组织各级行政、项目领导及员工开展升旗仪式。广场的地面还布有喷泉和灯光，与分散的花坛组成了完整的设计。与科研楼左侧相连的，是向外呈弧形突出玻璃墙外观的会展报告厅。在科研楼一层大门的门楣处与四层高的会展报告厅玻璃墙内侧，经常悬挂着写有动员口号的红底白字横幅或竖幅标语，以营造某种严谨、奋战、决胜或庆祝的氛围。会展报告厅门前的丁字路口旁，是钱学森的半身铜像。他的正面朝向西北，凝思的表情肃穆，专注的目光深邃，底座书有“人民科学家钱学森”。

进入会展报告厅，一层原是展现五院发展历史与成就的展厅，包括东方红一号的备份星实物，各式卫星、飞行器的模型及其组成的系统与应用，以及神舟飞船返回舱实物等。这里也是体现中国空间技术成就的重要窗口，几乎每天都会接到参观的请求。2013 年 5 月 4 日，习近平来到这里与全国青年代表一起庆祝青年节。五院经常需要接待来访的外国领导人、驻华使节、重要企业的高管、有影响力的学者、新闻媒体记者等，参观会展报告厅几乎是每个首次到来的客人必不可少的行程。会展报告厅的展品作了脱密处理，参观者在这里被允许用私人的手机或相机拍照留念。体型最大的东方红四号通信卫星、神舟飞船返回舱实物、嫦娥及玉兔模型等呈现在参观者眼前，产生的冲击是直观而强烈的。2018 年，是五院建立的 50 周年，坐落在院区腹地的展示中心投入使用，取代会展报告厅，成为五院对外的新窗口。

会展报告厅斜后方是一块长方体巨石，正面镌刻着“严慎细实”四个楷体大字。这个石块位于职工一食堂与其他科研用楼宇的必经之路上，传达着一种强烈的理念。

以上只是科研区西北一角的风貌，放眼整片的科研区，共计坐落着 50 余座高低不一的建筑物，有的用作办公，有的用于安放设备、展开任务，有的是辅助性的设施，包括展厅、食堂等。

第二节 科研生产活动

一般的航天任务是“利用航天器在外层空间，按照天体力学规律在预定轨道上运行或运行一段时间后返回地球或到达其他天体，实现人类特定的任务”。[①] 对空间的探索与利用主要包括地球轨道卫星应用、空间环境探测、天体观测、航天器新技术试验、载人航天、

① 彭成荣编著：《航天器总体设计（第二版）》，中国科学技术出版社 2011 年版，第 10 页。

深空探测等。无论是哪一种任务，都是利用航天器在轨道上的不同空间特性而实现的。鉴于航天任务的成本高昂，决定选择航天任务的原因，要么是利用地面的或航空的手段无法实现——不得不选，要么是利用航天的手段相对更加经济——选了更节省。航天任务都是工程式的，都是为了满足用户需求、达到特定目标或要求。这些目标又大致可以分为基本目标（用户诉求，主要的满足对象）、从属目标（附带的、同时可以实现的目标）及隐藏目标（政治的、社会的、文化的非技术性要求，并具有重要意义）。这些也是航天器在不同层面的功能实现与价值确认。还有一些特殊的航天任务，主要为军事目的服务，保密要求严格，无论中外，几乎没有可供公开查询的新近资料。

在航天任务中，航天器一般居于核心地位。每个航天器都是一个复杂的系统；航天器由很多部分构成，每一部分都可以看作是一个系统，系统层层嵌套；从分系统到航天器，都具有与其构成部分不同的新的功能与特性；从部分到整体，航天器实现了系统层面的功能创生。航天的另外一种主要产品——运载火箭亦适用这一分析。作为航天工程产品的主要“物”，航天器与运载火箭都是典型的“系统的系统”（SOS）。五院的科研生产活动主要围绕航天器展开，通过实施航天器系统工程完成。

系统论认为：系统是按照一定秩序和结构形成的有机整体；系统论遵循“非加和定律”，整体的功能不等于各组成部分的功能之和；系统整体具有不同于各组成部分的新性质或功能。[①] 在航天器系统工程中，为满足特定的空间任务目标需求，即实现系统整体的新性质或功能，就需将这种需求进行转换，进行系统级的设计，提出最优的方案，并确保各方面因素都被充分考虑，最终集成一个协调的航天器。[②] 在中国，这个过程主要可以分为七个阶段，每个阶段都

① 薛惠锋编著：《系统工程思想史》，科学出版社 2014 年版，第 113 页。

② 谭维炽、胡金刚著：《航天器系统工程》，中国科学技术出版社 2009 年版，前言。

需要一定的费用投入，消耗一定的成本。航天器项目系统工程的全生命期阶段划分及成本分布如图 10 所示。

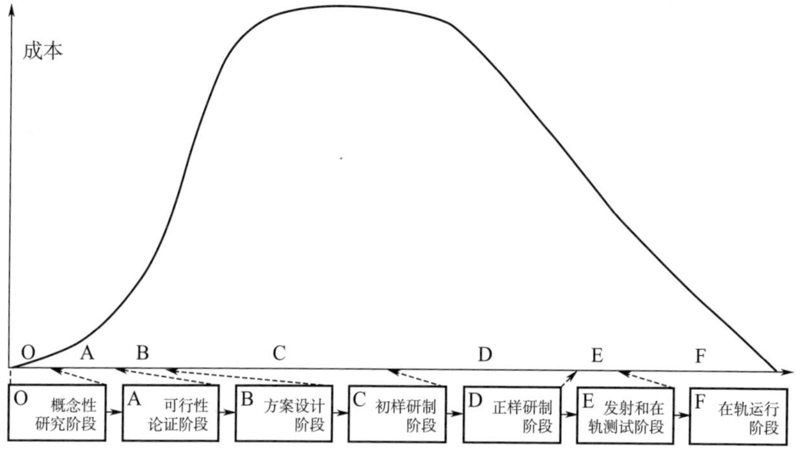

图 10　航天器项目系统工程的全生命期阶段划分及成本分布①

五院在数十年科研生产活动的积累中，对航天器系统工程的认识不断加深，形成了大量的文件、报告，以及卷帙浩繁的学术著作、文献资料。围绕航天器，要用几百字讲清楚一个专业问题几乎是不可能的；仅在日常科研生产活动中产生的文件，每份的页数就多达数十页甚至上百页。一本旨在服务航天器总设计师与总指挥学习从事航天器系统工程所需的宽广知识，而非用于进一步深入某一特定专业领域的 16 开本的《航天器系统工程》，正文部分就多达 676 页，字数约 130 万字，内容共计 17 章、112 节。此书梳理了航天器系统工程涉及的主要知识领域，包括空间环境及其对航天活动的影响、航天器动力学、航天任务分析、航天器姿态与轨道控制、航天器结构与机构、航天器热控制、航天器电源

① 对 7 个阶段的划分，见《通信卫星总体设计和动力学分析》（周志成、曲广吉著，中国科学技术出版社 2012 年版）第 10 页的“表 1-2 我国航天器系统工程阶段划分”；成本分布的曲线，见《航天器系统工程》（谭维炽、胡金刚主编，中国科学技术出版社 2009 年版）第 655 页的“图 17-37 航天器项目全生命期成本分布”。

技术、航天器遥测遥控与空间数据系统、航天器通信、航天器天线、航天器电磁兼容性技术、航天器软件工程、航天器电测、航天器环境试验、航天器集成设计和多学科优化、航天器工程和航天器项目管理等。[①]

一、获得项目

空间任务目标需求的提出，主要有两种：一是为应对工程改进、组织中长期发展而提出的自身技术储备、升级需求；另一种来自军、民、商各领域用户的实际需求。第一种对应的是预研工作，是投入性的、短期难以见效的工作，大致可以分为偏重探索性的基础技术应用预研，与偏重满足某些规划要求的支撑性课题预研。这些研究为国家决策提供重要素材，是五院获得上述第二种需求对应项目的前提条件。第二种对应的主要是型号项目可行性论证工作，以获得项目与经费为目标，以维系组织运转和获得效益。一般地，总体设计部组织各方面力量开展综合分析，提出能够实现需求的最优方案，给出技术指标与研制建议。可行性论证需考虑的不止于此，还包括具体的研制分工、研制计划、经费需求、技术攻关难度、国际对比等，以确保其不仅具有很强的操作性，还能给出优化与提升的长远空间。

军方是第二种需求的主要提出者，也是五院满足航天富国强军任务要求的关键合作者。民用卫星的用户主要来自中国航天科技集团有限公司下属的大型专业公司，如中国卫通集团有限公司、中国资源卫星应用中心等；以及其他领域的一些组织机构，他们利用五院研制的应用卫星，为服务对象提供具体的卫星应用服务，包括广播、电视的转播，远程医疗、远程教育的开展，对地观测服务蕴含的国土资源管理、灾害预警与防控等公共属性很强的内容。商业用

---

① 谭维炽、胡金刚主编：《航天器系统工程》，中国科学技术出版社 2009 年版，目录 1-14 页。

户主要来自商业市场，尤其是国际商业市场，包括国家主体和卫星运营商，主要通过国际同行间的商业竞标获得合同，五院负责为商业用户制造卫星、提供培训和在站支持等服务，中国长城工业集团有限公司负责协调等工作。

随着改革开放的不断深入，市场经济的运作理念更加深入人心，也改变着五院签约项目、获取订单的模式。项目承研单位的归属决策越来越看重竞争机制的作用，五院必须直面来自同行与新进入者的竞争，要凭借经过论证的预研设计方案和工程实力去“争、拼、抢”。参与国际市场竞标订单，也倒逼中国航天在设计流程、体制机制、成本控制等方面探索优化。

二、推进研制

型号的可行性论证报告得到批准后，就进入了型号研制阶段。任务书下达后，在具备一定的技术预研基础上，总体设计部组织设计型号方案，最关键的是如何使方案最优，不仅包括系统整体最优，还包括流程最优、成本最优、效益最优，不仅需要总体设计人员具有很强的技术底蕴、工程素养和思维艺术，也需要分系统单位的配合与协作。五院的所、厂一级涵盖了总体设计、分系统承研、总装制造等主要功能，可以通过院一级的组织协调，实现围绕项目的协作。从成本分布的曲线看，从需求论证、可行性论证到方案论证，所需的费用很少，但它们的开展情况对整个项目的最终成本消耗具有决定性的影响。

方案论证通过评审后，即可进入工程实施阶段。多数航天器会经过初样、正样阶段，这也是所需费用最大的阶段。尤其是在需要研制各种工程模型星的初样阶段，所需费用几乎占全部费用的一半；而这些模型星不能实际应用，仅用以验证方案设计的正确性。为了避免过大的成本消耗，五院近年来着力探索建立产品体系，推动公用平台研发，以支撑部分型号研制跳过初样、一步正样。

航天器型号涉及的各分系统主要分为两大类：一类是航天器的功能性分系统，主要是与有效载荷直接有关的分系统；另一类主要包括总体性分系统和专业性分系统，在应用卫星中对应着“平台”。总体性分系统指与航天器的各分系统及分系统所属设备仪器均直接有关的分系统。如结构系统，航天器所有的元器件都装在它的结构上，因此，结构分系统属总体性分系统；又如热控系统，航天器上没有一个元器件不需要这个系统的关照，因此也属于总体性分系统。星务系统是航天器的电子、电气、计算机网络和集成测控、遥控星上信息传输、存储的系统，也属总体性系统。总体性系统是总体设计部的关键性组成部分。总体性分系统是平台的主体，其性能往往被视作一国卫星性能的主要指标。在各国竞相争夺的平台技术制高点的背景下，五院有规划地推进了平台开发和优化工作。中国于 2007 年实现首颗整星出口的卫星——尼日利亚通信卫星一号，正是依托当时先进的东方红四号卫星平台完成的；目前正在开发并已完成首颗试验星发射的东方红五号卫星平台，使中国的通信等卫星达到国际领先水平，将能够满足 2030 年前通信等卫星领域需求。不过，从国际趋势看，平台的概念或正在走向模糊化。

总体设计部是五院科研生产任务的核心单位，除负责主要的总体性分系统外，还负责柔性的总体部分。总体任务能够根据型号任务的变更而调整，能够适应推进型号任务全过程的各项工作。对总体设计部而言，型号有在轨运行的，有在工程研制中的，有在准备立项中的，也有在探索开发中的。各项进程的工作目的性、内容、重点和工作量都有区别，所需的人力和物质资源也不尽相同。加上不同型号在不同进程中的技术内容、技术关键和难点、重点也各有差异，需要为其配备不同数量、不同特点的人才队伍。这考验了总体的项目管理能力，根据型号、型号进程和工作阶段灵活地调配和组织人力，实现对人才梯队的柔性化管理。否则若按照乘法方式，为每一个型号的每一进程配备一组专职人才，定然造成大量的人才积压和浪费。

航天器型号从探索开发、预备立项，到工程研制、发射、检测、交付用户、“售后服务”直至航天器寿命终止的“全寿命”过程，需要由总体设计部统筹推进完成，总体设计部与各型号项目办有责任组织并确保这一进程的有序和有效开展。

总体设计部下设的机构中，主要有机关和研究室，机关承担行政管理职能，研究室直接参与科研生产活动；相关领域型号的办公室也挂靠在这里，由上级任命“两总”，由总体设计部负责为其配备工作人员。除研发部门外，其他研究室主要由总体设计、分系统设计、测试、任务保障等部门组成。各研究室在总体设计部的行政领导下，在项目办公室的项目协调中统筹分配人员，具体参与到型号任务的各个环节中来。

从项目的获得，到研制的展开，每一个项目几乎每周甚至每天都会召开各类调度、讨论、评审的会议，以确保进度管理和研制细节的“万无一失”。这是由航天器的复杂性和高度的跨学科特点决定的。一人智短，再渊博的专家也无法熟稔于航天器涉及的全部知识，这就要求发挥专家队伍的合力，集思广益，集智攻关。各级的科学技术委员会也因此发挥着重要作用。

在航天器任务推进过程中会有非常详尽的工作计划，工作计划完成情况是各级考核的重要依据。在型号总装与测试阶段，现场工作人员会小心冀冀地开展工作，以确保每一个元器件都符合要求。但即便如此，总装测试工作仍充满了不确定性，这些不确定性影响工作计划的有效执行。为此，型号研制任务中常会借助各种管理或技术手段来平衡，如优化人员调配、创新工作流程、选用其他成熟有效技术等。

对航天器而言，有效载荷是核心的应用部分。一般地，搭载的有效载荷越多、性能越好、与任务目标越契合，航天器的价值就越高，任务前景就越被看好。对运载火箭来说，每一种定型的火箭能够运载的质量是有上限的，航天器的有效载荷与其他部分往往是

“零和”关系，如何减少其他部分的质量，成为在航天器研发、研制过程中寻求新技术、新器件、新材料、新工艺的重要动力。航天器研制任务的日益复杂化带来更加超常的设计、计算任务，让这个动力更受激发。航天器升空后，目前主要利用太阳翼获得能量来确保运行和寿命。但在太空中航天器需要面对恶劣的环境条件，并会不可避免地经过阳光无法照射到的区域，加上有的航天器还要完成自主变轨，这就决定了航天器必须携带足够的推进剂，从而影响卫星载干比（有效载荷占整星的质量比重）的提升空间。应对这一瓶颈，电推进技术被提出并得到应用。对设备、厂房的改造，对数字化研制手段的开发，对 3D 打印等新技术的引入和应用试验，应该得到鼓励和支持。

三、任务成功

经历了总装、测试等阶段，尤其是热试验、力学试验等验证后，如果航天器达到了预定的性能目标，便具备了出厂条件。这时，五院和中国航天科技集团有限公司会依次或联合召开出厂评审，给出通过评审的结论后，便可以将航天器运至发射场，等待利用运载火箭发射升天了。在航天器出厂之前，被安排参与型号发射任务的人员会组建成发射试验队。

中国共拥有 4 个发射场，分布在山西中部、内蒙古西端、四川西南部和海南岛东缘①，这是重要的基础设施。航天器与火箭在这里汇合并完成结合，航天器最终会被置于火箭最前端的整流罩中。经过各项准备，待火箭具备发射条件后，在发射的时间窗口，发射场会给出“点火”指令，伴随着轰鸣声，火焰托举着火箭急速冲天，很快肉眼就只能看到一个光点，直到消失。成功发射的火箭会将航天器送入预定轨道。有的航天器是一步定点，有的则还需经过多次变轨。

---

① 名称分别是太原、酒泉、西昌和文昌。

航天器上天后，就要依靠地面的指令来进行操控，以确保航天器太阳翼正常展开、系统正常工作和抵达预定轨道。这主要在负责飞行控制的场所完成。航天器表现正常，发射场则会宣布此次发射任务取得成功。之后，新华社会播发消息，《人民日报》会在重要版面、中央电视台会在《新闻联播》等节目中进行报道，报道的内容与深度视任务性质、意义而定。经过复杂的测控，航天器最终进入工作轨道，并正常运转。那些需要交付给用户的应用卫星，会在具备正式投入应用的条件后，交付给用户单位。用户单位将通过地面站及应用终端，开展具体的业务。总体设计部门以及负责卫星控制的机构，会提供在轨管理服务；如出现突发情况，会根据预案进行及时处理。

航天项目最终要以服务的形式产生效益，按照用户及用途的不同，服务可以分为军用的或民用的、商业的，对应着军品与民品。围绕军品与民品之间的关系，各国开展了很多探索工作。包括五院在内，中国航天最早实行“军民混线”，自 1992 年以来实施“军民分线”管理，并积极引入商业模式，推动商业航天发展。商业化航天因其广阔的营利空间，近年来成为五院的重点发展对象。2007—2019 年，五院累计为亚、欧、非、拉等地区的国家用户制造交付了十余颗国际商业卫星①，为亚太通信卫星有限公司（APSTAR，设在香港）这一成熟国际运营商出口了两颗国际商业通信卫星。② 近年来，航天技术应用产业在五院日益受到重视。对航天技术和航天器服务的开发与应用，在航天产业链中处于中下游，有着相当

① 包括 2 颗出口到尼日利亚（西非）的通信卫星（2007、2011），3 颗出口到委内瑞拉（拉美）的卫星（通信卫星，2008；遥感卫星，2012、2017），2 颗出口到巴基斯坦（南亚）的卫星（通信卫星，2011；遥感卫星，2018），1 颗出口到玻利维亚（拉美）的通信卫星（2013），1 颗出口到老挝（东南亚）的通信卫星（2015），1 颗出口到白俄罗斯（东欧）的通信卫星（2016），1 颗出口到阿尔及利亚（北非）的通信卫星（2017）。

② 亚太九号通信卫星，发射时间为 2015 年 10 月 17 日；亚太 6C 通信卫星，发射时间为 2018 年 5 月 4 日。

可观的商业潜力，这种开发与应用甚至胜过航天器研制本身，目前已被认为与型号生产具有同等重要的战略地位。这方面的业务主要由五院下设的一些公司负责运作，它们面向用户，开发和提供多样的航天技术应用产品与服务。航天领域商业网络营销模式如图 11 所示。

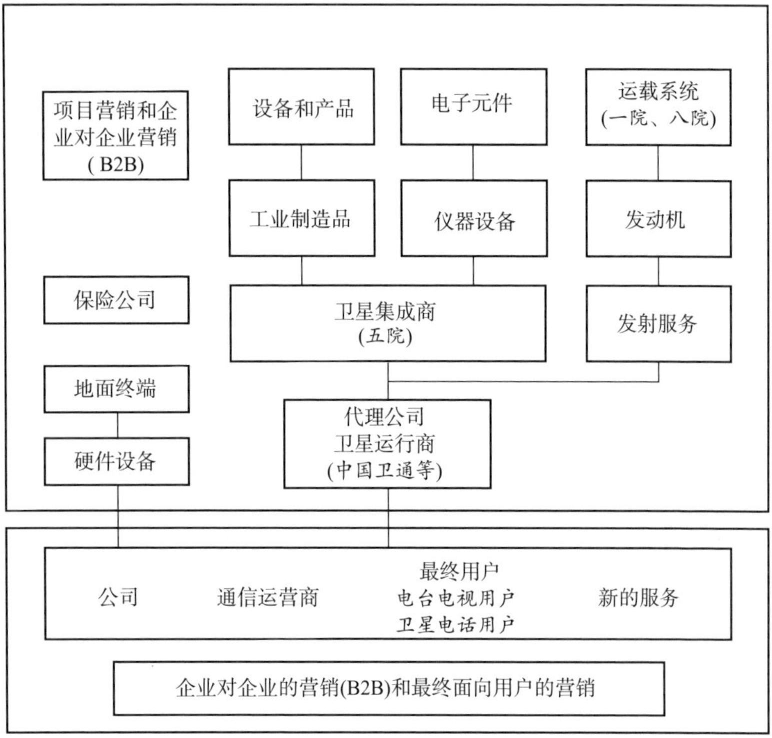

图 11　航天领域商业网络营销模式①（商业或政府的通信卫星系统实例）

① 原图引自：［意］Marcello Spagnulo, Rick Fleeter, Mauro Balduccini, Federico Nasini 著：《航天项目管理——方法与工具》，周建平译，国防工业出版社 2013 年版，第 101 页。本图根据五院的实际，增补了部分信息，以楷体字标注。

第三节　与“失利”相处

航天活动是一种高风险活动，向太空进发的征程绝非坦途。不止中国，世界各主要航天国家向太空进发的征程都不是一帆风顺的，美国、苏联/俄罗斯作为航天强国更是经历了诸多挫折与失利。航天活动本身又是高成本的，一旦发生挫折与失利，直接的和间接的损失都非常高昂，警钟长鸣是共同的选择。既然失利的风险是客观存在、无法摆脱的，对待失利，人们唯有去积极认识、主动管控，谋求与其“和谐”相处方为上策。

一、失利的发生逻辑

作为复杂的系统，无论是运载火箭还是航天器，都需要进行漫长繁杂的创新积累、项目开发与工程研制过程，经费多达数亿元，甚至数十亿元。在系统开发研制进程中，每一处错误或失误，都会影响系统的进度、性质与功能。对于一些开创性的、上台阶的任务，需要进行大量的技术储备，进行可行的创新突破，而既有的技术水平、队伍能力又不能充分满足，要成功殊非易事，反而失利更容易发生。一旦任务的预期目标不能顺利实现，就会给任务本身、规划执行、科技进步、经济发展、军事布局甚至外交关系（如国际商业卫星或商业发射任务）等造成负面影响，甚至是重大损失。

更加直观的失利来自火箭的发射和航天器的在轨运行。发射任务执行指令的发出，是人对航天器实施控制的两个阶段：指令发出前，人可以在航天器上进行直接操作，手段可以是物质的、能量的或信息的，风险的可控性强；指令发出后，人对航天器的控制主要靠信息间接完成。运载火箭发射后一旦出现问题，航天器发射任务就难以顺利完成，甚至星箭俱毁。长征三号乙运载火箭发射中星 9A 卫星时火箭三级工作异常，卫星未进入预定轨道，但卫星经过 10 次轨道调整最终成功定点，代价是消耗了在轨寿命。长征五号第二发火箭发射实践十八号卫星失利，星箭俱毁，无法补救，令人扼腕不已。

可以认为，失利的重要诱因，是物质、能量、信息等媒介形式不能有效、正确或充分地发挥作用。就目前而言，发射任务一旦开始，就是单向的、不可逆的过程。在这之后，借助物质的直接控制手段仍不能有效控制风险。尽管航天员可以在太空中对航天器进行直接操作，但这种操作的对象目前限于载人航天飞行器和空间站，而且操作的范围和能够解决的问题都是相当有限的。在当前的技术条件下，能够开展在轨修复操作的机器人也不具备足够振奋人心的技术水平。因此，一旦在运载火箭发射和航天器在轨发生故障，而且超出了凭借信息控制来解决的能力范畴，往往就会造成无可挽回的损失。

航天器往往需要在太空运行相当长的时间，必须面对来自复杂空间环境的考验。这些都注定了，航天发展的道路是崎岖艰难的，遍布着可能带来挫折与失利的“泥淖”。失利是世界主要的航天国家都避不开的“插曲”。

二、应对失利的经历

中国航天在挫折与失利中逐渐认识到，尽管科学技术活动允许失利，但失利是可以得到有效管控的。在中国航天起步初期的1962年，东风二号导弹任务失利，这是一次比较大的挫折。对此，聂荣臻严肃指示各级领导“不要追查责任”，并亲切安慰大家说“既然是科学试验，有成功就有失败”。他还指出：“东风二号导弹试射未达到目的，不要泄气。这不是什么意外的事，作为试验工作，这是正常现象。”[①] 之后，航天人员总结经验教训，吃一堑、长一智，终于在1964年6月至7月，东风二号导弹三发试射均取得成功。对此

① 《中国航天事业的60年》编委会：《中国航天事业的60年》，北京大学出版社2016年版，第144页。

聂荣臻表示："1962 年试射未成功，的确不是坏事，这个'插曲'很有意义。研究设计工作正反两方面的经验都很重要。"① 1974 年 11 月 5 日，长征二号运载火箭首次发射返回式卫星失利，星箭俱毁。次日，时任国家副主席的叶剑英指示："失败是成功之母。不要颓丧，要继续奋斗，再接再厉，一定要达到目的为止。" 1975 年张爱萍复出后，在火箭总装车间要求大家进一步把长征二号运载火箭工作做细，不要急于求成，一切能在地面发现的问题一定要发现，一切在地面能解决的问题一定要解决，不带问题上天，做到一次成功。② 20 世纪 90 年代是中国航天事业的低潮期。在这一时期利用长征系列运载火箭对外提供商业发射服务中，有 5 次任务中止或失利（1992 年 3 月到 1996 年 8 月），这打断了长征系列运载火箭的国际商业化进程。但对失利的总结与反思，也提供了提高质量工作和产品可靠性的反面经验，之后长征系列运载火箭连续 102 次发射成功。

避免任务的失利，是组织得以存续发展的重要条件。"文革"期间，上海方面以既有导弹技术为基础发展了风暴运载火箭，研制了长空系列卫星，并于 1973—1976 年先后进行了 6 次发射。第一次、第二次和第六次共 3 次发射任务失利，成功率仅 50%；3 颗入轨卫星的功能几乎不能使用，最终不得不终止航天器研制工作。上海方面尽管具备较好的社会环境和外部工程环境，但由于没有稳健的体制机制和过硬的研制队伍，不得不始于雄心壮志，却在"轰轰烈烈"中偃旗息鼓。反观五院，由于在发展早期即坚持运用了系统工程的方法来设计体制机制、组织队伍与项目，实现了技术的积累和工程的进步，并维持了空间技术主力军的地位。

任务失利，一定会带来代价，如造成经济损失、贻误发展机遇、影响战略布局等。1992 年 3 月 22 日，国内约有 6 亿观众观看了长征

---

① 《中国航天事业的 60 年》编委会：《中国航天事业的 60 年》，北京大学出版社 2016 年版，第 153 页。

② 同上书，第 185 页。

二号捆绑式运载火箭发射澳星 B1（制造商为美国休斯公司）的现场直播。但火箭因一级发动机点火不正常而实施紧急自动关机，最终发射中止，这影响了合同的执行，也在当时削弱了民众对航天事业的期待和信心。1994 年 11 月 30 日，五院抓总、历经 8 年研制的东方红三号通信卫星发射，但最终未能定点于预定轨道，无法正常传输通信信号。1996 年 2 月 15 日，长征三号乙运载火箭首飞任务失利，造成了比较惨痛的损失。这让国外通信卫星巨头们看到了“可乘之机”，他们在北京纷纷设立办事处、大肆“淘金”，使中国通信卫星市场充斥着由国外所有主要制造商制造的通信卫星，中国自身通信卫星事业的生存发展空间遭到严重挤压。尽管东方红三号最终于 1997 年 5 月发射成功，使中国通信卫星技术跨上一个新台阶，但国内在已经“失去”通信卫星市场的情况下，并不足以直面与国外同行的竞争。这也促使在 2000 年，航天部门做出研制东方红四号大型通信卫星平台的决策。

在挫折与失利中，中国航天也得到了学习的机会，同时更加强调质量，形成了“严慎细实”“质量是政治，质量是生命，质量是效益”“不能带着问题上天”等认识，并引入“零缺陷”“一次成功”等理念，建立并完善了科学的质量管理系统，积累了以质量问题“双归零”、可靠性工程等为代表的质量工作方法。

三、应对失利的对策

不同的失利事件的程度和表现形态虽未必相同，但都应加以防范。如何避免挫折和失利呢？积极借鉴、追随先发国家的经验模式，“少走弯路”，是后发国家的积极选项。但无论先发国家，还是后发国家，都需要在探索与实践中，尊重航天科技发展与工程实践的客观规律，强调科学管理与质量控制，强调协调与配合，寻求并掌握积极有效的以质量与风险为对象的管控手段。在中国航天中，对质量的强调成为贯穿科研生产全链条的一项重要工作，虽然这不能根本杜绝失利的发生，但却有效地降低了发生失利的风险。

在五院，质量管理是一项非常重要的工作。“成功是永恒的主题”，这既贯穿于科研生产任务之中，也渗透在航天活动的其他方面。为此，五院在本部和所、厂两级设置质量管理与产品保证机关，要求处、室一级安排专责领导分管质量和产品保证工作；设置质量监督代表，由集团向五院或五院向所、厂派驻，发挥把关作用；制定质量管理规章制度，为型号设立产品保证岗位；经常性开展内审、外审，确保质量管理工作到位；积极开展质量文化培育与教育活动等。这些工作和努力的实质，是确保系统的各组成部分及其组成秩序全面达标，以确保整体任务目标的实现。

质量管理是管控失利的有效手段，但能不能避免失利呢？从航天的科学技术属性来说，要彻底避免是不现实的，尤其是在对未知领域的探索中；但对容易导致失利的一些质量问题，尤其是低层次质量问题，质量管理的成效是比较显著的。有个别看法认为：“每隔几年型号质量总会有波峰波谷，这是客观规律。”对此，五院院长张洪太做出反驳：这只是一种“统计上”的现象，原因主要不是来自客观的“物”，而是“人”在“思想上麻痹了”、在“管理上松懈了”，因此“没有什么科学道理”。通过对既有质量问题案例及原因分析的归纳，这种反驳是科学的。五院对质量管理格外强调以“人”为对象，要求各级人员在开展本岗位相关工作时必须做到“做事有依据、做事按依据、做事留记录”。思想作风纪律和质量整顿成为经常性的活动，其中的重要宣贯内容是 2008 年 8 月发布的《关于进一步提高质量意识、落实质量管理各项规章制度，确保科研生产任务圆满完成的决定》。这份文件共 22 条，简称“22 条”，要求加强质量职责落实，加强面向产品质量分析的工作，加强技术文件审签管理，加强工艺和检验工作，加强航天产品数据包管理，加强质量问题及异常现象管理，做好监督检查。

质量管理是一种以内向为主的工作，强调自我检视、改进提升。质量问题“双归零”是中国航天在工程实践中总结形成的、具有中国航天特色的质量问题闭环管理方法，为彻底消除质量隐患、解决质量问题和避免问题的重复发生提供了一套比较系统的程序与方法。其中，技术归零的五条标准是“定位准确、机理清楚、问题复现、措施有效、举一反三”，管理归零的五条标准是“过程清楚、责任明确、措施落实、严肃处理、完善规章”。① 技术归零面向技术问题，这在日益复杂的航天器中经常开展。在五院，航天器发生质量问题后会进入技术归零阶段，任务进度将被暂停以分析整改，不仅需深入乃至彻底地分析、解决问题，还要尽可能地在后续工作中追回进度；其他航天器也要在常规工作中，对相关问题发生的原因进行自查，确保通过“举一反三”杜绝隐患。

航天强调质量，其他领域亦然，质量管理近年来是学界、业界的重要研究和探索对象，其中一些成果也得到航天的重视和采纳。“零缺陷”思想产生于20世纪60年代初的美国，对质量管理产生重要影响。其精髓在于第一次就把事情做好，全力预防缺陷，而非事后找出缺陷再行弥补，这与航天任务特点高度契合。中国航天对“零缺陷”的引入主要始于20世纪90年代因多次任务失利而跌入低谷的时期。“零缺陷”的思想，战胜了“外因论”“特殊论”“失败难免论”等搪塞性的理由，成为航天队伍加强质量管理与控制、确保人员履职尽责的重要理念。在航天器系统工程中，“零缺陷”尤其得到看重与推崇，不止作为一种质量标准、一种认识工具，更成为一种日益巩固的强势文化；它的影响不仅止于科研生产领域，还广泛渗透并体现在方方面面。这也让一些人得出了“零缺陷”等同于“因循即正确”或“成功即过关”的认识，造成了一些型号决策更愿沿袭既有经验模式，不愿采用新技术、新设备、新模式，为了成功可以不计成本与效率等问题，对此也应予以关注。

---

① 《中国航天事业发展的哲学思想》编委会：《中国航天事业发展的哲学思想（第二版）》，北京大学出版社2016年版，第283-287页。质量问题“双归零”已成为中国航天科技集团有限公司主导制定的一项国际标准（ISO18328 Space Systems-Closed Loop Problem Solving Management，航天质量问题归零管理），2015年11月经国际标准化组织全票通过后正式发布。

四、进一步的探讨

归根结底，航天工程中的失利，是人在用认识指导实践时，对物质、能量、信息等基本要素的组合产生了与主观预期不一致的后果。因为主观世界与客观世界之间的渊壑不能完全弥合，便无法杜绝失利的发生。对于失利，在当前的条件下，我们不应报以根治的幻想，而应该切实加强精细化管理，深化探索实践，加强各类风险防控，确保工程的系统实践能够按照预期开展、实现预期目标。

实践证明，质量管理是一种防范失利的有效思路；但质量管理仍主要偏重于发射指令给出前的研制阶段，对发射和在轨阶段的管理手段相对有限。由于巨大的能量释放具有较大的推力，发射阶段的操作难度短期内或许无法破解；但随着科学技术的发展，在轨阶段的操作手段有望得到丰富。除了依靠信息指令的手段外，直接的机械修复、能量补充，甚至人工操作，都或将在近期成为可能。人工智能等新技术的发展也将带来更多令人兴奋的前景，信息与物质、能量的联系结构将易于得到调整或重塑，从而带来一系列根本性的变化。这些必将给与“失利”的相处带来更多的主动权和控制力。

第四节　管理与协作

系统工程的实施，离不开有效的管理与协作。如对航天器项目生命周期的不同阶段进行划分和策划，对项目网络进行设计，对成本费用、风险、国际合作等进行管理，是航天器系统工程的重要内容，有赖于“两总”系统的配合和共同作用。无论是五院，还是中国航天的其他单位，在各级组织中都设置有承担管理职能的机关部门，否则无法维系正常运转。航天器既由一系列系统组成，又与其他同级的系统共同组成航天工程系统，航天的发展横向看离不开政治、经济、军事、社会其他系统的支撑，纵向看则服从并服务于其所处的具体时代背景。因此，综合看，航天器系统是一系列嵌套而紧密联系的系统中的一个层级。

一、“两总”系统的配合

在五院，型号总指挥和总设计师是型号团队的核心人物，总指挥一般需具有丰富的管理经验。总设计师则需要过硬的技术能力，尤其是总体设计能力。总指挥与总设计师是两个岗位，在有的型号中由同一人兼任，在有的型号中则分属两人。在一些领域设有“工程总指挥”“工程总设计师”，负责这一领域工程的总指挥、总设计师的工作。副总指挥、副总设计师是总指挥、总设计师的直接助手，协助承担具体的行政或技术管理工作。为了加强质量管理和产品保证工作，五院近年来还为每个型号设置了“产品保证经理”岗位，推动建设专业化的产品保证队伍。其他人员分别在型号队伍中承担相应的具体职能。五院中“两总”系统的关系如图 12 所示。

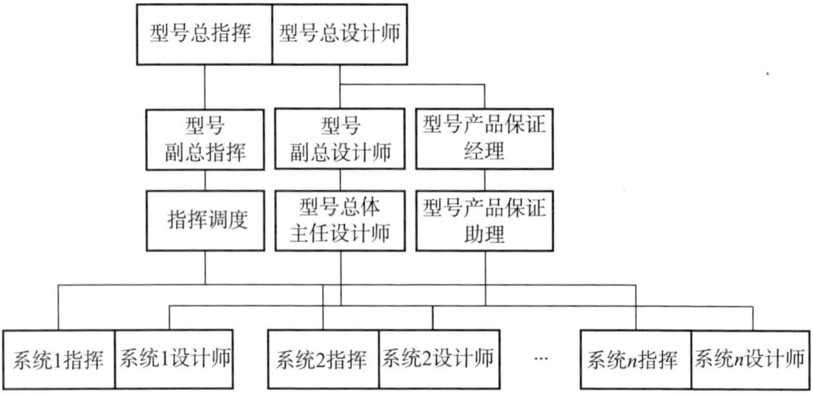

图 12　五院中“两总”系统的关系

型号研制工作是一个有机的整体，其中“两总”系统是航天行政与项目（技术）体制结构二元性的典型体现。在型号任务中，总指挥系统负责的行政部分与总设计师系统负责的项目技术部分互为条件、交织并行：通过计划调度，技术协调得以实施和完成；有了技术协调作为基础，计划调度才是有意义的。总设计师系统决策技术时，既要考虑技术的先进性，也要考虑任务的经济性和现实性，尽可能地实现技术任务对人力、物力、财力的有效利用和对进度的有效控制。总指挥系统为任务的推进提供全面的支持，统筹好队伍与资源配备，开展好思想政治工作和后勤保障，为总设计师系统确定技术途径和方案的有序推进扫清障碍，确保研制工作的顺利进行。型号“两总”作为型号项目的首脑，其行政关系一般在总体设计部，在总体设计部的支持与协调下推进型号研制工作。其中，各专业研究室是最主要的人力和技术的支持部门。“两总”系统的矩阵式结构关系如图 13 所示。

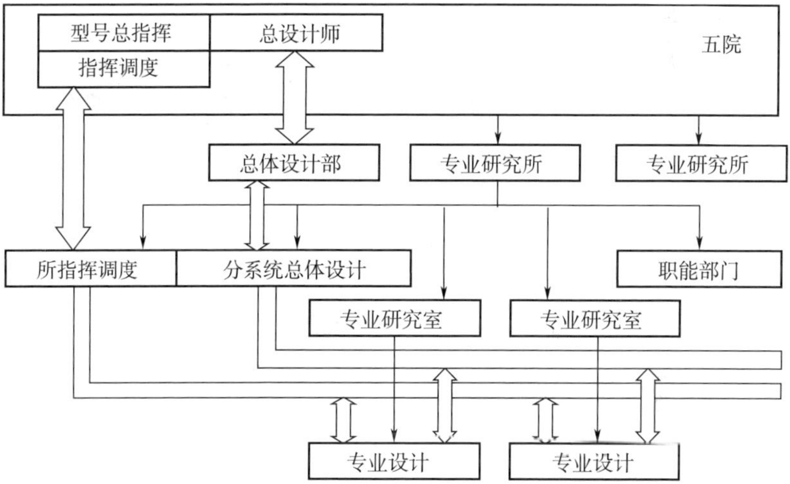

图 13　“两总”系统的矩阵式结构关系①

二、机关的作用

任何一级组织都需要有效的管理。在五院，院和所、厂两级的

① 《中国航天事业发展的哲学思想》编委会：《中国航天事业发展的哲学思想（第二版）》，北京大学出版社 2016 年版，第 250 页。

领导层都是一个集体，即“领导班子”。领导班子对重大事项进行集体决策，班子的核心是行政负责人和党组织书记，班子成员按分工主抓分管工作及部门。

机关部门是具体管理协调职能的承担者。五院本部的主要构成即院机关；所、厂的机关部门贯彻所在单位领导班子及成员的意志，接受五院相应机关的业务指导，向下管理研究室及业务部门。机关部门分为两类：一类承担基本管理职能，如办公室、组织人事、企业文化、财务、纪检、审计、保卫保密、安全生产、工会、团委等部门；一些负责管理核心业务，如科研生产管理、质量管理、经营发展、研发管理等部门。

在机关部门的设置中，负责基本管理职能的主要是成本部门，其设置的必要性来自维持组织安全有序运转的需要，以及来自政策的要求。其中，办公室负责整体的行政管理与协调，财务部门管理财会工作，这些工作涵盖组织架构、公文、会议、档案、资金等一般性事项；组织人事部门负责管理干部、党员和人才队伍，对象是作为“客体”接受管理的人；企业文化部门管理思想文化，面向精神层面，对象是作为“主体”被加以引导的人。出于对职业健康、保密保卫、国家安全等工作①的重视，按照有关要求，五院在院和厂、所两级分别设有安全生产处、保密处、保卫处、国家安全处等部门（部分为合署办公或业务代管）。在中央日益重视纪律检查工作的背景下，两级组织也健全、强化了纪检部门的设置与人员配备。

管理核心业务的部门则直接面向中心业务，层面主要是客观的“物”。科研生产和质量管理部门面向的是目前即将开展、正在开展或已完成的科研任务本身，负责统筹协调、指挥调度、质量管理、产品保证等工作，强调任务的顺利推进与最终成功。在总体设计部，“两总”系统主要依靠这两类部门开展和推进工作。研发管理部门主

① 五院有“七位一体”安全的提法，涉及质量、保密、保卫、职业健康、交通、防汛、食品等方面。

要面向预研性、创新性的任务，侧重于技术与能力储备，关注长远发展需求。经营发展部门负责经济运行、项目开拓、战略规划、技术改造等工作，关注经济质量与增长前景。

院本级的每一个机关，都意味着一个相对独立的业务模块。每一个所、厂，都意味着一支独立的队伍，这个队伍要实现组织化的增长运转，也必须配备健全的机关部门。如果机关部门过多，所需的管理人员就会增多，管理职能也会相应分散化，这会增大组织运行的成本，也会给各所、厂，给科研生产任务的研究室及其他业务部门带来协作压力与任务量，从而进一步削弱效益。因此，无论是院本级的机关部门设置，还是决策所、厂一级的设置，抑或所、厂一级决策下辖部门尤其是机关的设置，都需谨慎决策。随着业务变化，五院的组织架构始终处于整体基本稳定、局部动态调整的辩证发展中，以更好满足发展的需要。

三、在更大的系统之中

航天器作为“系统的系统”，又是更大的“系统的系统”的一部分。

要完成一个航天任务，仅研制出航天器是不够的，航天器系统只是航天工程系统的组成部分。运载系统，主要是运载火箭，用以支持航天器发射上天。地面发射场系统，为发射任务的执行提供地理空间。飞行测控系统，用以支持航天器上天后的测试控制，保障航天器的正常运行与应用。对应用卫星来说，必须依靠地面站及应用系统，才能把卫星有效载荷提供的通信、导航、遥感等技术转化为应用服务。载人航天、深空探测等领域涉及的系统部分更多、更复杂。开展某个航天任务，首先要按照目标需要，将其分解为不同的功能群系统，再实现这些系统在整体层面的协作，形成一个完整的分工链。一个功能群致力于一个特定的具体目标，但不同的功能群之间具体目标存在显著差异，各自对应的负责组织也呈现显著的异质性。如运载系统、航天器系统，主要由中国航天科技集团有限公司的型号院承担；发射场系统、飞行测控系统、航天员系统等，主要由军方部门负责；地面站及应用等系统则按照军用或民用需求，归属不同性质的应用部门。这些组织的组织制度、分工模式、理念文化等都存在很大的差异。

20 世纪 70 年代，国家决定研制并发射以静止轨道为目的地的地球同步通信卫星，为此，五院负责研制东方红二号通信卫星，一院负责研制长征三号运载火箭；四川西昌被选定为新建发射场的所在地，地面测控站、海上测控船，以及卫星通信站都在当时陆续开展了设计与建设工作。到了 21 世纪，要研制更大的卫星，要探测更远的深空，需要的条件就更复杂、更苛刻。航天器固然可以通过大型飞机运到发射场，但要把火箭运到发射场，就必须通过陆路的火车，通过这种方式运输受到轨距和涵洞的制约，火箭的直径是有上限的，这就让运载能力遭遇了“天花板”。2016 年投入使用的海南文昌航天发射中心建设在海边，通过海路可以将在天津研制组装的大火箭运过来，这样“天花板”就被克服了，长征五号等新型运载火箭就是在这里发射的。运载能力的提升还将有力地满足大型卫星、载人航天、深空探测等任务的开展需要，推进国家航天长远规划的实施。

在航天工程大系统中，各个系统的整合也可以被看作是一个并联与串联相结合的时间链，它们并联或串联的依据是知识与逻辑。在这个时间链中，不同阶段之间互相影响、紧密衔接，每一个系统的任务节点完成情况，都会对整个时间链的进度前景带来影响。例如，一颗通信卫星要如期发射，除自身要具备出场条件外，还需要火箭按时到位，需要发射场在发射窗口给出发射安排，需要飞行测控做好准备，需要地面通信站具备运行条件。这些需要知识作为支撑，并在知识支撑下实现逻辑的嵌合。任何一个系统一旦存在问题，整个任务就无法正常执行，同时增大成本、降低效益；这反过来对各系统的工作就形成了刚性约束，使各系统的参与者尤其是决策者面临着来自整体任务的进度压力。进度，或者对时间的控制因此受到格外的强调。进度的推进与任务的实施，是人的研发、科研、生产、管理等系统实践的共同结果，也是各个具体系统中不同技术、各类设备以工程形式实现整合的综合成效。无论是从理论上分析，还是基于对实践的观察，要实现对时间链的有效控制，可以综合采用“激发人”和“运用物”两大方面的举措。

对一些具有重大意义的，尤其是需要巨额费用投入的航天工程系统，中央层面会设置专门的领导机构，成为这个系统的“头脑”。这类机构设具有高级别的授权，能够统筹整个工程系统，对全局性的时间进度与成本进行管理。这客观上强化了任务本身的政治、军事色彩，也是航天体制在支配逻辑二元性上的显著体现。

航天是国防科技工业的重要门类，也是国民经济与社会这个宏观系统的有机部分。在国务院国资委“中央企业名录”中，中国航天科技集团有限公司和中国航天科工集团有限公司分列第二、三位，是重要的军工集团。中央关于加快推进国防和军队现代化、着力提高国防科技工业自主创新能力等提法，是近年来两大航天集团制定发展战略和工作方案的重要依据。再向外看：在国家科学技术奖励大会等场合，航天工作者常被授予重要荣誉。王永志、孙家栋两位航天领域的院士是迄今 31 位（截至 2020 年 1 月）国家最高科学技术奖获得者中的两位①。在 2019 年 9 月 29 日为庆祝中华人民共和国成立 70 周年而举办的国家勋章和国家荣誉称号颁授仪式上，孙家栋被授予“共和国勋章”，叶培建被授予“人民科学家”荣誉称号；航天科技的发展，也离不开工业部门以外的科研院校在基础研究、人才培养上的输入；航天科技活动受到舆论密切关注，重要任务的成功被媒体广泛报道，被民众广泛关注，尤其是受到社交媒体的热烈讨论；航天技术的研发和应用，能够牵引其他领域的技术发展。

航天的发展历程是历史进程的组成部分。国家战略、产业政策、经济形势、军事需求、人才教育等是宏观的时代因素，是航天赖以

---

①　该奖项是目前中国向科学家颁发的最高荣誉。王永志院士、孙家栋院士分别为该奖项 2003 年度、2009 年度的获得者。

发展的环境基础。在不同的时代，航天发展的能力水平、体制特点、主要成就等呈现出显著的阶段性差异，这在第一章的分析中得到充分体现。

航天对系统工程方法的实践，还蕴含着学术价值。作为系统科学的分支，系统工程方法的探索和应用受到系统科学发展程度的制约。由于任务难度大、条件尚不完全具备，钱学森的系统学目前尚未在学术意义上真正建立起来[①]；但这也促进了学界、业界通过更加深入地认识世界与改造世界，持续地开展相关探索、实践与总结。当然，系统工程方法在航天领域中的实践并不是解决一切问题的方法，该方法或仍将长期处于探索、积累、深入和不断优化的状态。人文社会科学对航天、对系统科学的关注兴趣也逐渐勃发，但距离蔚为大观还有很长的路要走，还有很多问题需要解决。毋庸置疑，五院面向航天器工程，中国航天面向航天活动开展的一些思辨、调研、归纳等研究活动，客观上都是对这些探索的促进与提升。

① 苗东升编著：《系统科学精要（第3版）》，中国人民大学出版社2010年版，第62页。

第四章　半闭合共同体：人理与物理交叉互动的组织形态

同一共同体成员很大程度上吸收同样的文献，引出类似的教训。不同的共同体总是注意不同的问题，所以超出群体界线进行专业交流就很困难，常常引起误会，勉强进行还会造成严重分歧。[①]

——［美］托马斯·库恩

作为一种典型的“大科学”，航天对应的是一种“集体化科学共同体”。在这里，科学研究是在相当大的组织机构中进行的，其范围、规模、深度和广度以及投入的物力财力都达到了空前的水平。[②]但仅就作为中国航天的核心部门之一的五院而言，这里仍主要作为一种“工业型科学共同体”存在。它与外界，与市场之间有着清晰的组织边界。在这个边界之内，人既是受到组织聘用从事具体岗位的劳动者，又是事实上从事空间科学技术的工作者；他们不止是出于探索与研究的兴趣而承担这一岗位，也是为了谋生。这种劳动聘用关系将人对时间、兴趣等的支配自由让渡给组织，但也使组织拥有了更强的实现目标的能力。科学理论与具体的技术，被作为实现这些目标的工具手段，而不是或不只是一个“发现”或“发明”的过程。

尽管科学技术在每次航天任务的执行中扮演了决定性的作用，

---

① ［美］托马斯·库恩著：《必要的张力》，范岱年、纪树立等译，北京大学出版社2004年版，第289页。

② 薛桂波著：《科学共同体的伦理精神》，中国社会科学出版社2014年版，第28页。

但科学家和工程师并不是航天工作者的全部。在航天活动中，不仅需要科学探索、技术创新、工程实践与应用，也需要对工程、对组织进行管理，以及对这个系统本身进行服务保障。

在五院“有形”的空间边界和“无形”的组织边界内，厂、所有着不同的功能，机构与人员有着复杂的分工，各种要素以系统化的组织制度结合在一起。从哲学的角度看，可以认为五院这个共同体呈现出“半闭合”的特征。

第一节　所谓“半闭合”

无论是从唯物辩证法，还是从系统论的角度讲，完全闭合的系统都注定不能持续。在这里，以“半闭合”形容五院作为共同体（图 14）的客观形态特点，并不是指它与外界毫无交流，而是说这种交流是部分的、有限的、不平衡的。与国际同行的有限交流是外在的客观原因，自身的体制则是内因。体制对共同体与外界间的流动，尤其是与“人”有关的部分，具有显而易见的制约作用。相较而言，“物”的要素受制约的程度不大，仍维持着相当的要素交换规模，体现为人力（作为客体）、物力、经费、政策等因素的进入，与产品、服务的输出。这也是共同体作为系统的基本开放性的体现。

但到了“人”的层面，开放性就稍逊一些。共同体的主体首先是人。诸如人员（作为主体）、信息、知识、文化等要素的流动，受到内聚力与体制边界的显著制约。在输入时，一些要素被防护、过滤掉；在输出时，一些要素被阻滞下来。内聚力与体制边界越显著，这种过滤和阻滞作用就越显著。这既是一种向外的、对比“他者”的自我辨认，也是一种向内的、确认“自我”的身份强化。这也塑造了共同体气质内敛、保守的一面。

五院从上到下、各个层级、各个岗位上的人，都从事或服务于空间科学技术与航天器这个业务核心。他们共享场所、设备，基于共同的知识并在此基础上做出引进性、开创性的努力，为实现特定

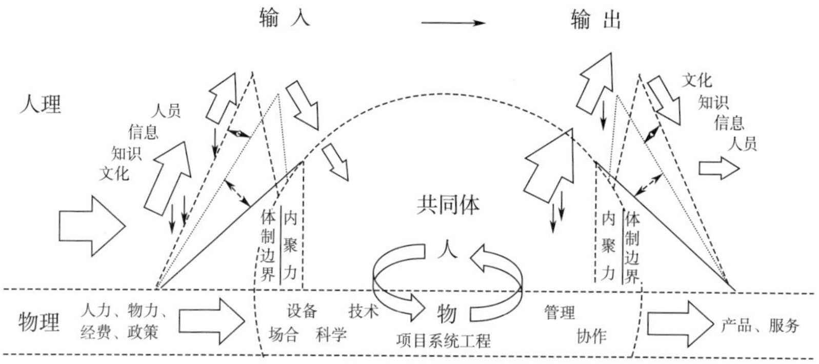

图 14　五院共同体与外界之间的要素交换

的任务目标而协作奋斗。一方面，他们在认识与实践的过程中，建构并强化着共有的认知与实践的活动规范，形成共同的价值标准与精神气质。于是，属于五院，乃至中国空间科学技术的范式形成了。另一方面，这里的人又身处高度组织化的体制结构中，与各种“物”一起作为系统工程方法的作用对象，加深了人异化的程度，组织的力量愈“强”而作为个体的人愈“弱”，范式对人实现了更进一步地“控制”，乃至“慑服”。可以确认，在范式的形成与演化过程中，组织的力量既是谋划和倡导的“号手”，也是催发与固化的“推手”，对内持续确认着范式的高度专业性、复杂性与系统性，对外持续确认着范式与其他共同体的区别，从而使共同体自身的内聚力在收敛中得到强化，在强化中更加收敛。

这种收敛与强化的循环会呈现出一种正反馈，会放大共同体作为系统的特性，直到某种“危机”的出现，诱发质的变化。对系统来说，既需要提升内聚力以确认存在，也需要开放交流以保证发展，两者是对立统一的。但孰强孰弱，既受系统自身具体特点的影响，也被所处环境等因素左右。受到历史、政策、国内外环境等方面的影响，五院这个共同体在几近“闭合”的状态中行进了相当长的一个时期。五院成立于计划经济时期，最早是军事单位，后虽脱离军事编制，但仍保留一定政治的、军事的色彩。当时，五院只需要努力，甚至不顾一切地致力于达成国家的、军队的任务目标，而不必虑及实现某种以自我发展壮大为目的的市场诉求。

改革开放以后，五院的建制基本沿袭下来。除隶属的组织从政府部门变为大型集团外，自身的体制模式一直处于相对稳定、动态的调整之中，并未发生颠覆性变化，这使得五院这个共同体“闭合性”的色彩得以存续。20 世纪 90 年代中期，中国航天出现了“离职潮”[①] 并遭遇发展低谷，五院也流失了一些希望“跳出体制去看看”的人才，造成了一定程度的危机。进入 21 世纪以来，随着航天器立项数目的增多，任务持续快速增长，五院吸收了大量的新鲜血液，传统的范式在濡染“新人”的同时，也受到他们带来的活力的反作用，客观上释放了闭合的程度。

更重要的契机来自宏观政策与时代环境中的全面深化改革和持续扩大的对外开放。在中国航天科技集团有限公司的战略设计与推进下，五院谋求转型发展：深化了机构改革，增加了公司设置，尝试了资本化运作手段[②]；优化军品线与民品线之间的关系，更好履行富国强军使命，密切与社会各方面的接触与互动；同时注重“走出去”，积极参与国际交往、合作与竞争，典型的案例是参与国际商业卫星项目竞标并履行合同。五院这个共同体的知识来源得到拓展，来自国外及行业外的先进理念被用以指导和改造既有的组织形态。这些过程推动了开放性的生长，与闭合性在互相拉锯中此消彼长，使五院与外界之间的人员、信息、知识、文化等因素的交换规模总体上呈增长趋势，闭合程度总体趋于弱化。但因既有范式具有强大惯性，为了保证繁重任务的顺利完成，五院这个共同体目前总体上呈现“半闭合”状态。

---

① “离职潮”不仅出现在航天，也出现在整个国防科技工业，甚至传统体制单位。当时社会上一度流行着“搞导弹的不如卖茶叶蛋的”等说法。

② 实现两家公司上市：1997 年 9 月，“中国卫星”在上海证券交易所上市；2015 年 5 月，“康拓红外”在深圳证券交易所上市。

五院这个共同体的“半闭合”，不仅是相对于航天以外的其他领域，也相对于航天的其他领域，同时也部分适用于五院内部。第一种情况主要体现为“社会形态”的差异；第二种情况产生的基本原因来自长期以来形成的体制惯性，五院作为型号院可主导所负责的航天器领域，主要以共同体的“时间结构”差异为追溯。第三种情况在五院内部，既体现在同一组织层级的所、厂之间或部门之间，也体现在因具体目标任务而组建的队伍与队伍之间，主要是存在于“空间结构”中。这些次一级的共同体是五院作为共同体的有机组成部分，丰富了五院的共同体多样性，但其作用一般限于共同体的边界之内。

值得注意的是，从哲学批判的角度讲，决不能简单地认为“闭合”就是坏的、“开放”就是好的、“半闭合”就是不好不坏的；它们都是对状态的一种客观描述。何况，“半闭合”反过来讲就是“半开放”。对一个组织、一份事业来说，要实现长期稳定的存续发展，必须具备一定程度的闭合性。完全的闭合固然不可取，而完全的开放则必然会导致人员无序的流动和管理秩序的崩塌，同样是不可取的另一个极端。

第二节　共同体的凝聚

自洋务运动开始，留学西方、日本的知识分子，敞开怀抱汲取现代知识，其中很多人在留学国做出了不凡成就，回国后更成为中国发展近现代科技、开始现代化努力的重要力量。20 世纪上半叶，在西方研究航天技术的院所中学习或参与项目的钱学森等一些中国科学家，积极参与到航天理论探索、技术研发和工程试验中来，为航天科技的早期发展做出了贡献。他们中很多人后来选择回国，为中国航天事业的创建与发展做出了至关重要的贡献。

中华人民共和国成立后，中国共产党在一穷二白的基础上带领人民进行经济社会建设。尽管条件艰苦、环境险恶，领导人仍敏锐意识到发展航天工业对增强国防军事能力、提升综合国力与国际地位的重要意义。在中央领导同志的直接过问和协调支持下，有关方面几经争取，最终帮助钱学森等科学家顺利归国。这些留学归国的科学家，与民国以来本土培养的知识分子、党和国家自行培养的人才，构成了中国航天力量最早的三个来源。

在中央的决策和部署下，来自各种背景、各个专业的人才走到一起，进入新组建的航天部门，形成了航天共同体的最早状态。1968 年五院建院，来自相关单位的科学家、工程师及管理人员等通过组织整合、调用选派等方式加入，他们怀着共同的、强烈的行业荣誉感与知识诉求而结为共同体，围绕东方红一号人造地球卫星等项目开始攻坚，并在推进与完成任务的过程中为振奋民族精神而努力。随着五院规模的不断扩大，各级组织的职业化程度日益提高。改革开放以来，尤其是市场经济制度确立以来，体制对人的异化在整个社会环境里遭到反向消解，共同体中的人认识到自己不仅是“体制人”，也是“社会人”；虽然抱着“铁饭碗”，但放弃它也许能获得更大空间。20 世纪 90 年代中期，航天部门出现“离职潮”。同一时期，高校毕业生分配就业制度的改革不断推进，并最终被取消。这些事件的叠加，使共同体中的成员，尤其是新成员、潜在成员更加强烈地认识到：组织与本人之间是一种劳动聘用关系，本人或者出于荣誉、知识的需要而接受聘用，或是出于谋生的需要。但后者并非取前者而代之，而是一种多元化的丰富。迄今而言，在这个共同体中，对荣誉与知识的追求与共享仍是成员共同分享的、极为重要的诉求。

一、新成员的加入

追求荣誉、追求知识、实现谋生，是共同体成员选择这一职业或这份事业的初衷。来到五院后，共同体的新成员，更确切地说是“准成员”，会进行融入的努力。这种努力是一种对共同体的认知行为模式、荣誉、知识、文化等内容的学习、认同、模仿直至贡献的过程。与这一过程同时完成的，是从身份加入到身心融入的确认过程，是从“准成员”到新成员，再到老成员的角色深化。一些人在这个过程中的某个环节会遭遇困难，导致过程的延宕、中断、反复或失败。相对于个人，组织是强势的，个人要么选择调整自己适应这个共同体，要么选择放弃努力并离开这个共同体。这一过程可能短至数日，也可能长至数年。

对五院来说，接纳新成员是共同体实现自我更新与进化的重要途径。一般地，走出象牙塔、初入社会的高校毕业生很受重视。与高校的学生社群相比，五院这个社群截然不同。这些新成员在毕业季的求职和对比中最终因为荣誉、知识、职业特点或工作待遇等因素选择了五院，即可被视为对加入五院这个共同体报以积极期待。他们乐于为了加入这个共同体而努力。其他吸收新成员的途径还有社会招聘、自培研究生等。社会招聘的对象是在航天其他单位或其他领域有过相应专业实践的人员，他们具备一定的工作和社会经验，了解职场规则，有更综合的专业或职业背景。自培研究生则是五院研究生院，即神舟学院招收的硕、博士研究生等，修读的专业均与航天器有关。在学习期间，他们既专业地学习共同体积累的知识，还被安排参与到科研生产活动中去，因而也可以被看作共同体的成员，并因此在应聘时具备一定的求职优势。

对共同体而言，人是关键的要素。五院对新成员的接纳与吸收，实质上就是共同体通过引入关键的要素，维持系统的开放与动态发展。从“准成员”到新成员，再到成熟成员，对应个体或主动地参与到共同体之中，或被动地融入共同体，这也是哲学意义上被共同体“异化”的过程。

不同代际之间的员工之间，尤其是新员工与成熟员工之间，一般会存在着代际差异。这种差异既共筑了共同体的多元性，也造成了知识的、理念的、思维的、文化的分歧。在五院这样的“工业型科学共同体”中，最受重视的分歧，是新成员对经验和权威的质疑与挑战。尽管有的质疑与挑战是幼稚的、浅薄的，但仍有不少思路提供了检视与改进的契机，从而成为孕育创新的必要条件。对共同体而言，要维持相对的稳定与持续的进化，就必须包容多元性；但对分歧却应加以注意和应对，通过诸如强化认同、倡导行为、引导思想，以及实施管理等机制来调和，以架起分歧与创新的桥梁，并斩断分歧对稳定的危害后果。

二、科层结构

在强大的体制传统下，五院这个共同体中的人在纵向上呈现金字塔状分布的科层结构。无论是对机构、部门的行政管理，还是对任务的项目管理，都设置不同层级的岗位，匹配以不同的管理权责。这是五院作为开发研究的职业共同体的特性决定的，也有着历史演化的原因。

科层结构是一种集中化系统，其组织管理由单向作用联系而成，这种结构在精确性、工作的速度、任务的明确、对文件的熟悉程度、活动的连续性、权限的划分、指挥的统一、严格的上下级关系、人员摩擦的控制，以及在物质和人员方面的成本减少等方面具备优势。这既契合航天开展复杂工程的内在需要，也便于政府和军方参与航天管理，同时也符合经济上对成本控制、最佳收益及可持续性的考虑。因此，在各国航天组织中，科层结构迄今仍占据主流。不过，在面向航天科技前沿的探索创新领域，也出现了臭鼬工厂、波音鬼怪工厂这样强调相互作用联系的子组织，成为牵引航天科技进步与工程发展的重要动力来源；在商业航天领域，也涌现了一些区别于此的组织形态。中国航天科技集团有限公司在五院专门成立了面向领域前沿、专门从事研发创新工作的钱学森空间技术实验室，它在员工的内部联系上也开展了许多积极探索，成效令人振奋。

在五院的发展历程中，科层结构的维系，也有赖于用人机制上的三个主要做法。①

---

① 关于“三个做法”的提炼和解读，参见张国航：《论国防科技工业人才管理机制的改革方向》，《管理观察》2017 年第 2 期。

一是举国体制聚智。航天事业的快速发展，是社会主义制度能够集中力量办大事的结果。五院所在的航天领域关乎国家发展与安全命脉，长期以来始终坚持了公有制经济的支配地位，也一贯地享受着来自举国体制的“红利”，能够优先得到资源倾斜、人才引进、发展空间、待遇保障等，有利于吸聚人才。

二是工程思维治人。包括五院在内的航天工业，是新中国在一穷二白的基础上建立起来的，一开始就有着浓厚的组织化、工程化色彩。在筚路蓝缕中，最早的中国航天人必须以工程目标本身为聚焦，才能以较少的资源尽快实现发展突破。由此，工程思维的主导地位得到奠定。之后，受系统工程方法的影响，航天把工程思维也应用到组织管理、人才队伍建设等工作中。工程思维治人，既体现在共同体引导成员以工程为导向设定目标、开展实践，也体现为共同体中人员岗位结构、队伍管理模式等方面的工程化特征。

三是计划管理育才。国防科技工业领域的企业化改革虽早已全面铺开，但主要局限于宏观的体系层面，对核心的体制结构与组织制度等内容的深化改革有待发力。计划模式形成的传统思维，仍应用在用人育才、岗位选拔等工作中，存在用人机制不够灵活等现象。

这些做法保证了五院共同体队伍的基本稳定，为空间科学技术的发展和航天器工程能力的提升提供了保障。不过，科层结构本身存在上下强调等级、横向弱化配合、动点少而集中、行为机械简单等问题，这些做法的负面效应也在进一步显现，使共同体更加收敛、保守，削弱了“人”的要素流动性，加剧了人员规模庞大等现象。收敛和保守作用到具体的个体，则使认知兴趣缺乏深化的必要性，学习的动力下降，或易导致人才队伍的素质“下沉”[①]；作用到组织上，则使探索前沿、应对竞争的敏感度与危机

① 在这里，素质“下沉”具体表现为由于知识更新或能力增长不足，人才素质与岗位要求的匹配度下降；由于部分地区存在人员“能进不能出”的情况，对人员配置的调整不及时，使这部分人仍滞留在岗位上，也削弱了岗位职能的正常发挥。

感等内容多停留在务虚层面，相关认知表达多在讲话和文件中强调，缺少将其转化为对提升发展效益与竞争力的追求和衔接，而且对短期的、战术的内容关注多，对长远的、战略的规划探索少；作用到文化上，则使认知内核倾向保守、固化，重守成而轻开拓，重型号而轻研发，重效仿而轻创新等。这些也是近年来受到高度重视并正在被着力解决的问题。

三、认知与行为

五院的成员通过共享某些特定的规范开展实践，从而凝结成组织框架内的共同体。这些规范具有相对的普遍性，一部分是明确的制度、理念，另一部分则是不成文的，是共同体成员默认接受并依此行事的习惯。对应不同的业务，两部分的内容量对比、优先程度各有差异，如对技术、设备的管理一般明确成文，人情通融空间小；对人的管理、人与人的相处则与此有显著区别。

（一）认同身份、追求荣誉

中国航天作为展现成就、增强国力、提振民心的重要领域，在过去数十年的发展中积淀形成了强烈的社会认知效果。在政治的、舆论的话语中，中国航天已具备相对完整的符号内涵，并得到广泛接受和认同——既对应着中国在航天领域取得的一系列成就和为国家与民族带来的显著影响，又代表着航天系统内的各个单位和广大工作者群体，成为这个组织体系和人群共享的、带有强烈价值色彩的身份标签。

来自个体的身份认同是五院作为共同体保持稳定的基本条件。这种身份认同发生于兴趣或诉求，确立于劳动关系，强化于协作相处之中。劳动关系的缔结，意味着组织对个体的正式接纳，个体也正式拥有“航天人”“五院人”的身份，享受到相应的工资薪酬、福利待遇和社会保障。个体成为组织的正式成员，接受组织的管理，在一定的时间、空间内，遵循一定的理念与行为模式，共同致力于相关工作。

鉴于来自国家、社会对航天重要性的强调，五院在招收新成员时，或个体在选择五院时，都会将“航天人”“五院人”的身份及这一标签附着的荣誉因素，作为重要考量，甚至是主要考量。“我是搞航天的”“我是航天人”“我在五院工作”等职业身份表述，一般带有较其他行业更为强烈的认同感，并依靠自发的认同与外界的反馈，给个体带来精神上的荣誉与满足。

政策的、社会文化的因素，五院及下属各级的发展环境、任务压力的变化，以及员工本人工作生活学习需要的变化，都会对这种身份认同与心理满足带来影响。认同与满足如果维持稳定或得以增强，共同体与成员就能保持同向的进步；反之则会导致共同体与成员在发展诉求与方向上的分道扬镳，并给两个层面同时带来负面影响：共同体的效率下降、运行不稳，成员的心态产生波动，甚至做出辞职的决定等。但这些客观现象，反过来也刺激五院这个共同体积极应对危机，进而实现变革和发展。

（二）实现任务

五院开展各项任务都有着特定的目标，成员按照分工的不同，在各自岗位上为了这些任务的推进与完成而努力。五院的员工主体，尤其是从事科研生产和管理工作的成员，一般都拥有国内外高等教育的背景。部分成员还在其他组织中拥有一段时间的工作履历。他们加入五院，同时也将他们的能力与素质以缔结劳动关系的方式授权给五院供组织支配。五院聘用他们，并将他们纳入科层结构之中，围绕任务分配岗位、开展工作。

为了实现这些任务，成员既发挥自身的技能与特长，也受航天持续发展、任务日益复杂及环境氛围的影响而接受培训、开展学习。航天的高度复杂性，要求成员具有高度的职业素养与责任心，以保证资源的良好组织与进度的有序推进。因此五院各级都重视完善规章制度，开展对制度条文和各级领导讲话、要求等内容的宣贯。通过获知、理解这些内容，成员分享共同的认识，并实现协作。在空间科学技术和航天器领域，知识的更新换代速度很快，市场与应用需求不断增长，国际竞争异常激烈。为了满足发展需要，共同体必须实现持续的进步，于是培训被作为一项重要工作。成员通过接受培训或开展自学，以提升岗位胜任能力。

航天器任务的开展，需要多种类、大体积的仪器设备和产品，并安置在较大面积的场所中。五院进行研制用的厂房都是经过规划的，并根据需要进行场所扩建或内部优化。在建设好的厂房中，科研技术人员利用专业的仪器设备开展工作，对各类产品开展装配与测试。这些仪器设备和产品往往具有复杂的结构功能和高昂的购买、使用成本，必须在组织层面实现共享才能更好发挥价值。进入现场的人员，尤其是操作人员必须遵从严格的管理规定，在接触和使用这些仪器设备时必须谨慎而专业，对产品进行的操作必须严格而精确。

航天器工程任务在过程中需要大量的协调，会议成为一种推进任务的主要机制。各种会议一般都带有某种仪式性，参会人员需要遵守会议纪律，按照会议流程发言、旁听或记录，会议讨论和决策的事项具有约束力。人员从接到参会通知、做参会准备，到参加会议，是对自己参与任务的身份与所承担的责任的确认。在会议中，有主持人、报告人、评审专家、决策者及旁听者等角色分工，这种分工及分工下的行为是对身份与责任的强化。

文件是任务开展与推进的重要辅助手段。在五院，任何一项工作，尤其是型号项目研制，都会形成文件，如方案、计划、报告、总结等。它们以纸质或电子的形式呈现，很多情况下会被授以强制性。文件还是知识的重要载体，专业人员不仅需要理解、读懂文件，熟悉共同体的话语，还需要努力掌握编制文件的能力和技巧，实现与共同体成员的对话。

（三）积累知识

共同体在推进任务的过程中，实现了知识的探索与积累，并以各类文件、成果、实物等形式呈现，为共同体的持续发展提供支撑。

对个体来说，积累知识是进入共同体的主要诉求之一，通过承担具体的岗位、展开具体的业务，以及参加会议、阅读或编制文件、接受培训学习经验、效仿既有的成功模式等方式完成。通过积累知识，个体可以实现素养的提升，能够转化为一定的成果，从而更加胜任所在的岗位，并在申报更高级别的职称时占据优势。

积累知识需要以熟悉专业话语为前提。这些话语具有高度的领域专业性，是确保“共同体内部专业交流不成问题、专业见解一致”的“专业基体”①。共同体的成员借助这些话语实现专业的交流。这些专业主要包括符号、词语、特定搭配等。按来源与适用性，大抵可以分为三类：通用类，如卫星、航天器、高可靠、大型试验等，与公众距离较近；专业类，如有效载荷、馈源、热试验、承载比、C频段等，多不为公众所熟知；理念类，在特定的实践中得到确认与强化，如严慎细实、零缺陷、做事留记录等。学习、理解并运用这些话语，是共同体对成员的内在要求。个体对这些话语运用得越熟悉，在共同体中就拥有更强的岗位适应能力和更广阔的成长空间。

申报课题项目与发表学术论文等是知识积累的展现途径。一般地，科技委和相关部门会提供管理职能与相关支持。项目成果和论文能够为成员参加职称评聘工作提供优势。职称评聘工作是共同体对成员知识成果的确认，并依据知识贡献对成员的结构秩序进行调节深化的过程。这也让共同体成员在积累知识与获得报偿之间建立起体制化的关联。

除以上认知与行为外，成员接受劳动聘用关系而决定加入共同体，也有获得薪酬、享受福利等现实利益的考量，以满足物质生活需求。在共同体中，身份、荣誉、任务、知识、现实利益等因素构成了成员的基本需求。为了得到这些，成员同意并接受向共同体让渡自身的兴趣、时间、精力、自由等，两方面始终存在某种博弈关系。共同体与成员需求的契合度越高，成员就越拥护共同体，忠诚

---

① ［美］托马斯·库恩著：《必要的张力》，范岱年、纪树立等译，北京大学出版社2004年版，第290页。

度就越高；否则就会削弱信任或忠诚，引发质疑或疏离，甚至导致劳动关系的终结。

第三节　角色分工

在共同体中，成员有着具体的角色分工，所有成员基于具体的角色联结在一起。成员的最初角色，由组织根据岗位需求，结合成员的专业背景、能力禀赋等确定；在成员履职、学习、相处中，其角色会经历深化或调整。

总体来说，五院中的角色主要分为四大类。科研生产类，包括工程技术人员、研发创新人员，主要负责航天器系统工程从预研到在轨运行各个环节的具体展开。管理与业务类，包括行政和项目领导、机关工作人员、市场开发人员，主要履行行政管理、项目管理、业务开发等职能。此外还有操作类和服务保障类，前者主要是负责制造、装配、测试等的技术工人，负责将工程方案变为实物，后者主要承担支撑性的职能，如保卫、设备维修、餐饮等，为共同体的正常运转提供服务保障（图 15）。

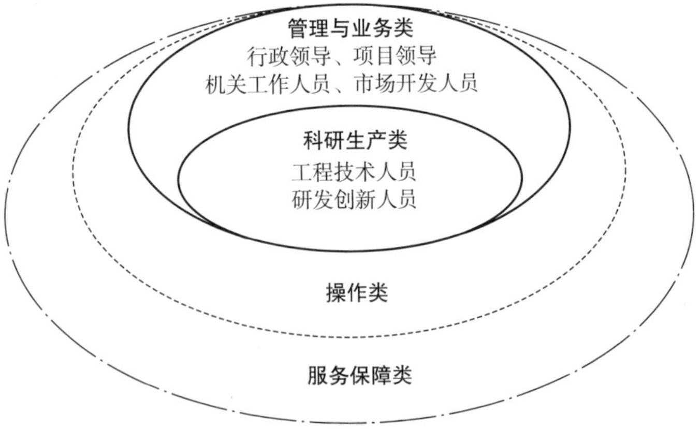

图 15　五院共同体中的角色

在共同体中，科研生产类、管理与业务类角色是核心成员，他们中的绝大多数人，拥有大学本科及以上学历。近年来，随着中国高校研究生教育的快速发展，五院在接收新成员时以拥有硕士或博士学位的研究生为主；很多大学本科学历的老员工也会积极深造，获取硕士学位。其中，宽泛意义上的科研生产类岗位，包括工程技术人员、研发创新人员，以及从事科研生产管理的人员，是共同体的核心成员，他们生产了最主要的知识。他们研究设计的产品与服务在其他人员的配合参与下得以实现，并产生效益。

在科研生产类岗位中，工程技术人员占大多数，直接参与型号项目，工作的成功取向更强，多倾向于追求单一、最优的目标，岗位角色及职责清晰。他们在人事关系上隶属于具体所、厂的研究室，受部门调配，因科研生产需要参与具体的型号项目。相对而言，研发创新人员的规模较小，主要从事预研性的研究任务，强调大胆探索与实施创新。这部分成员的平均学历水平往往更高，工作的自主性往往更强，具有更显著的技术民主氛围。工程技术人员与研发创新人员在五院及所、厂各级一般归于不同部门管理，彼此互相进入的规模相对有限。

在机关和一些专业公司中，除科研生产管理岗位外，还包括一些专业性强的非科研生产岗位，如市场开发、财务管理、人力资源管理、党建与思想政治工作等，需要专门吸收具有专业背景或素养的人员担当。他们加入五院后，与科研生产岗位是并联协作的关系，并不同程度地参与科研生产的各项任务，为生产知识、推进任务等做出一定贡献。

管理意味着职权。五院的体制传统与科层结构，使职权与资源高度挂钩，从而放大了共同体的马太效应。共同体普通成员的角色转换空间较小，一般局限在本所、厂内相同或相似的岗位上。随着职位的晋升，职权越重，责任越大。同时，员工也享受到更多的资源、更高的劳动报酬和更受尊重的地位，易于获得更多的课题、项目，在组织的安排下还能享受到更自由的角色转换空间。

前些年，为了与持续增长的任务相适应，五院的人员规模快速扩大，在共同体中催生了更多的岗位和上升渠道。近年来，人员的高速增长告一段落，共同体进入“平台期”，发展动能从依靠人力资源增长，切换为依赖人才培养与用人结构优化，因此，若想提升职务就需接受更多的考验。无论是职位的晋升，还是职称的提升，一般都需要满足工作经历与岗位履职年限的要求，但提拔的门槛无疑因为竞争的加剧而变得更高了。于是，对这些机会的占有与年龄形成某种更加密切的关联。而且，职称越高，就越容易被视为专家，在各类评审、决策中拥有的学术话语权越大；知名的院士、专家具有跨专业甚至跨领域的影响力。在科学社会学中，这就是所谓的“老人统治”现象。① “老人”在这里并无贬义，只是对于“新人”而言的，他们往往意味着权威，其地位经由科层结构和工程模式的作用而加强。在与“老人”相处时，新成员既需要“维持传统主义”，服从权威以开展工作、推进任务，也需要“反对偶像崇拜”，进行创造性的探索，以实现个人成长。“老人”也需保持宽容。这正是库恩所言的“必要的张力”②，也是五院近年来的一个重要工作方向。

第四节　共享的文化

五院所在的空间科学技术与航天器工程领域，是航天的重要领域，必然地贯穿理性的思维与原则。但理性不是共同体取得成就的唯一认知因素。在共同体中，成员既秉持理性的原则，以开展科技探索与工程实践；又以感性的方式相处，并在互相磨合中形成了相

① 关于“科学界的老人统治”的更多分析，见罗伯特·金·默顿：《科学社会学——理论与经验研究（下册）》，鲁旭东、林聚任译，商务印书馆 2010 年版，第 736-746 页。

② 对“必要的张力”的解读，详见托马斯·库恩在《必要的张力》（北京大学出版社 2004 年版，第 222-235 页）第九章“必要的张力：科学研究的传统和创新”中的阐释。

向的群体心理与认识。经由汇聚与强化，这些会沉淀形成具有明确内涵的文化信念，成为一种共同体的所有成员都应遵循并捍卫的道德责任。对内，共同体成员的兴趣、动机与行为被进一步激发，自觉的、碎片式的自发行为联结衍变为不自觉的、成规模的组织倾向，为共同体发展进步提供重要支撑。对外，共同体的成员承担着推动工作有序进展、完成任务目标、为用户和公众提供负责任的产品与服务、践行航天文化、传播航天价值等公共义务。

伟大的事业孕育伟大的精神。无论是在官方话语中，在社会舆论中，还是在五院、航天的共同体对自己的体认中，航天都是一个伟大的事业，不仅出成果、出人才，还出思想、出精神，核心是航天“三大精神”，具体表现为各级组织、各个团队沉淀形成的文化理念体系。这正是航天共同体在认识和改造世界的实践中伴生的价值观系统。

在这一系统中，居于核心地位的是航天“三大精神”，其提炼的依据是基于经久、广泛而充分的实践，具有全局性影响，并成为航天对社会主义精神文明建设的重要贡献。其他文化体系的组成部分各有形成的土壤和提炼的依据，并在一定的时空和共同体边界内发挥着更加具体化、更有针对性的影响。

一、航天“三大精神”

航天精神的内核被表述为航天“三大精神”，包括航天传统精神、“两弹一星”精神和“载人航天”精神。航天“三大精神”的孕育首先源于航天领域共同体的实践，在数十年的丰富发展中，得到官方的提炼、确认与强化，并在航天内外形成广泛影响。

航天传统精神的形成，始于国防部第五研究院的建院方针——“自力更生为主，力争外援和利用资本主义国家已有的科学成果”。这是在聂荣臻的提议下，经毛泽东、周恩来批准的。经过 30 年的沉淀，当时的航天工业部党组于 1986 年年底提炼和归纳了航天传统精神的初步表述，后结合航天科技工业的具体特点，最终概括提炼为“自力更生、艰苦奋斗、大力协同、无私奉献、严谨务实、勇于攀登”。

“两弹一星”精神的内涵是“热爱祖国、无私奉献、自力更生、艰苦奋斗、大力协同，勇于登攀”。这是在建国50周年前夕召开的表彰为研制“两弹一星”做出突出贡献的科技专家大会上，由江泽民提出的。

“载人航天”精神的主要内涵是“特别能吃苦、特别能战斗、特别能攻关、特别能奉献”。这是在2003年11月7日召开的庆祝我国首次载人航天飞行圆满成功大会上，由胡锦涛提出的。在2005年11月26日召开的庆祝神舟六号载人航天飞行圆满成功大会上，胡锦涛将“载人航天”精神进一步概括为：“热爱祖国、为国争光的坚定信念，勇于登攀、敢于超越的进取意识，科学求实、严肃认真的工作作风，同舟共济、团结协作的大局观念和淡泊名利、默默奉献的崇高品质”。

航天“三大精神”的内涵，都是对实践过程的引导性表述，而非目标式、愿景式的。这些内涵生发于共同体的组织化实践，体现了科学技术实践与工业集体化实践相结合的特点，具有深植的文化惯性，承载了深厚的共同记忆，并在影响强化的过程中形成了普遍的倡导甚至约束效力。这种“怎么干”的规范，完成了对既有实践历程的整体性抽象，可以无视时空边界，对航天的各级各类组织，对航天发展的各个阶段，都具有指导意义。

航天“三大精神”是动态发展、持续丰富的体系。21世纪以来，随着北斗导航、嫦娥探月等任务的建设和发展，对应的北斗精神、嫦娥精神等也在实践中得到凝练，并从团队内部到院，再到更高层面被提及和倡导。从航天“三大精神”到北斗精神、嫦娥精神，再到新时代北斗精神，它们在不断提炼、确认与倡导中，前后递进、互为整体地实现了薪火相传与发扬光大，其影响远远超出航天共同体内部，在全社会都产生了广泛而深远的影响。

二、共同体的文化认同

在航天“三大精神”的形成中，五院既提供了空间的场所，也是重要的实践力量。中国航天科技集团有限公司根据航天“三大精神”，建立健全了自身的企业文化体系，为集团上下共为奉行。五院也依此发布了企业文化管理手册。集团公司、五院的企业文化体系，包括核心价值观、发展愿景、发展使命、员工行为准则、形象识别系统等组成部分。这些内容中的大部分会根据发展形势与实践需要进行适应性调整。

在五院，各所、厂和各领域队伍也基于各自实践凝练提出了文化理念系统，进一步丰富和发展五院、航天的价值观系统。这些文化具有与航天“三大精神”一致的共同点，但更加具体、深入，是矛盾普遍性的贯穿与矛盾特殊性的具现。近年来，强调的理念有质量文化、创新文化、成本文化、廉洁文化等。

各级组织、各个团队的文化理念反作用于共同体，加强了共同体的凝聚。这种凝聚机制体现在组织的引导与强化、个体自发的理解与认同、来自外界舆论的推力三个层面。组织的引导与强化主要通过企业文化建设等工作完成。具体的做法是，在识别发展环境和队伍特点的基础上，采取在精神层面凝练、宣贯和调整价值观，在行为层面建立和执行礼仪与仪式、发掘和塑造榜样人物、倡导和培育文化网络，在物质层面加强氛围营造、做好保障等。个体自发的理解与认同是关键的文化环节，是成员对身为共同体一员的身份确认过程，也是对所追求荣誉的理解具体化的过程。来自外界舆论的推力，是指在共同体中的组织或个体在与外界的交往中，对方受“航天”“五院”等词汇的触发，给出积极的反馈，行为或言语包含着认可、赞美或向往等积极意义，使组织或个体获得正向的情感激励，从而强化了自我确认。

来自外界的力量除了推力外，还存在消解的倾向。信息革命下互联网、移动互联网蓬勃发展，信息爆炸有增无减，激荡的价值观多元化已成为不可逆转的社会心理总趋势；人们面临着来自物质消费、精神消遣等越来越多的选择和诱惑，越来越倡导个性自主；不同行业、不同代际在价值认知、行为取向、意见评判上呈现越来越显著的差异。通信技术不断发展，智能手机日益普及，共同体的成员在允许使用的时段和场所中，能够更加方便地接触外界信息，开展便利的沟通交流。这加剧了保密的风险，但客观上扩大了共同体与外界信息交换的规模。社会多元化浪潮挟破竹之势奔涌而来，给成员的思想动态带来冲击，对共同体的结构与形态造成复杂影响。对此，五院无法隔绝，只能应对。鉴于人的注意力是稀缺的，组织层面的宣传教育如果跟不上成员的兴趣与需求，在收获注意力时就会居于劣势，话语权就会随之降低，这无疑会影响组织主导共同体凝聚机制的效果，给共同体的稳定性构成挑战。

三、文化的扩散

航天能够引领科技发展、彰显国家成就、提振民族精神，受到中央的高度重视，也为社会各界密切关注。航天共同体对外界的要素输出中，“物”的层面是各类产品与服务，它们的社会影响首先体现为附着在名称、形象上的意义，其次是它们的实际用途，以及这些用途的成效。“人”的层面有文化理念的宣称、航天专家的发言、各类学术文章的发表等。以上内容共同构筑形成共同体的外溢性影响，成为航天“软实力”的重要内容。公众通过了解这些内容感受航天，认知不能实现充分交流的共同体，形成与社会心理及公众期待相适应的评价。在这一过程中，虽然来自政治的、舆论的引导会起到重要作用，但根本仍在于航天自身的价值，尤其是所拥有的文化影响空间。

航天“三大精神”在中央层面得到提炼与确认，是航天文化中最具扩散力的内容之一，在社会上形成了广泛影响。通过舆论的持续关注与解读，这一航天精神内核的影响范围遍及社会诸多领域，并被认为是支撑科技发展、推动社会主义现代化建设的重要精神力量。这种扩散模式主要是基于航天“三大精神”深植于社会主义建设实践，并与社会主流文化保持相向。航天“三大精神”首先体现了开展科学实践既要恪守理性规范、又要坚定理想信念的内在要求，同时是马列主义、毛泽东思想、中国特色社会主义理论体系指导航天领域并经实践的再认识、再提炼，反过来也丰富和发展了毛泽东思想和中国特色社会主义理论体系。航天“三大精神”还体现了以爱国主义为核心的民族精神和以改革创新为核心的时代精神，表达了民族的自尊、自信、自强，为实现中国特色社会主义共同理想和中华民族伟大复兴的中国梦提供了明确而有效的行动路径。

从 1970 年东方红一号发射升空开始，中国在航天领域的、可予以公开的重要进展，无不作为当时的重点新闻得到国家的高度重视和媒体与公众的广泛关注。例如：

“某航天器发射成功。”

“某工程取得阶段性/决定性成果。”

“中国成功发射某航天器，实现了某重要突破。”

“中国成为第几个掌握某领域太空技术的国家。”

“中国人进入了太空！”

……

在各类新闻标题或评论中，以振奋民心、扬眉吐气或“与有荣焉”为出发点的话语中蕴含的基本表达逻辑，蕴含并强化着航天领域的成就与国家、公众之间的密切关联。这些广为聚焦、被广泛报道的航天器，主要是五院研制的。在一系列表达中，各类航天器名称及形象，如神舟飞船、天宫飞行器、嫦娥探测器、基于东方红平台研制的系列通信卫星、北斗导航卫星、遥感卫星等，往往被作为最主要、最重要的符号，成为被赋予意义、建构影响的主要对象。

第五节　创新的开展

核心技术是“要不来、换不来、买不来、等不来”的。中国航天发展至今，主要靠的是自力更生、自主创新。在五院的实践中，各类航天器的能力进步一般呈现出阶段内稳定提升、阶段间跃迁进步的特点。这一过程的背后，是共同体中的各个团队通过系统实施创新或连续积累各种创新要素、行为，从而实现持续性的量变与突破式的质变。五院通过实施面向科研生产、综合管理等各方面的创新，不断突破发展瓶颈、解决深层次矛盾和问题，实现能力跃迁与综合发展。五院在创新上有大量作为，支撑空间科技领域取得瞩目成绩，但客观上也存在一些危机。

一、实施创新

总体来看，在五院，共同体实施的创新主要分为技术创新与管理创新（主要是诱致性的制度变迁）两大类。这两类创新共同构成了五院的系统创新能力，成为领域工程进步的核心竞争力。

（一）核心：技术创新

对航天器系统工程而言，创新的核心是技术的升级。为确保工程跃迁的稳定实现，对技术的升级要充分考虑可行性：步子不能过小，否则失去了跃迁的意义；也不能过大，否则难度太大，抬高风险，最终可能造成任务失利。技术的创新与升级主要依靠创造性思维，在继承的基础上，通过新技术、研制新设备、优化工程结构等实现工程系统的质变。

原始创新立足自力更生，通过对关键技术、前沿技术、高新技术和基础技术的攻关研究，拓展知识与技术储备，掌握具备自主知识产权的核心技术，力求抢占未来航天发展的制高点。集成创新围绕工程本身，基于发展能力和对整个科学技术发展态势的分析，以新的观念继承现有科技成果开展创新活动，研究开发满足或可能满足现实需要的产品，并激发相关方面直接或间接参与工程发展的积极性。原始创新为集成创新提供了重要输入和长远保证，集成创新是原始创新得以工程化实践的关键环节。

在五院的工程实践中，原始创新和集成创新分别主要对应负责新技术研发的队伍和负责具体型号任务的队伍。五院不满足于既有卫星平台及产品能力，不懈开展对新技术、新设备和下一代平台的设计研发，确保了各类航天器的工程能力跃迁和成功迭代；在平台、产品的实现与型号研制过程中，注重新技术、新设备、新流程、新方法的集成实施，带动了各航天器研制能力与发展水平的提升。

（二）手段：管理创新

管理创新是创新的重要实现手段，表现在战略创新、组织机制模式创新、管理方式方法创新、人才队伍创新等方面。

战略创新是管理创新的要害所在。从毛泽东提出的“我们也要搞人造地球卫星”到习近平提出的“探索浩瀚宇宙，发展航天事业，建设航天强国”，国家层面的航天战略变化既以中国航天的发展实际为支撑，又为未来发展指明了方向。具体到航天器领域，一般遵循先解决“有无”问题，再解决“大小”问题，最后解决“强弱”问题的能力提升逻辑。这种逻辑遵循科学规律，强调通过创新酝酿质变。

组织机制模式创新、管理方式方法创新，具体体现在五院对组织架构、职权分工、管理手段等的创新上。人才队伍创新，体现为五院从“十五”时期末到“十二五”时期吸纳大量新鲜血液（量的增长），优化人才配备模式，对研发创新人员实施“四级研究员”评聘制度（质的优化）等。

除技术创新、管理创新外，五院的一些专家及专业人员也围绕理论创新做了一些努力。如经过论证提出的载人航天“三步走”、深空探测“三步走”等规划，以及质量问题“双归零”等，都是创新的重要成果。

二、冲突与制约

五院开展创新实践形成的路径依赖，强化了理念、体制等因素的制约作用，成为创新的危机。但这些危机本身，事实上也蕴含着创新的新空间。①

---

① 以下对“冲突与制约”的分析展开，部分借鉴了《基于提升航天企业核心竞争力的创新文化建设研究》这份课题研究报告。该报告于 2016 年 1 月完成，课题由五院总体部主导。在研究过程中，课题组对五院内部 6 个代表性所、厂的 560 名员工开展了问卷调查。

（一）受“保成功”取向的影响

航天活动的高风险、高成本特征要求必须追求高可靠，一旦有所闪失，后果十分严重，从事航天型号任务必须始终铭记“杜绝风险、一次成功”的信条，这是由航天任务性质决定的。而创新是一种突破既往、探索新路的尝试，创新活动不可能总是一帆风顺，遇到挫折和失利是大概率事件，这是由创新的规律和特点决定的。如果要求绝对成功，拒绝任何失利，那么创新将难以生存；反之，如果一味包容失利，不计投入、不计成本，必将带来损失，给任务与事业造成冲击。

在五院，型号任务居主体地位，吸引了最核心的成员，“保成功”是基本诉求。共同体主流上倾向于依据型号任务完成的好坏来评判成员与团队的价值实现，不可避免地“以成败论英雄”。为了成功，就要尽量减少风险，这与共同体的内敛、保守气质同向。在“万无一失保成功”“成功就是硬道理”等理念的影响下，共同体对挫折与失利多报以负面评价，因而更加反对，甚至抵制风险。这与研发创新岗位的工作特点存在冲突。创新是个复杂的过程，其中必然有曲折和失利，通常时间周期较长，且成果认定也比较复杂，从事创新工作事实上也没有型号项目那般“光彩”。因此，研发创新人员容易处于相对的“弱势”。从现实看，无论从事型号任务的人主动要求从事研发工作，还是做研发的人参与型号工程研制的情况都不太多，型号任务与研发创新岗位之间的人员交流规模相对比较小。

共同体中的主要成员长期以来享受着型号成功带来的荣耀。在以型号研制为中心的任务推进中，共同体积累了大量有益的经验认识与成熟的管理模式，并因这些荣耀得到强化乃至固化。在这种情况下，要做到放弃既有经验、改弦更张，需要足够的勇气和一定的成本。这样，创新经常不能很快落地，创新的努力不易得到迅速及时的肯定，这在一定程度上也影响了个体、团队开展创新的积极性。

（二）受体制的制约

作为中国航天器空间技术及其产品的主导力量，五院以往不愁任务，缺少真正市场意义的竞争对手。近年来，五院迎来“爆发性”增长的高密度航天器研制与发射任务，时间紧、任务重、压力大，在保成功的巨大压力下，必须用好传统有效的经验做法。在航天技术应用产业和服务业方面，五院虽进步较快，但仍有很大的发展空间。与此同时，任务获取模式正发生深刻变化，必须做好调整，以更好应对竞争。

在体制与创新之间，存在着许多不得不回答且必须回答好的问题。诸如：创新是一种与型号研制或日常管理相伴随的实践，还是一种应该加大投入，施以必要人、财、物资源保障的开创性活动？创新只是对既有技术、流程的改造，还是需要有足够的交流协作，在鼓励相关人员开阔视野、接触更多锻炼机会的基础上对相关实践的积极探索？创新工作是否直接引用型号进度管理等机制，还是应该给予一定的自由度，引导相关人员从大量事务性、程序化工作中抽身出来，更加聚焦地思考和探索？创新只是一种简单的智力活动，还是一种复杂的综合性社会化实践过程？创新需要匹配完善的评价和激励制度、明确的奖励导向吗？……

将专利转化成效益，是包括五院在内的国内外科技界需要面对的普遍性难题。由于五院共同体中的成员素质较高、专业性较强，每年都会申报大量专利，获得许多重大奖项，但并不是所有的专利和获奖成果都能投入实际应用。部分创新成果由于缺乏市场导向和技术实用性，无法与市场和科研生产实际接轨，产生不了效益，客观上造成了资源的浪费。知识产权与成果的转化机制不够完善以及共同体的内敛气质，是创新必须解决的“双重锁链”。

第六节　在闭合与开放之间

系统需要一定的边界以维系稳定，也需要必要的开放以实现进化。但在边界若筑起壁垒，就容易削弱开放，导致闭合。用“半闭合”描述五院这个共同体，主要基于两个方面：一是共同体内在地认为自身与外界存在相对明晰的边界，甚至在共同体内部的组织与组织之间、团队与团队之间、业务与业务之间也存在某种“亚边界”；二是共同体对外界的开放程度的相对有限性。客观地看，这种状态的形成与演化有着具体的背景，且在相当长的一个时期内为共同体的发展与组织建设起到了重要支撑作用。

日往月来，时移世易。随着国内外形势不断变化，航天领域也迎来新的发展形势、面临新的任务环境，既有的体制形态与应对竞争、实现发展壮大的要求之间正呈现出新的矛盾关系。为顺应中央加快科技体制改革步伐的要求，五院，乃至中国航天有必要在向着更开放的道路上迈出新的步伐。

一、对“半闭合”的评价

一方面，共同体的“半闭合”状态，首先是发挥了“墙”的作用，通过规范要素的流动，维护了系统的稳定有序；同时还起到了“桥”的作用，让中国航天在一穷二白的基础上尽快实现了卓有成效的发展进步，满足国家需要，在社会上产生了重要影响。客观地讲，没有哪种组织运行状态是完美的，“半闭合”状态也不是；但它的形成是基于具体的历史背景和时空环境，并在相当长的一个时期内，有效地满足了五院乃至航天的共同体发展与组织建设的需要。

但另一方面，在这个“半闭合”的共同体中，五院作为系统的自我调节机制和对外界刺激做出应对的能力均会受到相应的限制。无论是系统的自我纠偏，还是去赶超国际先进水平，主要依靠自上而下的、来自更高级系统的输入及工程管理层的决策实施；与之相比，系统自我双向调节机制中的自下而上的、依靠技术民主下员工自主创新发展的努力和实践相对偏弱。置身于新时代，在当今科技前沿发展瞬息万变、现代工业转型升级一日千里的情况下，仅依靠自上而下的方式是远远不够的，这也增大了航天器工程实践中应对困难与挑战的难度。

(一) 为满足国家需要

中国在航天发展中居后发地位，底子薄、资源不足决定了在航天事业发展之初，以及重大项目、重要领域的起步过程中，必须在中央和国家层面统筹分配资源，组织优势力量，聚焦关键项目，才能实现突破。这也是社会主义制度优越性的体现。中央始终高度重视航天，在战略设计、资源倾斜、发展布局等方面做出一系列重大决策，使航天在发展中实现进步。自 21 世纪以来，随着国力的强盛，中国外交工作不断打开新局面，为卫星走出国门创造了有利环境。从尼日利亚通信卫星开始，多颗卫星实现整星出口。在外交、金融等方面的支持下，各项目均得以顺利履约。航天也由此成为“中国智造”的一张名片。

目前的两大航天集团公司由中央部委演变而来，从集团到院，再到所、厂难免保留了行政化色彩。以五院的航天器任务分配模式为例，由于中国的工业基础水平，尤其在高精尖领域还不够发达，电子元器件制造、卫星分系统研制等能力较国际先进水平还有差距，出于扶持民族工业的需要，选择分承研单位时，行政指定相较竞争投标发挥了主导作用。于是，任务分配经常成为一种定向的选择。而面对新的形势，必须抓紧“补课”，加紧建立并完善依靠竞争激发创新、通过竞标拼抢市场份额的良性机制。

一直以来，五院的主要任务来自国家战略发展的需要，来自国防与军队建设的需要。这部分任务从论证到立项，再到推进与实施，全过程服从于国家意志，依赖高层决策，与市场规律结合程度有限。一些预先性、开创性、旨在应对国际长远竞争的项目开发，有赖于国家的立项与经费支持，这同样深受政策因素影响。这既要求五院提高政治站位，担当相应职责，也要综合统筹谋划，确保项目成效。

(二) 为应对市场竞争

国际经验表明，在尊重科技发展规律的基础上，与市场需求和期望充分结合起来，在激烈的市场竞争中不断追求发展、实现突破，是确保科技工程发展的有效途径。随着发展能力的提升与组织管理的成熟，航天事业的发展有必要引进市场的力量，通过参与国内外市场竞争，实现从“跟跑”到“并行”，直至“赶超”的跨越。五院在一些领域开展了公司化、市场化尝试，近年来还引进了一定比例的海外留学归国人才，建立了专业的市场开发队伍，积极参与国际竞争与合作等，在一定程度上提高了共同体的开放性水平，促进了自身市场竞争力提升与国际化进程。

五院作为科技组织，要发展就必须实施创新，要创新就必须实现持续的知识积累。要做到这一点，要么通过内部的研究、开发、交流和学习，以增加整个组织的知识存量来实现，要么通过从外部学习并获取新知识来实现。从国际经验看，内部路径要取得成效往往是缓慢的，不仅有赖于大量的资源投入，而且容易贻误难得的发展和赶超机遇。因此，在技术基础相对薄弱或需要持续赶超的过程中，有必要做出将注意力转向外部边界的选择。但由于西方国家的技术封锁和“半闭合”状态下与外界信息交流规模的有限性，这方面的努力对创新及跨越式发展的支撑作用并不充分。

随着全面深化改革的不断推进，随着市场在资源配置中发挥决定性作用的持续确认和效果显现，五院既有的许多做法也成为新问题的诱因。问题是发展的产物，也是发展的契机。在发展的新阶段，通过分析、解决新问题，反过来也有利于体制持续走向优化。以用人机制为例，应该看到，在市场经济环境中，人才对自身的理解、社会对人才的定位都正发生着深刻变化。伴随国有企业全面深化改革，对航天工作者而言，完成从“体制人”到“社会人”的转换，已成为必须接受的过程。随之而来的，是人才对其市场价值的再次自我确认，是人才在主观意愿上日益勃发的解放和流动的诉求。顺应这一趋势，将更加积极地适应、更加有力地推动五院乃至整个航天更好更快发展。

在精神文化层面，受到“半闭合”的影响，五院的组织文化取向更容易凝聚人心和奋斗力量，但相对缺乏来自社会多元化因素的风雨洗礼。无论是共同体，还是共同体中的成员，“埋头做事”的多，“主动宣传”的少；在大众媒体开展的相关报道中，关注成就的内容多、强调成就与五院的关联弱。这些造成了五院的话语空间存在被“挤占”的现象，在一定程度上影响了五院在市场竞争中的组织竞争力。[①]

二、开放的策略

针对“半闭合”状态做出的优化调整，首先就是解放思想，顺应科技规律、时代潮流与自身发展建设需要，进而选择有针对性的行动策略。

当今世界，经济全球化、信息社会化所带来的商品流、信息流、技术流、人才流、思想流，如长江之水，挡也挡不住。这是航天要实现持续发展必须面对和正视的环境。只有有机的、开放的系统结构，才能保持旺盛的生命力。随着全面深化改革的不断推进，航天领域改革也已箭在弦上、不得不发。在明确由市场主导资源配置的大环境下，航天积极、主动、全面地参与市场竞争，已成为不可逆转的趋势。五院要更好地应对竞争、寻求发展，适度地走向开放是必然的选择。

走向开放，并不意味着推翻现有的一切，搞彻底的体制革命，更不意味着走向绝对的开放，追求极端的自由。这就要求五院必须在继承现有体制模式的基础上，科学分辨并坚决扫除阻碍发展与创新的体制障碍，实现对体制的有序改良，该守住的底线一定要守住，可以变的也要有谋划、有秩序地变。倘若一味地追求开放，就等于完全放弃了自力更生的原则，必将殃及产业发展自身，贻害无穷。

借用“墙”与“桥”的关系，开放的策略或有以下几种选择。

一是“墙倒成桥”，指对现有的要素进行重新组合，吸收外界有

① 本段观点引自《航天五院的公共领域形象评价和提升路径研究》这份课题研究报告。该报告于 2016 年 1 月完成。

效手段，实现结构性的，甚至具有颠覆意义的体制创新。在这里，除濒临破产等极端情况外，“桥”的材料仍主要来自“墙”本身，而不是“把墙推倒”或另行“造桥”，否则会导致巨大的成本损耗与发展风险。这种策略对航天主体而言，主要适用于与市场关系最密切的航天技术应用等领域，这类领域也最容易实现。具体的措施包括：在部分模块实现完全意义上的公司制运作，全方位引入现代企业运行制度，充分尊重并发挥知识、资本等要素的价值等。

二是“倚墙搭梯”，指对部分亟需发展、否则坐失良机的业务领域，通过开展试点、设立特区等措施，允许施行特殊的安排，尽快将所需的人力、物力、财力以新的模式完成组织配置。这尤其适用于前瞻性的预研开发类工作，以便争得发展优势，抢占制高点。这种开放一般是局部的，不涉及体制根本，因而较容易接受并得以实施。达到特定的任务目标后，这种突破性的尝试也将成为走向开放的有益经验而得到推广，同时为体制的其他开放选择提供可能。

三是“破墙开门”，指对系统的部分业务模块进行重大体制调整，通过以“片”带“面”实现有序的改革创新。早年的案例如“军民分线”，对军品与民品实施区别的组织管理模式，促进了业务的开展。近年来，为角逐国际市场，五院成立了国际业务部，重视提供咨询服务；在履约过程中建立了面向国际用户的培训师队伍，在符合保密等要求的前提下实现与用户的畅通交流等。这些努力反过来促成了对国际标准与流程的引进与吸收，成为既有研制模式实施改进的输入性参考。再比如，对科技成果转移转化工作实施创新，建立相关方面协同互动的机制，同时引入激励与考核机制，对转移转化的成效进行科学评价，这将盘活大量“沉睡的资源”，全面带动发展效益的提升。

四是“绕墙造桥”，指在现有体制之外借助“外力”，在补充发展力量的同时，促进既有体制的改革创新。五院及各所、厂近年来注重加强与兄弟院所、高校的合作，通过建设联合实验室、合作开发项目等实现了局部的工程技术创新与突破。近年来，两大航天集团之外的多家单位也正谋划或已试水进入航天领域，再加上商业航天的发展，对中国的航天发展都起到一种促进作用。国家鼓励对国有企业实施混合所有制改革，也为这一进程提供了助力。

但无论实施何种力度的开放，都必须要适度，要牢牢守住底线。具体地说，就是决不能丢掉“自力更生、自主创新”的传家宝，必须出于促进自身发展的考虑做出开放的策略，也必须以是否有利于组织发展建设，是否有利于航天领域进步来衡量开放策略的成效，并对其加以调整与深化。

第五章 航天强国：人理与物理交叉互动的推进方向

一个是科技创新的轮子，一个是体制机制创新的轮子，两个轮子共同转动，才有利于推动经济发展方式根本转变。①

——习近平

近年来，创新被置于国家发展全局的核心位置。多份重要的中央文件、国家规划均强调实施创新驱动发展战略。其中，“提高自主创新能力是关键环节，而提高自主创新能力需要从体制机制等多方面来保证”②。对航天而言，“探索浩瀚宇宙，发展航天事业，建设航天强国”作为中央对“航天梦”的表述，已上升为高层意志，成为中国航天上下的奋斗共识。要实现“航天梦”，既要靠科技创新，也要靠体制机制的改革创新，两方面均不可或缺。

基于前文的分析，中国的航天体制植根于中国土壤，在人理与物理交互互动作用中，走过了独特的演化历程，呈现出与中国国情相适应的具体特点，并形成了中国航天事业。但航天体制中仍存在一些阻碍创新能力提高的障碍，与建设航天强国的要求仍有一定差距，需对人理与物理的交叉互动进行深入的调整优化，推进改革创新。

近年来，随着全面深化改革的持续推进，中央和国家有关部门陆续出台了多份具有指导意义的顶层规划文件，对航天体制改革具

---

① 中共中央文献研究室编：《习近平关于科技创新论述摘编》，中央文献出版社2016年版，第65页。

② 同上书，第55页。

有指导意义。当前科研院所改革也要“进一步实行精细化的分类改革，实行一院一策、一所一策”。[①] 目前，两大航天集团公司及所属的各级单位，围绕航天强国建设的方向与目标，在战略设计上做了许多研究，提出了具体的规划方案。尤其是，中国航天科技集团有限公司于2018年召开了第七次工作会，明确提出要牢记使命责任、着力改革创新，为推动我国成为世界航天强国而拼搏奋斗。2018年10月，五院也召开了2018年战略管理委员会会议，提出要围绕新目标、打造新动能，加快向世界一流宇航企业迈进，明确了五院支撑航天强国建设的战略安排和包括始终坚持创新驱动、人才强企、国际化发展在内的几个重要战略。

诸如此类，既贯穿着传承、改革、创新、奋进的共识，又在内容的展开中呈现出较多差异，目前正在得到有序贯彻实施。这些都是推进航天强国建设的具体实践。要更好推进这些实践，确保效果不偏离目标，则应在修订完善、推进实施这些方案的过程中，始终顺应国家战略需要，抓住科技革命趋势，同时把握并利用人理与物理交叉互动的新特点，以谋求推进体制的持续改革深化，为推进航天强国建设提供长效支撑。

第一节　把握国家的战略需要

中国的领导人“重视科学和技术的发展，并将其作为国家经济持续增长的一个支柱”。[②] 中国在一穷二白的基础上建立并发展航天，这是在中国共产党的领导下，在科学的理论指引下，在社会主义制度优势支撑下，在各行各业的大力支持与全国人民的共同努力下完成的，服从并服务于国家战略，有效满足发展需要。这种“与

① 中共中央文献研究室编：《习近平关于科技创新论述摘编》，中央文献出版社2016年版，第66页。

② 郑永年著：《技术赋权：中国的互联网、国家与社会》，邱道隆译，东方出版社2014年版，第33页。

国同休”的路径选择，是航天发展地位与领域影响力的必然结果，是人理与物理交叉互动关系的发展所归。

自中共十八大以来，中国领导人团结全国力量为实现中华民族伟大复兴的中国梦而努力奋斗。中国航天围绕“航天梦”所做的努力，是为实现中国梦而努力奋斗实践的重要部分。同时，中国的国内外环境不断发生变化，国家安全与国防建设、经济与社会发展、外交与国际合作等不同层面不断遇到新情况、新问题，带动国家战略对航天事业发展提出新的要求。当前，中国航天科技集团有限公司号召全体干部职工坚定航天报国志向，为建设航天强国做到不忘初心、牢记使命，为实现航天梦、中国梦而不懈奋斗。这些是推进人理与物理交叉互动关系深化的宏观依据。

一、政治与安全层面

在进行伟大斗争、建设伟大工程、推进伟大事业、实现伟大梦想的关键时期，航天的地位和意义更加凸显，中央对航天的关注更多了，期待更高了。2017 年 10 月，习近平在党的十九大报告中，明确提出建设科技强国、航天强国。2019 年 2 月 20 日，习近平等党和国家领导人在北京人民大会堂会见探月工程嫦娥四号任务参研参试人员代表，强调伟大事业都始于梦想、基于创新、成于实干，太空探索永无止境；号召我国广大科技工作者、航天工作者乘胜前进，为推动世界航天事业发展继续努力，为人类和平利用太空、推动构建人类命运共同体贡献更多中国智慧、中国方案、中国力量。毋庸置疑，新时代需要航天有更大的发展；为实现民族复兴的中国梦，需要航天提供更全面的支撑。

航天是一国战略安全的重要基石。近年来国家安全工作受到高度重视。2013 年 11 月，中央国家安全委员会成立，要求牢固树立并认真贯彻总体国家安全观。国家安全的内涵和外延更加丰富，时空领域更加宽广，内外因素更加复杂。要满足新形势下国家安全工作的需要，航天必须坚持国家利益至上，为保证国家政治安全、经济安全、国土安全、社会安全、网络安全等提供更加丰富、多元、有效的产品和服务，同时重视国家安全管理，提高内部各级、各领域、各团队之间以及航天与其他各方面之间的协作水平，为国泰民安贡献力量。

满足国防和军队现代化建设的需求，是牵引中国航天发展的重要动力。当前，国防和军队改革紧锣密鼓推进，体制呈现出新格局。这也对航天发展提出了全新的要求。

二、经济与社会层面

自 2010 年以来，中国就稳居世界第二大经济体的位置，但经济发展也遇到了新的形势和问题。当前，中国经济仍处在“增长速度换挡期、结构调整阵痛期、前期刺激政策消化期”“三期叠加”的新常态中，新旧动能转化仍未结束；但“我国发展仍处于可以大有作为的重要战略机遇期”。[①] 对航天来说，长期积累的结构性矛盾也正不同程度地显现出来。例如，发展驱动主要依赖传统投资渠道、对市场消费需求的挖掘不足，劳动力成本上升使人力资源粗放增长难以持续，组织体系与运行制度整体设计仍显粗放，科研成果闭合式自我循环仍不同程度地存在，创新的破解制约与综合推进能力仍有待提升等。

为促进经济持续健康发展，中央明确市场在资源配置中起决定作用，更好发挥政府作用。在全面深化改革中，国有企业改革正持续深化，要求完善现代企业制度，在国有企业中发展混合所有制经济；事业单位改革和公司制、股份制改革也得到持续推进。这给航天体制带来新的变局：中国科学院、高校、民营企业、其他军工集团等纷纷进入航天领域，航天整体力量得以发展壮大，但竞争日益激烈，既有的航天体制必须尽快转型。航天同时要履行社会责任，

① 李克强：《全面建成小康社会新的目标要求》，《人民日报》2015 年 11 月 6 日第 3 版。

为自身改革发展提供有力示范，同时增强对国民经济发展的牵引辐射带动作用，推动经济转型升级。

当前，新型工业化、信息化、城镇化、农业现代化正得到深入推进，人民群众出于对美好生活的向往，物质文化消费需求更加多元而旺盛，对发展平衡性、充分性的要求更加现实而紧迫。这给航天发展带来了广阔的市场空间。按照习近平新时代中国特色社会主义经济思想，中国正致力于实施新经济理念，谋求高质量发展，加快实施创新驱动发展战略，推进供给侧结构性改革，出台了《中国制造 2025》《“互联网+”行动计划》等政策文件。这些既给航天发展带来重大利好，又倒逼航天加快体制改革步伐，为实现航天“智造”创造更多有利条件。“一带一路”倡议、京津冀协同发展、长江经济带、雄安新区建设等决策落地以及自贸区的广泛试验，也有利于航天产业优化布局、拓展市场、提升效益。

三、外交与国际合作层面

随着改革开放的不断深入，中国的综合国力不断增强，在国际社会中的影响力不断增大。这其中就有航天的重要贡献。除 20 世纪 90 年代承担商业发射任务，与美、澳实现“短暂合作”外，中国航天在推动国际化发展中广泛发力，辐射中俄、中欧、中国-东盟、中国-巴基斯坦、中非、中拉、中国-太平洋岛国等各个方向。从政府项目到商业项目，中国航天坚持平等相待、真诚合作，坚持优势互补、互利共赢，通过以点带面而辐射全局，推动自身国际化发展水平不断迈上新台阶。近年来，中国坚定不移走和平发展道路，呼吁打造人类命运共同体，提出并积极推进“一带一路”倡议落地，推动与各方关系的全面发展，获得了国际社会的普遍尊重。这些为航天利用国际资源、加深国际合作、掌握领域话语权等提供了更多机遇。

另一方面，在百年未有之大变局中，大国博弈加剧、中美贸易摩擦等对我们始终坚持自力更生、自主创新，巩固包括航天在内的战略产业地位等提出更高的要求。“以斗争求和平则和平存”，建设航天强国的步伐越稳、成就越多，对我国维护国家利益和国家安全就有越大的正向作用。

尽管“当前世界经济增长乏力，复苏进程艰难曲折，不稳定、不确定因素较多”①，但各国仍对航天发展抱以浓厚兴趣和重要期待。世界主要航天国家保持着对航天的可观投入规模，航天领域国际竞争有增无减；更多的国家渴望进入航天领域，利用航天技术推动经济社会发展，实现战略目标。由此，国际航天领域将更加异彩纷呈，中国参与国际航天也将面临更多的机遇与挑战。如何通过自身体制机制改革，支撑科技创新，实现效益提升，是中国航天扩大国际市场份额、谋求更大影响的重要途径。

随着中国与世界关系的日益密切，中国公民的脚步遍及全球，国家利益也向全球延伸。这也给发展航天技术、拓展航天科技应用提出了新的要求。

第二节　把握领域发展动向

航天强国是一个相对整体性的概念，需要一国的航天发展水平足够高，同时在国与国的比较中占据优势。要建设航天强国，不仅要充分把握国家战略需要，更须将其置于国际视野之中，充分把握科技发展趋势，把握领域前沿动态，通过比较与追赶，实现并行乃至超越。

当今时代，科学技术的发展正呈现出前所未有的突破性发展趋势，各种颠覆性技术的发展和应用正在全面塑造着新的发展业态、改变着社会思潮、引领着社会进步。② 习近平在论述科技创新时指出：“当今世界，新科技革命和全球产业变革正在孕育兴起，新技术

---

① 李克强：《全面建成小康社会新的目标要求》，《人民日报》2015 年 11 月 6 日第 3 版。

② 中国科学院：《2015 科学发展报告》，科学出版社 2015 年版，第 V 页。

突破加速带动产业变革”,[①] “几乎所有领域发生了以绿色、智能、泛在为特征的群体性技术革命”,[②] “未来几十年，新一轮科技革命和产业变革将同人类社会发展形成历史性交汇，工程科技进步和创新将成为推动人类社会发展的重要引擎。”[③] 航天发展正处于“革命正在酝酿”的时代背景下，也必将汇流于科技革命与产业变革的大潮之中。

当前，美国正加快实施“再工业化”战略，欧盟提出“新工业革命”理念，以德国的“工业 4.0”为代表的智能制造蜚声全球，这些都是一些重要信号。先进制造、量子通信、大数据、3D 打印、机器人等技术手段的实践应用速度正在加快，给航天科研生产模式与组织管理体制带来冲击。这些趋势正在模糊基础研究、应用研究、技术开发与产业化的边界，使地域、组织、技术的界限不再明显。中国航天当前模块相对独立，业务并联发展的体制模式面临冲击，应积极寻求在更大的系统层面实现体制建构的整体性提升。

在国际航天前沿，各种新概念、新技术大量涌现、层出不穷，空间系统性能加速优化、跨越升级，各类基础、应用的前沿技术日新月异、突飞猛进。美、欧等都持续加大投入，谋求战略优势；日本、印度等国家也纷纷加大航天产业投入，谋求局部优势；以 SpaceX 公司为代表的低成本技术和商业模式、创新理念成为“搅局者”，加速航天商业化进程与业态转型升级。这些既使国际性的航天交流合作更加深入，也令国际间的航天竞争比拼日益加剧。

第三节　对人理与物理交叉互动的展望

具体地看，航天体制中的人理、物理，以及人理与物理的交叉

---

① 中共中央文献研究室编：《习近平关于科技创新论述摘编》，中央文献出版社 2016 年版，第 75 页。

② 同上书，第 81 页。

③ 同上书，第 97 页。

互动，在不断发展中正酝酿发生新的变化。塑造这些因素的力量来自社会文化环境、生产要素、系统组织模式等多个层面。要建设航天强国、制定和完善具体的规划方案，必须对此有充分探知与展望。

一、社会文化趋势

航天处于具体的社会文化之中，航天共同体及其成员都是社会的一员，都受社会文化的影响。当前社会文化正呈现出若干趋势，给航天中的“人理”带来深刻影响。

互联网，尤其是移动互联网的发展，在加速信息流流动、促进信息量膨胀的同时，也促使信息传播走向“平权化”。人们在获取信息方面更加易得，机会更加平等，方式更加自主，在信息表达方面也更加自由，能够获得更广泛的影响力。人与人之间的联系更加便捷，人在精神文化和社会生活中也有了更多的选择空间。同时，对信息资源的充沛占有，促进了个性的觉醒与释放，汇聚形成的“国民价值观念的多元化”浪潮，成为社会转型期的重要特征，并不可逆转地渗透到社会的各个方面。[①]

改革开放的推进，市场经济的发展，使社会组织的结构在调整中得到重塑，人更强调自身的主体地位，更捍卫自身权益，更看重自由、平等、民主等价值。人作为“原子”，以往存在于具体的组织中，并将其视作自身社会关系的唯一归宿或主要所在；组织在所有成员之上，居主导地位。由此，各种“大院文化”“行业文化”“团队文化”被建构起来，并得到组织的确认与强化，成为一种必须遵守的道德义务。但在当前的社会环境中，“原子化动向”出现并得到发展，表现为人际关系疏松化、社会纽带松弛、个人与公共世界疏离等。[②] 因此，之前强大的、传统的文化惯性就必须面对解构的危

---

① 原宙、平章起：《价值观念多元化境遇下的主流意识形态认同探析》，《毛泽东思想研究》2015 年第 2 期。

② 田毅鹏：《转型期中国社会原子化动向及其对社会工作的挑战》，《社会科学》2009 年第 7 期。

机。“原子”既能以独立的方式存在，也可以选择加入某个共同体中。但在共同体内部，成员与组织之间的依赖关系存在弱化的趋势，劳动聘用关系中的对等性在加强，后者更加强调权责，而非完全的服从。与此同时，“耻于言利”的时代由此终结，利益的正当性完成了去魅，“主张利益、保护利益，这是时代的进步”①，但这给强调奋斗、奉献、拼搏的一些集体价值观带来冲击。在精神文化惯性强大的共同体中，对这些价值观进行调适，必将充满博弈与阵痛。

二、生产要素调整

当前，“全球创新创业进入高度密集活跃期，人才、知识、技术、资本等创新资源在全球流动的速度、范围和规模达到空前水平”。② 作为重要的生产要素，人才、知识、技术、资本等正以新的形式、结构或规模参与到航天中来，给航天业态带来重塑性的影响。

人才方面，航天从业队伍持续壮大，智力资源更加丰富，人才创新意愿和活动空间得到拓展。研发创新、工程设计与协作、组织管理等岗位分工日益专业化、精细化，权责明确且强调统筹与自主协作。人才自主意识增强，更加重视自身价值，劳动力成本也不断提升。

知识方面，航天关注的科学问题更加前沿、集中，工程技术的开展跨越更多学科领域，集成化知识生产能力不断增强，各种新的科学思想、技术概念、管理思维不断催生，为科技革命的爆发酝酿重要动能。

---

① 任仲平：《以信仰之光照亮奋斗之路》，《人民日报》2016 年 6 月 29 日第 1 版。原文指出：与中国的现代转型相伴随的，是一个民族精神世界的转型……但毋庸讳言，我们的时代也出现了令人忧心的错位，在一些人那里，物质利益成为唯一“价值”，精神追求被彻底放逐。于是，责任能够淡漠、道德可以离席、灵魂容许出丑。放眼全球，这是一种颇具世界性的“现代病”，正如未来学家托夫勒在《第三次浪潮》中所说：“从来没有那么多国家里的人民，感到精神上如此空虚与沉沦。”

② 引自《“十三五”国家科技创新规划》，参见 http：//www. gov. cn/zhengce/content/2016-08/08/content_ 5098072. htm。

资本方面，随着全面深化改革的推进，资本要素正以更大的规模和更加灵活的方式进入航天领域，并发挥日益多元的作用。资本的活力将给发展赋予新的动能，带动既有产业与利益分配的变局。但“市场只能营销创新，不能创造科学”[①]，应充分尊重“科学技术是第一生产力”，而不应将市场置于科学与创新之上，让资本的力量居于绝对的支配地位。尤其是，对逐利的资本而言，一旦缺乏有效的监管或预防，一定会在特定的时机毫不犹豫地扯掉“脉脉温情的伪装”，带来负面影响，甚至对科研实力、工业基础造成严重打击。像航天这样攸关国家战略安全与国计民生的领域，是资本“垂涎已久”和“伺机而动”的对象，一方面可以鼓励资本参与航天，推动模式创新，促进商业航天发展，但另一方面，必须加强制度设计与监管，切实防止航天沦为资本角逐、无序竞争的舞台。

技术方面，颠覆性技术层出不穷，更加强调以人为本，国防科技领域创新加速推进。[②] 其中有两个趋势值得特别关注。

一是工具智能化。智能制造成为信息化与工业化深度融合方向，互联网应用更加广泛，新一代信息技术与制造技术融合发展，将改变生产模式，提升生产效率，带来更大创新创效的空间，同时也为质量控制提供更多选择，降低任务失败的风险。但另一方面，各类市场主体之间的竞争日趋激烈，优胜劣汰更加残酷，现有业态秩序正迎来深刻冲击。对劳动者而言，可以选择的技术工具更加丰富，但其主体地位与就业也面临不确定性，人工智能的发展、机器人的应用或将进一步放大这种不确定性。智能技术的发展还促进了人理与物理交叉互动关系的复杂化（图 16）。

二是科技成果产业化。社会生产生活需求与技术创新、产业发展之间相互激发，形成正反馈机制，为航天科技研发及产业应用提

---

① 陈平：《中国道路：探索中国发展之道》，张维为主编《国际视野下的中国道路和中国梦》，学习出版社 2015 年版，第 27 页。

② 参见白春礼为《2016 科学发展报告》作的代序《创造未来的科技发展新趋势》一文。该文收录于中国科学院：《2016 科学发展报告》，科学出版社 2016 年版，第i–v页。

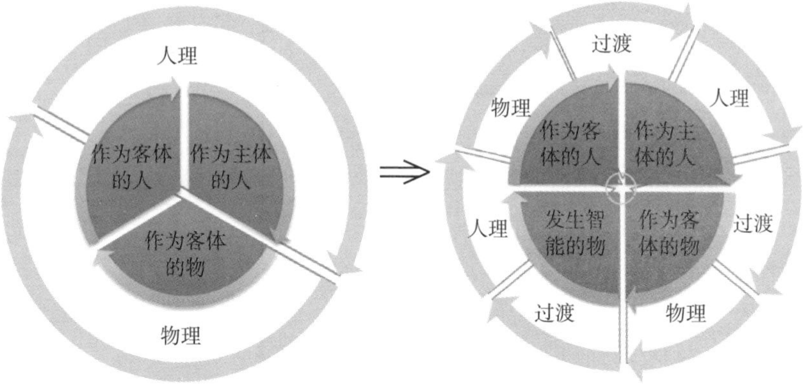

图 16 人理与物理的交叉互动趋向复杂化

供强大动能。航天技术应用产业正持续蓬勃发展，装备制造与技术应用之间的链条衔接更加紧密，上下游“你造我用”的单向联系，正被“应需而造”“以造促需”的相互联系所取代。同时，产业化也意味着更多支撑性要素的融合与协调，需要给予更加全面的支撑条件。

三、系统演化方向

自二战以来，世界科技迅猛发展，工程与系统日益复杂。大约在 20 世纪 80 年代，系统科学各个层次、各个学科都开始向复杂性进军。中国航天对系统工程方法的既有实践，主要基于线性系统理论，运筹学、控制理论、系统工程等重要分支，所处理的对象都是“结构良好”的系统，它们属于简单系统问题的理论和技术。但系统科学的主体部分不在于此，而在于非线性理论、复杂系统理论，以及相关的工程技术。[①] 在航天领域，对线性系统理论、简单系统理论的广泛运用，满足了系统运转的初步需求，但其弱点与束缚也正在

① 苗东升著：《系统科学精要（第 3 版）》，中国人民大学出版社 2010 年版，第 213-221 页。

显现，需要应用更加符合航天组织与实践特点的理论，如复杂适应系统理论、开放复杂巨系统理论[①]等。但无论哪种着眼复杂性的理论，都应遵循“放弃现实世界简单性的假设，把复杂性当作复杂性对待”这样一个科学原则[②]。同时，系统工程呈现出跨学科融合、多文明交汇等特点[③]，一个学科、一个行业、一个国家都不可能固守自己的探索经验，必须以开放的姿态去学习与吸收可供借鉴的智力成果。

科层结构作为一种单项作用机制的集中化系统，已经越来越不能满足航天日益复杂的系统与工程需要，成为对后者成效的重要制约。从理论上讲，同时借鉴臭鼬工厂、波音鬼怪工厂等模式的经验，相互作用机制的扁平化系统是改革创新的方向选择。在扁平化系统中，人和组织都能享受更平等的地位和更大的自主空间，但相应地也要为自己的发展存续负更大的责任。全面深化改革，实行装备竞争性采购，实质上就是要打破既有的军品任务分配模式，在航天领域的研制参与主体之间建立竞争与合作的密切联系。航天内部或可采用“试点—推广”的模式，在一定的业务范围内实施这种改革。

伴随着系统走向复杂、走向相互扁平化，系统内部、系统与系统之间的各种边界日益模糊，各系统在竞合中谋求创新发展的动力也更加强烈。共同体更加开放、内部压力却更大，进步加速、专业门槛却更高，知识更综合、分工却日益精细化，这些均持续加大着成员们的压力。而且，人只有越来越依赖各种工具、手段、方法，只有越来越依赖自主的、更加投入的、专业的学习、认知与实践，才能掌握各种专业知识与技能，才能勉强直至完全地胜任岗位、满足任务的要求。成员如果不努力，在共同体中的地位和价值就将遭

① 关于“复杂适应系统理论”的分析解读，见苗东升：《系统科学精要（第3版）》，中国人民大学出版社2010年版，第222-235页。关于“开放复杂巨系统理论”的分析解读，见该书第236-255页。

② 苗东升著：《系统科学精要（第3版）》，中国人民大学出版社2010年版，第217页。

③ 薛惠锋著：《系统工程思想史》，科学出版社2014年版，第200-206页。

到消解，甚至难以维系；其对身份、荣誉、知识、利益的需求就会失去支撑，引发职业危机。随着用人机制改革的深入，这种危机或将蔓延并对每一位成员造成威胁。而且，科学技术与工程的飞速向前推进，以及它们在风险后果上的不确定性，会进一步加剧这种危机及威胁的程度。人在系统面前，成员在共同体面前，系统在更大的系统面前的“渺小”将被展现得淋漓尽致。

为了对抗“渺小”，共同体中的成员需要付出更多的时间与个人努力。以五院为例，任务当量的增长和任务难度的提高，使得时间与精力成本不断攀升。对于共同体中的很多成员而言，为了满足岗位与任务的要求，在投入全部工作时间的同时，还常常要付出大量的业余时间。因此需要进行要素重构，以实现管理的改进。成员如欲谋求进步，希望在共同体中占据优势地位，就必须投入更多的时间与努力，努力开展并实现岗位与任务之上、之外的创新。但近年来随着人员规模的扩张，本就使“脱颖而出”的难度增加；加上对抗“渺小”、谋求进步的普遍性努力，或将使共同体的面貌发生显著变化。

随着社会文化的发展、生产要素的调整和系统的持续演化，尤其是人工智能等技术的发展，正在引起航天体制中人理与物理的界限走向模糊化，进而推动人理与物理的交叉互动趋向复杂化，如图17所示。以往，人理与物理的交叉互动模式以人为始、以人为主，人主导物，物理反作用于人理。随着这种交叉互动关系的深化，交叉的发生越来越广泛，互动的性状越来越繁杂，尤其是当“物”被赋予智能，兼具一定“人理”特征后，人与物的界限、主导与被主导关系就不再固定了，形成一种人兼具人理与物理、物集合物理与人理，人与物深度互动、人理与物理密切融合的状态趋向。从本质上说，人理与物理交叉互动的复杂化是社会生产力发展的一种结果，是生产关系演进的体现，在给生产力的发展带来新的契机与空间的同时，也给整个航天体制的发展带来新的影响因子，引入了新的驱动变量。

总体来说，人理与物理的交叉互动，在内部与外部、国家目标与技术目标、跟随与创新、事业与产业、军工与民用、内生与外包、共同体与市场、闭合与开放等对立统一关系上都呈现出新的特点，也随时代发展而发生新的变化。这些新特点、新变化的催生有着来自航天内外的具体而复杂的原因，对航天体制的建构具有直接或间接、显性或隐性的影响。同时，随着航天事业的发展，新的国家航天战略确立了，航天体制在硬实力与软实力的对立统一关系上也会给其自身提出新的要求。硬实力的发展需要更强的软实力支撑，软实力的进步也依赖硬实力的提升。只有相互匹配、步伐合拍的软硬实力，才是航天体制建构的积极状态。中国要建设航天强国，也必须同步发力，确保宏伟目标指引正确方向的同时，迈出更加协调、稳健、有力的行动步伐。

结 语

1500年前后，航海技术的发展催动新航路的开辟，人类迎来大航海时代，对海洋的利用与控制催生了海洋民族、海洋文明，兴起的海洋霸权控制世界并绵延数百年。自20世纪以来，航天技术的发展让人类进入太空时代，人类可以更加深入太空、更加广泛地利用太空、更加努力地控制太空，同时航天技术也正孕育着太空民族、太空文明。

习近平指出：我们这么大一个国家，就应该有雄心壮志。一个伟大时代的兴盛，一个文明大国的崛起，需要航天事业的不断发展来体现国家的战略意志。中国作为世界上有影响力的文明大国，已经错过了数百年前的那次历史机遇；在新的太空时代机遇面前就决不能再次错失机会，必须矢志进发，向着建设航天强国的目标而挺进。

航天的发展，离不开体制的支撑。在各国的航天实践中，体制的设计与演化历程各具特色，同时是各国航天事业的重要组成部分。整体地看，航天体制在体制结构、支配逻辑、发展格局等层面呈现出多重二元性。

毛泽东60多年前就指出："照抄别国的经验是要吃亏的，照抄是一定会上当的。这是一条重要的国际经验。"① 中国航天按照自己的方式，独立自主、自力更生地探索出了一条中国航天体制的建构路径、一条航天体制建构的"中国道路"。一系列卓越成就的取得，是高度权威的决策机构、持续变革的工业部门、深化发展的工程系

---

① 毛泽东著：《要团结一切可以团结的力量》（1956年4月29日），载《毛泽东文集》人民出版社1999年版，第7卷第64页。

统等各个层面共同致力的结果。它们构成了中国航天体制的基本面貌，也是航天体制系统的主要内容。

在中国航天之内，系统工程得到广泛实践，“处处皆系统”不仅是开展科研生产活动的主导思想，更成为体制设计与演化的显著特色。在闭合与开放的博弈中，共同体形成了“半闭合”特点。成员在凝聚机制、分工协作、完成任务与开展创新等各个环节深受其影响。

基于对航天体制宏观层面、系统层面与微观层面的分析，可以认为，航天体制的模式选择与演化历程，贯穿着人理与物理交叉互动的机制。这一机制不仅具有时空意义，也渗透在体制的方方面面。在这种机制中，广泛存在着契合与龃龉、合作与冲突、对立与妥协，从而形成正反馈的强化机制与负反馈的平衡机制并存的局面，推动了发展又实现了创新，保持了稳定又蕴含着危机。

具体地说，在人理与物理交叉互动的机制下，航天体制中又贯穿着多对矛盾关系。

宏观层面，航天体制贯穿着内部与外部、国家目标与技术目标、跟随与创新的对立统一。一国发展航天主要是国家意志确认后，凭借自己力量发展的结果，但任何国家发展航天，都离不开国际航天交流合作与竞争的大背景。一国要发展航天，是出于国家战略、国际竞争等因素的考虑，每个国家都有着具体的情况；但无论哪个国家要发展航天，都必须尊重航天技术规律，按这种规律和发展路径办事。在发展航天的国家、组织力量之间，“先发”必须依靠创新实现，具有“先发”优势，易于成为领域引领者，占据发展制高点，但也必须付出探索成本高、成功风险大等代价；“后发”可以通过跟随，少走很多弯路，但容易受制于人，不具有充分的主动权与话语权。

系统层面，航天体制贯穿着事业与产业、军工与民用、内生与外包的对立统一。航天必须拥有一个系统化的体制才能运转，必须通过持续的积累与传承才能实现发展进步，且具有极强的公共性；

航天也是一种经济社会活动，需要通过产业化经营创造效益实现持续的发展，这是事业与产业的辩证，即，航天难以成为高度自由竞争的领域，有着自己的性质特点。在很大程度上，航天依靠军事需求牵引驱动，但又必须走向民用、服务民生；只有坚持军事与民用需求相结合，才能让航天的巨大投入收获更广泛、更易见的回报，裨益民众的同时强化社会对发展航天的共识。航天作为巨系统，涉及相当多的科技领域和经济门类，除了核心的研发与工程实践等部门必须依靠自己的内生力量实现发展，诸如材料、通用元器件等非核心技术可通过外包实现支撑，一些管理思维的引入与创新也可以通过外包来实现。这种内生与外包既维持了航天自身的特性与核心能力、核心价值，也维持了航天与外界的协作与共生关系。

微观层面，航天体制贯穿着共同体与市场、闭合与开放、硬实力与软实力的对立统一。航天与外部是存在边界的，边界内的航天工作者构成了共同体，包括具体的人、群体、组织，他们在构成共同体形态上呈现“半闭合”的特征。这种“半闭合”受到市场的冲击，有着某种走向开放的诉求，这种诉求尤其体现在势不可挡的人才、知识、技术、资本的流动上，这里的对立统一共同塑造并引致了航天体制在微观层面的具象状态及各种问题。从另一个角度看，航天是一国地位与力量强大的标志，这是硬实力层面的；软实力层面，航天在各个国家与社会中所拥有的地位和影响是一种意义赋予与文化确认，其体制本身也是由一种具体的软实力构成。硬实力的发展是参与航天的人劳动实践的结果，必然地需要将软实力层面的精神文化力量作为动力与纽带，以维系共同体的存续与奋斗，确保硬实力的发展与进步；同时，航天的地位和意义也要求从事航天的参与者具有必要的家国情怀与感性认知，以更强烈的情感实现自我激发，从而汇聚成共同体强大的奋斗力量。

中国航天是国家整体发展战略的重要组成部分。岁月不居，时光荏苒，中国航天已走过 60 多年的辉煌历程；2020 年，东方红一号成功发射也已过去整整 50 年了。与之相伴的，是日益拓展的国家天疆，是持续进步的科技水平，是不断显现的经济社会效益，是全体华夏儿女为之深深振奋的民族自豪感。面向未来，和平探索和利用外层空间是人类不懈的追求。站在新的历史起点上，中国将加快推动航天事业发展，积极开展国际空间交流与合作，使航天活动成果在更广范围、更深层次、更高水平上服务和增进人类福祉。[①] 要做到这一点，必须根据国家战略、社会环境与时代发展的需要，持续地对体制进行改革创新，同时要确保人理与物理的交叉互动保持在积极的状态，探索好、深化好航天体制建构的“中国道路”。

① 中华人民共和国国务院新闻办公室：《2016 中国的航天》白皮书，2016 年 12 月 27 日。据中国政府网，http：//www. gov. cn/xinwen/2016-12/27/content_ 5153378. htm。

参考文献

（一）中文专著

［1］ 白春礼．当代世界科技［M］．北京：中共中央党校出版社，2016.

［2］ 白万纲．军工企业：战略、管控与发展［M］．北京：中国社会出版社，2010.

［3］ 曾云敏，张拴虎．体制改革与技术学习——来自中国三个产业的案例研究［M］．北京：经济科学出版社，2009.

［4］ 陈闽慷，茹家欣．神箭凌霄——长征系列火箭的发展历程［M］．上海：上海科技教育出版社，2009.

［5］ 邓小平．邓小平文选（第三卷）［M］．北京：人民出版社，2008.

［6］ 段培君．战略思维理论和方法［M］．北京：中共中央党校出版社，2011.

［7］ 冯钢．社会学基础文献选读［M］．杭州：浙江大学出版社，2008.

［8］ 高丽，秦利，王新．装备力量的打造者——全球最有影响力的军工企业［M］．北京：国防工业出版社，2016..

［9］ 顾基发，唐锡晋．物理—事理—人理系统方法论：理论与应用［M］．上海：上海科技教育出版社，2006.

［10］ 国家国防科技工业局离退休干部局．亲历三十年——国防科技工业离退休人员纪念改革开放30周年征文获奖作品选［M］．北京：航空工业出版社，2008.

［11］ 郝大海．社会调查研究方法（第二版）［M］．北京：中国人民大学出版社，2009.

［12］ 侯光明，等．国防科技工业军民融合发展研究［M］．北京：科学出版社，2009.

［13］ 胡光正．中外军事组织体制比较教程［M］．北京：军事科学出版社，2013.

［14］ 胡锦涛．胡锦涛文选（第二卷）［M］．北京：人民出版社，2016.

［15］ 花禄森，等．系统工程与航天系统工程管理［M］．北京：中国宇航出版社，2010.
［16］ 黄普明，卢俊．通联天敌——卫星通信知识问答［M］．北京：中国宇航出版社，2019.
［17］ 黄志澄．新航天：创新驱动的商业航天［M］．北京：电子工业出版社，2017.
［18］ 贾睿．照见未来：一本书读懂商业航天［M］．北京：知识产权出版社，2018.
［19］ 江泽民国防科技工业建设思想研究课题组．江泽民国防科技工业建设思想研究［M］．北京：电子工业出版社，2005.
［20］ 李必光．逐鹿太空——航天技术的崛起与今日态势［M］．上海：上海科技教育出版社，2009.
［21］ 李成智．中国航天科技创新［M］．济南：山东教育出版社，2015.
［22］ 李成智．中国航天技术发展史稿［M］．济南：山东教育出版社，2006.
［23］ 李建华．科学哲学［M］．北京：中共中央党校出版社，2004.
［24］ 李选清，柳刚．问天之路——中国航天发展纪实［M］．上海：上海交通大学出版社，2018.
［25］ 李赟．天军突起：俄罗斯航天兵揭秘［M］．北京：解放军出版社，2015.
［26］ 李占才，蒯正明，运迪．科学发展的体制机制保障［M］．北京：人民出版社，2014.
［27］ 刘戟锋，刘艳琼，谢海燕．两弹一星工程与大科学［M］．济南：山东教育出版社，2004.
［28］ 陆学艺．社会学［M］．北京：知识出版社，1996.
［29］ 马勇．欧盟科技一体化研究［M］．上海：华东师范大学出版社，2013.
［30］ 毛泽东．毛泽东文集（第七卷、第八卷）［M］．北京：人民出版社，1999.
［31］ 毛泽东．毛泽东选集（第一卷）［M］．北京：人民出版社，1991.
［32］ 苗东升．系统科学精要（第3版）［M］．北京：中国人民大学出版社，2010.
［33］ 闵桂荣．献身航天造福人类：闵桂荣院士文集［M］．北京：中国宇航出版社，2003.

[34] 彭成荣．航天器总体设计（第二版）［M］．北京：中国科学技术出版社，2011.

[35] 钱学森．钱学森讲谈录——哲学、科学、艺术［M］．北京：九州出版社，2013.

[36] 渠敬东，傅春晖，闻翔．组织变革和体制治理：企业中的劳动关系［M］．北京：中国社会科学出版社，2015.

[37] 全国政协文史资料委员会，中国航天工业总公司．中国航天腾飞之路［M］．北京：中国文史出版社，1999.

[38] 石磊．龙的腾飞——中国航天走向国际市场纪事［M］．北京：中国宇航出版社，2011.

[39] 谭维炽，胡金刚．航天器系统工程［M］．北京：中国科学技术出版社，2009.

[40] 田华．美国国防部基础研究管理体制分析［M］．北京：北京大学出版社，2012.

[41] 汪亚卫．展望航空新世纪——50位院士访谈录［M］．北京：航空工业出版社，2007.

[42] 王积超．人类学研究方法［M］．北京：中国人民大学出版社，2014.

[43] 王希季．王希季院士文集［M］．北京：中国宇航出版社，2006.

[44] 闻新．航天、人文与艺术［M］．北京：电子工业出版社，2018.

[45] 吴敬琏，马国川．重启改革议程——中国经济改革二十讲［M］．北京：生活·读书·新知三联书店，2013.

[46] 吴荣华．苏俄战略火箭军全史［M］．北京：中国长安出版社，2016.

[47] 吴苑华．世界体系视野中的中国道路——以沃勒斯坦、阿瑞吉、弗兰克和阿明为例［M］．天津：天津人民出版社，2016.

[48] 武希志，黄靖．国防经济学［M］．北京：军事科学出版社，2013.

[49] 武希志．国防经济学教程［M］．北京：军事科学出版社，2012.

[50] 习近平．习近平谈治国理政（第一卷）［M］．北京：外文出版社，2014.

[51] 习近平．习近平谈治国理政（第二卷）［M］．北京：外文出版社，2017.

[52] 辛鸣．道理：中国道路中国说［M］．北京：中共中央党校出版社，2011.

[53] 徐福祥．卫星工程概论［M］．北京：中国宇航出版社，2003.

[54] 许保利．中国国有企业的变革［M］．北京：经济科学出版社，2016.

[55] 许超．新中国行政体制沿革［M］．北京：世界知识出版社，2012.

［56］ 薛桂波．科学共同体的伦理精神［M］．北京：中国社会科学出版社，2014.
［57］ 薛惠锋．系统工程思想史［M］．北京：科学出版社，2014.
［58］ 薛彦平．欧洲工业创新体制与政策分析［M］．北京：中国社会科学出版社，2009.
［59］ 杨莉，沈海军．航空航天概论［M］．北京：航空工业出版社，2011.
［60］ 杨启先，石小敏，等．中国经济体制改革基本理论［M］．北京：中国人民大学出版社，2008.
［61］ 尹志忠．世界军事航天发展概论［M］．北京：国防工业出版社，2015.
［62］ 张熇．翱翔九天：从人造地球卫星到月球探测器［M］．上海：上海科技教育出版社，2007.
［63］ 张建启．创新中国系列——航天使命［M］．北京：五洲传播出版社，2019.
［64］ 张维为．国际视野下的中国道路和中国梦［M］．北京：学习出版社，2015.
［65］ 赵刚，林源园．美国的创新：美国创新体制及其对华战略研究［M］. 武汉：华中科技大学出版社，2016.
［66］ 郑永煌．曲折航天路——国外重大航天事故密码解读［M］．北京：国防工业出版社，2015.
［67］ 郑永年．中国模式经验与困局［M］．杭州：浙江人民出版社，2010.
［68］ 郑永年．技术赋权：中国的互联网、国家与社会［M］．邱道隆，译．北京：东方出版社，2014.
［69］ 中共中央文献研究室．毛泽东邓小平江泽民论科学发展［M］．北京：中央文献出版社、党建读物出版社，2009.
［70］ 中共中央文献研究室．习近平关于科技创新论述摘编［M］．北京：中央文献出版社，2016.
［71］ 中共中央宣传部．习近平新时代中国特色社会主义思想学习纲要［M］．北京：学习出版社、人民出版社，2019.
［72］《中国航天事业的60年》编委会．中国航天事业的60年［M］．北京：北京大学出版社，2016.
［73］《中国航天事业发展的哲学思想》编委会．中国航天事业发展的哲学思想（第二版）［M］．北京：北京大学出版社，2016.

[74]《中国航天文化的发展与创新》编委会. 中国航天文化的发展与创新［M］. 北京：北京大学出版社，2016.

[75] 中华人民共和国科学技术部. 2016 国际科学技术发展报告［M］. 北京：科学技术文献出版社，2016.

[76] 中央党校本书课题组. 引擎：党的建设科学化铸就航天梦［M］. 北京：中共中央党校出版社，2015.

[77] 中央文献研究室中国道路课题组. 中国道路——马克思主义中国化经典文献回眸［M］. 北京：中央文献出版社，2011.

[78] 周光召. 当代世界科技［M］. 北京：中共中央党校出版社，2003.

[79] 周晓虹. 现代社会心理学——多维视野中的社会行为研究［M］. 上海：上海人民出版社，1997.

[80] 周志成，曲广吉. 通信卫星总体设计和动力学分析［M］. 北京：中国科学技术出版社，2012.

[81] 庄孔韶. 人类学概论［M］. 北京：中国人民大学出版社，2006.

[82] 邹永廖. 嫦娥奔月——中国的探月方略及其实施［M］. 上海：上海科技教育出版社，2009.

[83]［德］马克斯·韦伯. 新教伦理与资本主义精神［M］. 马奇炎，陈婧，译. 北京：北京大学出版社，2015.

[84]［法］罗格·博奈，［意］维托里·曼诺. 国际空间合作：欧洲空间局范例［M］. 李磊，译. 北京：科学出版社，2015.

[85]［美］罗伯特·金·默顿. 科学社会学［M］. 鲁旭东，林聚任，译. 北京：商务印书馆，2003.

[86]［美］丹尼尔·李·克莱曼. 科学技术在社会中——从生物技术到互联网［M］. 张敦敏，译. 北京：商务印书馆，2009.

[87]［美］卡尔·米切姆. 技术哲学概论［M］. 殷登祥，曹南燕，等译. 天津：天津科技出版社，1999.

[88]［美］刘易斯·A. 科瑟. 社会学思想名家［M］. 石人，译. 北京：中国社会科学出版社，1990.

[89]［美］罗伯特·金·默顿. 十七世纪英格兰的科学、技术与社会［M］. 范岱年，吴忠，蒋效东，译. 北京：商务印书馆，2012.

[90]［美］沙伦·特拉维克. 物理与人理——对高能物理学家社区的人类学考察［M］. 刘珺珺，张大川，等译. 上海：上海科技教育出版

社，2003.

［91］［美］托马斯·库恩．必要的张力［M］．范岱年，纪树立，等译．北京：北京大学出版社，2004.

［92］［美］托马斯·库恩．科学革命的结构（第四版）［M］．金吾伦，胡新和，译．北京：北京大学出版社，2012.

［93］［美］席文．科学史方法论讲演录［M］．任安波，译．北京：北京大学出版社，2011.

［94］［美］约瑟夫·熊彼特．经济发展理论［M］．何畏，易家详，等译．北京：商务印书馆，1990.

［95］［意］Marcello Spagnulo，Rick Fleeter，Mauro Balduccini，Federico Nasini. 航天项目管理——方法与工具［M］．周建平，译．北京：国防工业出版社，2013.

［96］［英］安·格雷．文化研究：民族志方法与生活文化［M］．许梦云，译. 重庆：重庆大学出版社，2009.

［97］［英］李约瑟．中华科学文明史［M］．上海交通大学科学史系，译．上海：上海人民出版社，2014.

［98］［英］约翰·齐曼．元科学导论［M］．刘珺珺，等译．长沙：湖南人民出版社，1988.

（二）中文论文

［1］本刊编辑部，蔡婷．立足新起点，规划新征程，续写新辉煌——中国航天科技集团有限公司第七次工作会议隆重召开［J］．中国航天，2018（09）：6-9.

［2］本刊编辑部．理 7 次工作会脉络，绘航天科技强国路线［J］．中国航天，2018（09）：10-12.

［3］陈杰．美国商业航天产业对国民经济的影响分析［J］．中国航天，2007（07）：21-23.

［4］成锡忠．国际航天工业发展概况［J］．世界导弹与航天，1991（02）：9-10.

［5］董正强，张楠楠，徐曼．发展航天事业建设航天强国［J］．军民两用技术与产品，2013（07）：13.

［6］冯鹏志．创新能力是知识经济社会人性运行的基本形态［J］．理论前沿，1999（19）：19-20.

[7] 冯鹏志．论技术创新与社会发展的关系特征［J］．科学学研究，2001（04）：87-92.
[8] 冯鹏志．中国道路的文化表达［J］．理论视野，2015（10）：8-11.
[9] 冯鹏志．中国企业技术创新行动的环境变量分析——三种效应及其调适［J］．中共中央党校学报，1998（02）：59-68.
[10] 冯鹏志，母小曼．全面建设小康社会与当代中国的科技创新观［J］．科学学研究，2004（02）：218-222.
[11] 付郁．2017年全球航天器发射统计与分析［J］．国际太空，2018（02）：4-8.
[12] 付郁．2018年全球航天器发射统计与分析［J］．国际太空，2019（02）：12-20.
[13] 高飞，顾基发．关于物理-事理-人理系统方法的事理之方法论库［J］．系统工程理论与实践，1998（09）：35-38.
[14] 高露，林蔚然．英国航天工业科研管理体制机制［J］．中国航天，2007（08）：20-21.
[15] 耿海军．争霸太空——冷战时期苏联航天计划探秘［J］．国防科技，2001（11）：76-79.
[16] 宫朝霞．波音公司——美国航空航天业的“航空母舰”［J］．飞航导弹，2008（05）：59-64.
[17] 光波．印度航天介绍（上）［J］．中国航天，2008（01）：31-36.
[18] 关荣策．飞速发展的日本航天事业［J］．中国航天，1992（03）：20-24.
[19] 顾基发．物理事理人理系统方法论的实践［J］．管理学报，2011（03）：317-322+355.
[20] 顾基发，高飞．从管理科学角度谈物理-事理-人理系统方法论［J］．系统工程理论与实践，1998（08）：2-6.
[21] 郭锐．冷战后日本航天产业发展及其军事化的影响［J］．同济大学学报（社会科学版），2016（04）：26-36.
[22] 郭晓兵．国际航天热的动因及其国际影响［J］．当代世界，2009（02）：23-25.
[23] 郭艳华，冯应彬．南亚航天梦印度航天工业透视［J］．国际展望，2007（08）：48-49.

[24] 杭信．新版美国国家航天政策解读［J］．中国航天，2010（09）：8-12.
[25] 蒿旭．扶桑の太空雄心（下）——日本航天事业发展回顾与展望［J］．航空世界，2016（04）：26-33.
[26] 何慧东．印度航天政策与战略分析［J］．国际太空，2018（04）：41-46.
[27] 何慕彦．国外航天管理机构和体制简介［J］．中外科技信息，1992（03）：40-46.
[28] 何奇松．冷战后的美国太空控制战略［J］．江南社会学院学报，2010（02）：15-18，39.
[29] 何奇松．特朗普政府太空政策趋势分析［J］．上海交通大学学报（哲学社会科学版），2018，26（02）：25-33.
[30] 黑立相，杨晶．尴尬的登天之路日本航天工业现状［J］．国际展望，2007（13）：62-65.
[31] 惠仲阳，范唯唯．日本发布《航天产业展望2030》［J］．空间科学学报，2017，37（05）：516.
[32] 姜树凯，喻登科，蒲洪波，等．俄罗斯航天工业核心能力的特征［J］．中国航天，2011（10）：10-12.
[33] 雷凡培．发扬工匠精神　建设航天强国［J］．国防科技工业，2017（03）：20-22.
[34] 李华．初析1953—1964年苏联航天技术领先于世界的动因——兼评存在的问题［J］．自然辩证法研究，2000（06）：45-49.
[35] 李捷．中国共产党与两大历史任务［J］．中共党史研究，2011（07）：4-9.
[36] 林蔚然，高露．美国航天工业科研管理体制机制与调整措施［J］．中国航天，2007（06）：37-38.
[37] 林毅夫，刘培林．自生能力和国企改革［J］．经济研究，2001（09）：60-70.
[38] 刘登锐．中国航天科技工业的发展道路［J］．中国航天，1994（11）：6-10+12.
[39] 刘世定．嵌入性与关系合同［J］．社会学研究，1999（04）：77-90.
[40] 刘红星．VLS火箭与巴西航天工业［J］．航天工业管理，2003（10）：33-35.

[41] 刘卉．漫谈中国风筝艺术［J］．文艺争鸣，2011（06）：138-140.
[42] 刘继森，安玉峰．欧洲航天工业政策及对中国的启示［J］．军事经济研究，2006（09）：72-75.
[43] 刘莘．浅谈航天军品的无形价值［J］．中国总会计师，2013（11）：136-138.
[44] 李云．美俄欧航天军民商融合发展思路与措施研究［J］．卫星应用，2016（09）：12-17.
[45] 李志黎，陈炳文，刘文科．回顾历史展望未来发展中国航天事业［J］．中国软科学，1997（06）：93-96.
[46] 卢汉龙，李骏．社区建设的历史、现状与未来［J］．学习与实践，2005（11）：27-32.
[47] 马兴瑞．践行航天精神不断创造奇迹［J］．求是，2012（01）：52-53.
[48] 马兴瑞．中国航天的系统工程管理与实践［J］．中国航天，2008（01）：7-15.
[49] 孟晓雄，华宏勋，李保坤，等．美国航天质量管理模式综述［J］．中国航天，1995（08）：15-17+21.
[50] 庞之浩．印度航天工业发展的启示（上）［J］．中国航天，1995（09）：16-19.
[51] 庞之浩．印度航天工业发展的启示（下）［J］．中国航天，1995（10）：20-23.
[52] 戚发轫．中国航天发展历程与启示——2009年空间环境与材料科学论坛大会报告［J］．航天器环境工程，2010（01）：5-12+5.
[53] 钱学森，许国志，王寿云．组织管理的技术——系统工程［J］．上海理工大学学报，2011（06）：520-525.
[54] 裘王．欧洲航天工业的发展概况［J］．中国航天，1993（02）：12-14.
[55] 申世光，何立萍，张宇．国外航天工业发展的规律和特点［J］．国防科技工业，2007（03）：58-61.
[56] 申世光，何立萍，张宇．国外航天企业的经营机制模式［J］．国防科技工业，2007（04）：60-63.
[57] 申世光，何立萍，张宇．市场经济条件下国外航天工业体制分析［J］．中国航天，2006（10）：18-21.
[58] 沈志华．印度国防科技工业的发展及其启示［J］．军事经济研究，1999

（09）：76–79.

［59］ 石卫平，何继伟．俄罗斯航天发展战略与管理体制的调整［J］．航天工业管理，2001（03）：28–29+36.

［60］ 孙广勃．俄罗斯航天计划的基本情况［J］．中国航天，1994（06）：20–23.

［61］ 孙捷．美国军事航天现状及问题［J］．中国航天，1994（02）：17–21.

［62］ 孙金城，朱长生，赵宏天．日本的导弹与航天工业［J］．现代兵器，1993（02）：39–41.

［63］ 孙薇，仝爱莲．浅析美国航天军民两用高技术产业化特点［J］．中国航天，2007（10）：11–12.

［64］ 孙雅平．欧空局未来 30 年航天发展计划［J］．导弹与航天运载技术，2008（05）：38.

［65］ 田军，关琳．美国航天司令部及其发展计划［J］．中国航天，1993（03）：16–19.

［66］ 田松．科学人类学：一个正在发展的学术领域［J］．云南社会科学，2006（03）：78–82.

［67］ 田毅鹏．转型期中国社会原子化动向及其对社会工作的挑战［J］．社会科学，2009（07）：71–75+189.

［68］ 王国语，蒋天舒．美国航天管理体制［J］．中国航天，2013（10）：44–49.

［69］ 王永生，赵东明．俄罗斯航天机构艰难改革路［J］．国际太空，2014（05）：57–64.

［70］ 吴艳华．加快航天强国建设步伐　助力中国梦早日实现［J］．紫光阁，2016（12）：34–35.

［71］ 吴玉军．共同体的式微与现代人的生存［J］．浙江社会科学，2009（11）：54–60+126–127.

［72］ 肖武平．日本航天能力发展评估［J］．国际太空，2018（12）：28–33.

［73］ 新华社．巴西航天技术发展 30 年［J］．世界科技研究与发展，2000（06）：90.

［74］ 徐福祥．中国 48 颗人造地球卫星的成长历程［J］．中国国情国力，2001（04）：46–48.

［75］ 徐菁．加速实现航天强国梦是我们的历史使命——专访中国航天科技集

团公司高级技术顾问王礼恒院士［J］. 中国航天，2015（08）：3-7.
［76］徐明钊，于国娟，王雪梅，王君，李虹. 中外航天管理体制比较及对中国航天的启示［J］. 现代商业，2018（12）：74-75.
［77］徐映霞. 2014 年世界航天器发射统计分析［J］. 国际太空，2015（02）：5-18.
［78］徐映霞. 2015 年全球航天器发射统计分析［J］. 国际太空，2016（02）：2-8.
［79］徐映霞. 2016 年全球航天器发射统计与分析［J］. 国际太空，2017（02）：2-7.
［80］姚中秋. 中国之道与中国思想之创发［J］. 探索与争鸣，2014（03）：48-53.
［81］袁家军. 中国航天系统工程与项目管理的要素与关键环节研究［J］. 宇航学报，2009（02）：428-431.
［82］原宙，平章起. 价值观念多元化境遇下的主流意识形态认同探析［J］. 毛泽东思想研究，2015（02）：142-145.
［83］张国航. "零缺陷"的逆向风险与控制［J］. 中国国际财经（中英文），2016（24）：167-171.
［84］张国航. 井冈山精神与航天事业的启示——浅析航天事业对井冈山精神的传承发展［J］. 井冈山大学学报（社会科学版），2019，40（03）：25-30.
［85］张国航. 论国防科技工业人才管理机制的改革方向［J］. 管理观察，2017（02）：30-32.
［86］张京男. 俄罗斯航天国家集团公司成立的影响与分析［J］. 国际太空，2015（09）：7-12.
［87］张铃. 工程与技术关系的历史嬗变［J］. 科技管理研究，2010（13）：294-298.
［88］张旗. 中国航天工业企业改革与发展的战略研究［J］. 上海企业，2005（02）：21-24.
［89］张庆伟. 发展中的中国航天［J］. 中国航天，2007（08）：3-8+10.
［90］张万周. 俄罗斯的航天事业体制［J］. 中国航天，1994（03）：17-20.
［91］张向东. 主体间性、深层解释学与自我的确定性——哈贝马斯对个体性建构的研究［J］. 河南大学学报（社会科学版），2012（04）：20-25.

［92］张杨．试论艾森豪威尔政府时期的美国外层空间政策［J］．世界历史，2004（05）：68-74.

［93］张英达．苏联解体前后的空间事业状况［J］．中国航天，1992（07）：12-14.

［94］张卓，任盈盈，朱会保．世界航空航天工业发展趋势及启示［J］．航空科学技术，2012（02）：72-76.

［95］中国航天科技集团公司．中国航天科技集团公司关于加快推动我国成为世界航天强国行动纲领（2013~2020）［J］．中国航天，2013（02）：10-12.

［96］中国航天科技集团公司党组．走自主创新之路实现中国航天事业跨越发展［J］．中国航天，2006（11）：3-7.

［97］周笑非．美国航天工业对经济的贡献以及对中国航天工业的启示［J］．现代商贸工业，2007（05）：21-22.

［98］朱鲁青，宋轶姝．印度航天发展战略一瞥［J］．国际太空，2015（07）：58-61.

［99］朱毅麟．世界航天强国排行榜［J］．中国航天，2006（04）：20-23+28.

［100］佐林．华盛顿的争吵［J］．世界知识，1958（06）：14-15.

（三）会议论文

［1］曹继玉．中国航天高科技企业文化建设研究［A］．见：国防科技工业军工文化建设协调小组．军工文化论文集［C］．北京：北京理工大学出版社 2006 年版：8.

［2］崔尔杰．坚持自主创新，推动航空航天科技产业发展［A］．见：中国生产力协会秘书处．追求持续地发展生产力——第 14 届世界生产力大会论文集［C］．北京：中国统计出版社 2007 年版：3.

［3］王礼恒，王春河．于我国航天事业发展的几点哲学思考［A］．见：中国工程院、中国自然辩证法研究会．“工程科技论坛”暨首届中国自然辩证法研究会工程哲学委员会学术年会工程哲学与科学发展观论文集［C］. 北京：中国自然辩证法研究会 2004 年版：5.

［4］王鹏，石春生，敬峥．我国航天企业组织创新路径优化模型研究［A］．见：中国工程院．中国工程科技论坛第 123 场——2011 国防科技工业科学发展论坛论文集［C］．北京：中国工程院 2011 年版：6.

［5］王永志．钱学森在中国导弹航天事业中的科学成就［A］．见：宋健．钱

学森科学贡献暨学术思想研讨会论文集［C］．北京：中国科学技术出版社 2001 年版：8.
［6］ 中国航天科技集团公司党群工作部．毛泽东独立自主思想指引中国航天事业跨越发展［A］．见：全国党的建设研究会．毛泽东党建思想暨党的群众路线理论研讨会交流论文［C］．北京：全国党的建设研究会 2014 年版：6.
［7］ 中国航天科技集团公司党组．高举改革开放旗帜助推航天事业腾飞［A］．见：中共中央组织部、全国党的建设研究会．改革创新铸辉煌——纪念改革开放 30 周年党的建设和组织工作理论研讨会论文集［C］．北京：中共中央组织部、全国党的建设研究会 2008 年版：7.

（四）中文报刊

［1］ 李克强．全面建成小康社会新的目标要求［N］．人民日报，2015-11-6（3）.
［2］ 钱学森．现代科学技术［N］．人民日报，1977-12-9（2）.
［3］ 人民日报．外国舆论评述我发射试验通信卫星　中国进入了实用卫星时代［N］．人民日报，1984-4-20（6）.
［4］ 任仲平．以信仰之光照亮奋斗之路［N］．人民日报，2016-6-29（1）.
［5］ 吴燕生．始终保持如履薄冰、如临深渊的风险意识　始终保持质量是政治、质量是生命的质量意识［N］．中国航天报，2019-09-25（1）.
［6］ 新华社．习近平在全国国有企业党的建设工作会议上强调坚持党对国有企业的领导不动摇开创国有企业党的建设新局面［N］．人民日报，2016-10-12（1）.
［7］ 新华社．张爱萍就试验通信卫星发射成功发表谈话：我国运载火箭和卫星通信技术进入世界先进水平［N］．人民日报，1984-4-20（3）.
［8］ 张雪松．这些年，欧空局也是蛮拼的［N］．中国航天报（飞天科普周刊），2015-1-31（1）.

（五）英文文献

［1］ A CORALLO，M LAZOI，A MARGHERITA. Optimizing competence management processes：a case study in the aerospace industry［EB/OL］：http：//dx. doi. org/10. 1108/14637151011035615，2016-10-25.
［2］ C ROSE-ANDERSSEN，J BALDWIN，K RIDGWAY，P ALLEN，E VARGA. Knowledge transformation，learning and changesgiving competitive advantage in

aerospacesupply chains [M] . Knowledge Transformation, Learning and Changes Giving Competitive Advantage in Aerospace Supply Chains [M] . E: CO, 2009. 2 (11): 15-29.

[3] D MOCENCO. Management strategies in the aerospace industry: the boeing company [M] . Incas Bulletin, 2015. 1 (7): 111-119.

[4] J HAGEN. The viking and vanguard [M] . Technology and Culture, 1963 (4): 435-451.

[5] L CUCIT, A NOSELLA, G PETRONI, C VERBANO. Management and organizational models of the european spaceagencies: the results of an empirical study [M] . Technovation, 2004 (24): 1 - 15.

[6] M CANTAMESSA, F MONTAGNA, P NEIROTTI. Understanding the organizational impact of PLM systems: evidencefrom an aerospace company [EB/OL]: http://dx. doi. org/10. 1108/01443571211208623, 2016-10-25.

[7] PR NEWSWIRE. United technologies announces changes to aerospace leadership and organizational structure. [EB/OL]: http://www. prnewswire. com/news-releases/united-technologies-announces-changes-to-aerospace-leadership-and-organizational-structure-300021543. html, 2016-10-25.

[8] T BURGESS, D MCKEE, C KIDD. Configuration management in theAerospace Industry: a Review of Industry Practice [EB/OL]: http://dx. doi. org/10. 1108/01443570510581880,, 2016-10-25.

(六) 其他

[1] 新华网：俄探测器变轨失败或坠地球搭载中国“萤火一号”[EB/OL]: http://news. xinhuanet. com/mil/2011-11/12/c_ 122269565. htm, 2011-11-12.

[2] 新华网：高景一号商业遥感卫星成功发射　我国首颗中学生科普小卫星搭载发射 [EB/OL]: http://news. xinhuanet. com/mil/2016-12/28/c_129423564. htm, 2016-12-28.

[3] 新华网 . 习近平接见天宫一号与神舟十号载人飞行任务参研参试单位代表 [EB/OL]: http://news. xinhuanet. com/video/2013 - 06/12/c _124846399. htm, 2013-6-12.

[4] 新华网 . 习近平同神舟十号航天员亲切通话 [EB/OL]: http://news. xinhuanet. com/politics/2013-06/24/c_ 116271117. htm, 2013-6-24.

[5] 新华网. 中央经济工作会议举行习近平李克强作重要讲话[EB/OL]: http://www.xinhuanet.com/fortune/2017-12/20/c_1122142392.htm, 2017-12-20.

[6] 张国航. 传承航天精神, 建设航天强国. [EB/OL]: http://theory.gmw.cn/2019-07/26/content_33032128.htm, 2019-7-26.

[7] 赵长海. 北京市地铁四号线环境振动实测与数值分析. [EB/OL]: http://www.doc88.com/p-5109893946907.html, 北京大学硕士论文 2012年, 2016-12-31.

[8] 中国政府网. 习近平会见探月工程嫦娥四号任务参研参试人员代表[EB/OL]: http://www.gov.cn/xinwen/2019-02/20/content_5367237.htm, 2019-2-20.

[9] 中华人民共和国国务院新闻办公室.《2016 中国的航天》白皮书[EB/OL]: http://www.gov.cn/xinwen/2016-12/27/content_5153378.htm, 2016-12-27.

[10] NASA 官方网站. [EB/OL]: http://www.nasa.gov, 2019-9-30.

[11] ESA 官方网站. [EB/OL]: http://www.eas.int, 2019-9-30.

[12] 中国航天报. 吴燕生接受《中国航天报》记者专访. [EB/OL]: http://www.jmrhchina.org.cn/news/274.html, 2018-9-7.

[13] 中国航天科技集团公司官方网站. [EB/OL]: http://www.spacechina.com, 2020-6-30.

[14] 中国航天科工集团公司官方网站. [EB/OL]: http://www.casic.com.cn, 2020-6-30.

[15] 中国空间技术研究院官方网站. [EB/OL]: http://www.cast.cn, 2020-6-30.

附录　中国航天取得的部分重要成就[①]

序号	时间	事件
第一阶段:1956 年 10 月—1970 年 4 月,解决导弹研制、卫星上天的问题		
1	1956 年 10 月 8 日	国防部第五研究院成立,中国航天事业由此发端
2	1960 年 2 月 19 日	中国自行设计制造的 T-7M 试验型液体探空火箭首次发射成功
3	1960 年 9 月 13 日	T-7 液体燃料探空火箭第二次发射成功,之前 7 月 1 日首次发射失利
4	1960 年 11 月 5 日	中国首枚导弹东风一号首次飞行试验成功
5	1963 年 6 月 7 日	中国仿制的第一发红旗一号模型弹(代号“543”)发射成功,第二发于 7 月 2 日发射成功
6	1964 年 4 月 29 日	中国仿制的红旗一号首次打靶飞行试验成功,9 月 10 日定型飞行试验成功
7	1964 年 6 月 29 日	中国自行设计研制的东风二号中近程液体导弹经过 1962 年 3 月 21 日发射失利后,终于成功完成首次飞行试验,标志着中国已经成功走上导弹自行研制的道路
8	1964 年 7 月 19 日	中国首枚生物试验火箭 T-9A 成功发射并回收,中国迈出了宇宙生物学的第一步
9	1965 年 1 月 10 日	中国导弹部队使用改进了雷达的红旗一号导弹武器系统,在华北地区上空击落一架美制 U-2 飞机,这是红旗一号首次取得实战胜利
10	1965 年 11 月 13 日	在东风二号导弹基础上,改进研制的东风二号甲中近程导弹首次飞行试验成功,为运载核弹头创造了条件

① 本表仅选取并条列源自公开资料的、具有突破性或重大影响力的代表性事件，时间范围为 1956 年 10 月 8 日至 2019 年 12 月 31 日。其中，1956—2015 年的数据主要整理自《中国航天事业的 60 年》一书。2016—2019 年的资料，以介绍航天科技集团的成就为主，详见航天科技集团官网“大事记”栏目（http：//www.spacechina.com/n25/n142/n152/n176/index.html），并综合引据其他公开渠道的媒体报道、资料等。

续表

序号	时间	事件
11	1966 年 7 月 15 日	第二枚 T-7A 生物(小狗“小豹”)火箭发射成功。7 月 28 日,第二次载小狗“珊珊”的 T-7A 生物火箭发射也取得圆满成功
12	1966 年 10 月 27 日	中国成功用东风二号甲中近程导弹进行了“两弹结合”试验,表明中国已具有战略威慑能力,打破了美国、苏联两个超级大国的核垄断
13	1966 年 12 月 26 日	中国首个独立研制的全新作战武器——新型地地中程导弹东风三号首次飞行试验基本成功
14	1967 年 9 月 29 日	中国研制的海鹰二号岸舰导弹首次飞行试验成功
15	1967 年 10 月 21 日	中国研制的海鹰一号岸舰导弹首次飞行试验成功
16	1967 年 12 月 28 日	和平四号气象火箭首次发射,并执行核爆炸取样任务;该型火箭共生产 18 发,其中 14 发执行核爆炸试验取样探测任务
17	1968 年 8 月 8 日	T-7A 与一个固体火箭组成三级气象火箭成功发射,飞行高度达 311 千米,这是中国首次成功发射三级探空火箭
18	1969 年 9 月 21 日	和平五号取样火箭发射试验,29 日首次用于核爆炸试验取样;该型火箭共生产 39 发,其中 35 发用于核爆炸取样任务
19	1970 年 1 月 30 日	中国自行研制的第一枚中远程两级地地导弹东风四号第二发遥测弹飞行试验成功(之前于 1969 年 11 月 16 日首飞试验失利)
20	1970 年 4 月 24 日	长征一号运载火箭成功发射中国首颗人造地球卫星东方红一号,标志着中国从此进入了空间时代。
第二阶段:1970 年 4 月—1984 年 4 月,解决运载提升、卫星应用的问题		
21	1971 年 3 月 3 日	中国首颗科学探测与技术试验卫星实践一号成功发射,在轨运行 8 年多
22	1971 年 9 月 10 日	东风五号○一批第一发遥测弹进行低弹道飞行试验,获得基本成功
23	1971 年 11 月 15 日	东风四号第二发遥测弹全程遥测弹飞行试验成功
24	1972 年 8 月 10 日	风暴一号飞行试验火箭发射试验基本成功,该火箭设计用以发射重型卫星

续表

序号	时间	事件
25	1975 年 7 月 26 日	风暴一号运载火箭第三次发射长空一号卫星获得首次成功,12 月 16 日和 1976 年 8 月 30 日又有两颗长空一号卫星分别发射成功
26	1975 年 11 月 26 日	长征二号运载火箭成功发射中国第一颗返回式遥感卫星,回收舱于 11 月 29 日按预定计划返回地面,中国成为继苏联、美国之后世界上第三个掌握卫星回收技术的国家
27	1976 年 12 月 7 日	长征二号运载火箭再次成功发射返回式遥感卫星,12 月 10 日返回舱成功按要求返回地面
28	1980 年 5 月 18 日	中国向南太平洋预定海域成功地发射了远程试验运载火箭
29	1981 年 9 月 20 日	中国用一枚火箭发射实践二号、实践二号甲、实践二号乙,"一箭三星"任务成功,中国成为继苏联美国、欧洲空间局之后世界上第四个掌握"一箭多星"技术的国家
30	1982 年 10 月 12 日	中国成功地由潜艇在水下向太平洋海域发射了固体燃料的潜地弹道导弹,填补了中国水下机动发射战略导弹的空白,中国成为世界上第五个掌握水下发射弹道导弹技术的国家
31	1984 年 4 月 8 日	长征三号运载火箭成功发射中国首颗地球静止轨道通信卫星东方红二号
第三阶段:1984 年 4 月—1999 年 11 月,解决工程能力全面提升的问题		
32	1984 年 10 月 1 日	东风三号、东风四号、东风五号、巨浪一号、红旗二号、鹰击八号、红缨五号等导弹武器亮相建国 35 周年盛大阅兵式,第一次接受党和国家领导人的检阅,展示中国导弹武器研制的巨大成就
33	1985 年 10 月 21 日	中国首颗用于国土普查的返回式卫星发射成功,于 10 月 26 日返回地面,照相情况良好,获得中国国土资源、地形地貌等资料
34	1986 年 2 月 1 日	长征三号运载火箭将第一颗东方红二号实用通信卫星准确送入预定轨道,2 月 20 日卫星在 103°E 赤道上空定点
35	1986 年 6 月 21 日、7 月 2 日、7 月 4 日	红旗六十一号陆用型导弹进行了定型飞行试验,分别对低近、低远、中空机动三个空域点打长空一号靶机,圆满成功
36	1987 年 8 月 5 日	长征二号丙运载火箭成功发射第 9 颗返回式卫星,搭载了法国马特拉公司微重力试验装置,这是中国首次进行卫星搭载科学试验,8 月 10 日卫星顺利回收

续表

序号	时间	事件
37	1988 年 3 月 7 日	长征三号第四发运载火箭成功发射第一颗东方红二号甲实用通信卫星。第二颗、第三颗分别于 1988 年 12 月 22 日、1990 年 2 月 4 日成功发射
38	1988 年 9 月 7 日	新研制的大型运载火箭长征四号甲成功发射中国首颗气象卫星——风云一号太阳同步轨道气象卫星，中国正式拥有气象卫星，成为第三个能够独立发射太阳同步轨道卫星的国家
39	1988 年 11 月 17 日	澳大利亚卫星公司正式宣布用中国长征二号捆绑式运载火箭为其发射卫星
40	1989 年 11 月 25 日	东风十五号首发飞行试验圆满成功
41	1990 年 4 月 7 日	长征三号运载火箭将亚洲一星卫星送入预定轨道，这是中国首次成功完成为国外发射商用卫星的服务
42	1990 年 7 月 16 日	长征二号捆绑式运载火箭进行首飞试验，并将搭载的巴基斯坦 DADR-A 卫星送入预定轨道
43	1990 年 9 月 3 日	长征四号甲运载火箭成功发射风云一号气象卫星 B 星/大气一号 A、B 星
44	1992 年 8 月 9 日	长征二号丁运载火箭首次成功发射一颗新型返回式科学探测和技术试验卫星
45	1992 年 8 月 14 日	长征二号捆绑式运载火箭成功发射澳星 B1，表明中国具备了发射大型卫星的能力，运载火箭技术达到国际先进水平
46	1992 年 10 月 6 日	长征二号丙运载火箭“一箭双星”成功发射第十四颗返回式遥感卫星和瑞典空间公司的弗利亚科学探测卫星
47	1994 年 2 月 8 日	长征三号甲运载火箭首次发射成功，为中国发射新一代通信卫星创造了条件
48	1994 年 7 月 21 日	长征三号运载火箭成功发射亚太通信卫星有限公司的亚太一号通信卫星
49	1995 年 11 月 28 日	长征二号捆绑式运载火箭成功发射美国马丁公司研制的 NN-7000 型亚洲二号通信卫星，此次任务为中国运载火箭与上面级开展的商业发射服务开辟了新途径
50	1995 年 12 月 28 日	长征二号捆绑式运载火箭成功发射美国制造的艾科斯达一号通信卫星

续表

序号	时间	事件
51	1997 年 5 月 12 日	长征三号甲运载火箭成功发射中国新一代广播通信卫星东方红三号,中国通信卫星技术跨上一个新台阶
52	1997 年 6 月 10 日	长征三号甲运载火箭成功发射中国第一代地球静止轨道气象卫星风云一号,中国成为第五个能自行研制和发射地球静止轨道气象卫星的国家,达到了 20 世纪 90 年代同类卫星先进水平
53	1997 年 8 月 20 日	中国地球同步轨道运载能力最大的长征三号乙运载火箭成功发射美国制造的菲律宾马部海通信卫星。长三乙火箭的研制成功使中国地球同步转移轨道的运载能力提高到了 5.1 吨,中国火箭的运载能力跃居世界第四位
54	1997 年 9 月 1 日	长征二号丙改进型运载火箭成功发射两颗美国摩托罗拉公司的“铱星”模拟星,之后又以“一箭双星”的方式成功发射六次十二颗“铱星”
55	1999 年 5 月 10 日	首发长征四号乙运载火箭成功发射一颗风云一号卫星并搭载发射中国第一颗采用公用平台技术研制的实践五号小卫星,开辟了中国业务气象卫星新时代
56	1999 年 10 月 1 日	中国航天两大集团公司承担研制的多型地地导弹、地空导弹、舰空导弹、舰舰导弹等阅兵装备,包括陆、海、空三军新型导弹群,亮相国庆 50 周年盛大阅兵,接受了党和国家领导人及全国人民的检阅
57	1999 年 10 月 14 日	长征四号乙运载火箭成功发射中国与巴西合作的中巴资源一号 01 星和一颗巴西小卫星。中巴资源一号卫星是中国主导研制的第一颗高速传输型对地遥感卫星,其成功结束了中国没有陆地资源卫星的历史,并开创了发展中国家航天高科技领域技术合作的先例,被誉为“南南合作”的典范
58	1999 年 11 月 20 日	神舟一号试验飞船利用长征二号 F 新型运载火箭发射升空,并于 11 月 21 日成功着陆,实现了预定的“争八保九”(1998 年或 1999 年实现首次发射)奋斗目标,中国航天技术又上一个新台阶
第四阶段:1999 年 11 月—2013 年 12 月,解决成为航天大国的问题		
59	2000 年 10 月 31 日	北斗一号导航试验卫星 01 星发射成功
60	2001 年 1 月 10 日	神舟二号无人飞船成功发射
61	2002 年 3 月 25 日	神舟三号无人飞船成功发射

续表

序号	时间	事件
62	2002年5月15日	中国首颗海洋探测卫星海洋一号A卫星成功发射,结束了中国没有海洋卫星的历史
63	2002年12月30日	神舟四号无人飞船成功发射
64	2003年12月15日	中国第一代卫星导航系统正式开通运行,成为继美国和苏联/俄罗斯之后世界上第三个能自行研制发射导航卫星的国家
65	2003年10月15日	神舟五号载人飞船成功发射,将中国第一名航天员杨利伟送上太空。飞船于次日在内蒙古四子王旗安全着陆,杨利伟自主出舱,状态良好。这标志着中国成为世界上第三个能独立开展载人航天活动的国家
66	2005年10月12日	神舟六号载人飞船升入太空,费俊龙、聂海胜两位航天员在太空遨游5天。此次飞行任务是中国第一次真正意义上的有人参与的空间科学实验活动,实现了从“一人一天”到“多人多天”航天飞行的重大跨越
67	2006年9月9日	实践八号育种卫星成功发射,这是中国第一颗专门服务于农业科技、应用于航天育种的返回式卫星。至此,中国共发射了23颗返回式卫星,成功回收22颗,回收成功率居世界前列
68	2006年10月29日	鑫诺二号卫星成功升空,这是基于东方红四号大型静止轨道卫星公用平台研制的首颗中国新一代大容量通信广播卫星,开创了中国卫星通信的新局面,缩小了中国与世界先进水平的差距
69	2007年3月1日	风云二号D星在2006年12月8日成功发射后,正式投入业务运行,与风云二号C星共同实现多星并行观测,使中国气象探测能力达到国际先进水平
70	2007年4月14日	第一颗北斗导航卫星成功发射
71	2007年5月14日	采用东四平台的尼日利亚通信卫星成功发射,中国实现整星出口“零的突破”,也是中国以火箭、卫星及发射支持的整体方式,为国际用户提供商业卫星发射服务的首次实践
72	2007年6月1日	长征三号甲运载火箭成功在西昌卫星发射中心点火升空,成功发射鑫诺三号卫星,这也是长征系列运载火箭的第100次发射,使中国成为世界上第四个主力品牌火箭发射达到百次的国家

续表

序号	时间	事件
73	2007 年 10 月 24 日	中国自行研制的首颗绕月探测卫星嫦娥一号成功发射，卫星于 11 月 5 日进入绕月轨道，11 月 7 日进入环月工作轨道并传回月球三维影像，11 月 26 日第一幅月球图片公开亮相，这标志着中国跨入具有深空探测能力的国家行列
74	2008 年 5 月 27 日	中国新一代极轨气象卫星风云三号 A 星成功发射并于次年 1 月 12 日交付中国气象局投入使用。风云三号实现了中国气象卫星从单一遥感成像到地球环境综合探测、从光学遥感到微波遥感、从千米级分辨率到百米级分辨率、从国内接收到极地接收的四大技术突破
75	2008 年 9 月 6 日	环境与灾害监测预报小卫星星座 A、B 星成功发射，中国建立了首个环境与灾害监测预报小卫星星座，为完善灾害监测、预警、评估、应急救助指挥体系提供了重要平台
76	2008 年 9 月 25 日	神舟七号载人飞船成功发射，搭载翟志刚、景海鹏、刘伯明三位航天员，翟志刚首次完成了太空行走任务，迈出了中国人在太空活动的第一步。中国成为世界上第三个独立掌握太空出舱技术的国家
77	2008 年 10 月 30 日	中国制造的委内瑞拉通信卫星一号成功发射，这是中国首次向拉丁美洲用户提供整星出口和在轨交付服务。卫星在轨交付十多年来表现稳定，促进委内瑞拉经济社会发展，造福周边国家和地区，使东方红四号平台在国际市场赢得肯定
78	2009 年 10 月 1 日	两大航天集团的 16 个型号战略导弹和战术导弹亮相国庆六十周年盛大阅兵式接受检阅，涉及陆、海、空和第二炮兵四个军兵种，标志着中国导弹武器装备实力与水平的显著提高
79	2010 年 10 月 1 日	嫦娥二号月球探测卫星成功发射，经过数次制动与变轨，10 月 27 日至 29 日完成对月面虹湾局部区域高分辨率成像拍照。2011 年 4 月 1 日完成预定飞行任务和科学探测后开始拓展试验
80	2011 年 8 月 16 日	中国首颗海洋动力环境探测卫星海洋二号成功发射
81	2011 年 8 月 25 日	嫦娥二号卫星在拓展试验中，飞抵距离地球 150 万千米的深空，并绕日地拉格朗日点稳定运行，中国成为继美、欧之后世界上第三个在这一特殊空间上进行科学探测的国家
82	2011 年 9 月 29 日	天宫一号目标飞行器成功发射

续表

序号	时间	事件
83	2011年11月1日	神舟八号飞船发射成功。11月3日,神舟八号与天宫一号开展首次空间无人自动交会对接任务,取得圆满成功。这标志着中国已突破和掌握空间交会对接技术,成为继美国、俄罗斯之后世界上第三个独立掌握航天器自动交会对接技术的国家
84	2012年1月9日	中国首颗高精度民用立体测绘卫星资源三号卫星成功发射
85	2012年6月16日	神舟九号载人飞船成功发射,景海鹏、刘旺、刘洋(女)进入太空。6月18日,天宫一号与神舟九号成功实现自动交会对接。6月24日实现手动交会对接,中国成为世界上第三个独立自主、全面掌握交会对接技术的国家
86	2012年7月25日	天链一号03星成功发射,与2008年4月25日、2011年7月11日先后发射成功的01星、02星实现全球组网,中国成为世界上第二个实现中继卫星全球组网的国家
87	2012年9月29日	中国首次向国际用户出口的遥感卫星——委内瑞拉遥感卫星一号成功发射
88	2012年10月25日	第16颗北斗导航卫星进入预定轨道,中国北斗导航工程区域组网顺利完成
89	2012年12月13日	嫦娥二号在拓展试验中,在距离地球702万千米处与编号“4179”的图塔蒂斯小行星交会,实现中国首次对小行星飞越探测,在世界上首次实现对该小行星的近距离光学成像,也使中国成为世界上第四个实现小行星探测的国家。到2014年年中,嫦娥二号卫星距地球飞行距离突破1亿公里,刷新中国深空探测新高度
90	2012年12月27日	国务院新闻办公室宣布:北斗卫星导航系统正式提供区域服务
91	2013年4月26日	“高分辨率对地观测系统重大专项”首颗星高分一号卫星成功发射,并于12月30日投入使用
92	2013年6月11日	神舟十号载人飞船成功发射,聂海胜、张晓光、王亚平(女)进入太空。20日,由王亚平主讲的中国首次太空授课活动成功举行。26日飞船返回舱安全着陆,航天员健康出舱。这是中国载人天地往返运输系统的首次应用性飞行,其圆满成功标志着中国载人航天“三步走”战略第二步第一阶段顺利完成

续表

序号	时间	事件
93	2013 年 9 月 23 日	风云三号 C 极轨气象卫星成功发射,并于 2014 年 5 月 5 日交付中国气象局使用,标志着中国第二代极轨气象卫星首发业务星具备业务运行能力,实现了由试验应用型向业务服务型的转变
94	2013 年 12 月 2 日	嫦娥三号月球探测器成功发射,14 日在月球虹湾实现软着陆,15 日成功进行着陆器与巡航器互拍成像。25 日、26 日,嫦娥三号着陆器、玉兔号巡视器月球车分别完成首次月夜休眠装置。2014 年 1 月 11 日、12 日,玉兔号月球车与着陆器先后资助唤醒,安全度过首个月夜,经受了长达 14 个地球日的极低温环境考验,标志着中国成功突破了探测器月夜生存技术。2014 年 1 月 14 日,嫦娥三号巡视器对月壤成功实施首次月面科学探测
第五阶段:2014 年 1 月以来,解决建设航天强国的问题		
95	2014 年 8 月 19 日	高分二号卫星成功发射,卫星获取的 0.8 米分辨率光学图像使中国民用遥感图像进入亚米级;卫星于 2015 年 3 月 6 日交付用户单位并正式投入使用
96	2014 年 10 月 24 日	探月工程三期再入返回飞行试验器发射成功并准确进入地月轨道;11 月 1 日成功返回;这标志着中国探月工程三期再入返回飞行试验取得圆满成功,突破了以接近第二宇宙速度高速再入返回地球重大关键技术,为探月工程三期采样返回奠定了坚实的技术基础
97	2014 年 11 月 21 日	快舟小型运载火箭成功发射由哈尔滨工业大学研制的快舟二号卫星,卫星将主要用于突发灾害监测等领域
98	2014 年 12 月 7 日	长征四号乙运载火箭将中巴地球资源卫星 04 星准确送入预定轨道。这是中国长征运载系列运载火箭的第 200 次发射
99	2015 年 3 月 30 日	北斗卫星导航系统第 17 颗卫星成功发射,标志着北斗卫星导航系统由区域运行向全球拓展的启动实施
100	2015 年 4 月 27 日	中国自主开发的新一代地球同步轨道卫星平台东方红五号卫星平台获得国家国防科工局和财政部立项批复,该平台具有“高承载、大功率、高散热、长寿命、可扩展”等特点,能力和技术指标均处于国际先进水平
101	2015 年 7 月 25 日	两颗新一代北斗导航卫星成功发射,并于 8 月 9 日首次实现星间链路建立,成功验证全球导航卫星星座自主运行技术

续表

序号	时间	事件
102	2015年8月26日	中国航天科技集团公司十一院研制的彩虹-5无人机圆满完成首次飞行试验,标志着中国最大的活塞动力中空长航时无人机系统研制成功
103	2015年9月3日	在中国首次举行的抗战胜利日大阅兵上,中国航天科技集团公司共有十余种型号、近百辆装备车辆受阅,装备涉及舰空导弹、地空导弹、常规导弹、核常兼备导弹、核导弹以及无人机等领域,涵盖各军兵种。中国航天科工集团公司以超过总地面装备方队三分之一占比、导弹装备近三分之二占比的共计11型装备、4型专用车辆参加阅兵式,涵盖地面突击、防空反导、海上攻防等作战体系,覆盖“空海陆”“远中近”“高中低”各区域,构筑起中国新一代防务对抗体系
104	2015年9月12日	中国首颗通信技术试验系列卫星——通信技术试验卫星一号成功发射,卫星主要用于开展Ka频段宽带通信技术试验
105	2015年9月20日	中国全新研制的长征六号运载火箭成功将20颗卫星发射升空,卫星顺利进入预定轨道,开创了中国一箭多星的新纪录。这也是中国新一代运载火箭的首次发射,其首飞成功标志着中国在无毒无污染运载火箭领域的关键技术取得重大突破,对于完善中国运载火箭型谱、提升进入空间能力,具有重大意义
106	2015年9月25日	中国新型运载火箭长征十一号成功将4颗微小卫星送入太空。长征十一号是中国新型四级固体运载火箭,其成功标志着中国在固体运载火箭领域关键技术上取得重大突破,对于完善中国运载火箭型谱、提升进入空间能力,具有重要意义
107	2015年10月7日	吉林一号商业卫星利用长征二号丁运载火箭成功发射升空,标志着中国航天遥感应用领域商业化、产业化发展迈出重要一步
108	2015年10月17日	亚太九号通信卫星成功发射,这是中国首次向国际成熟运营商提供通信卫星在轨交付服务
109	2015年11月21日	中国制造的老挝一号卫星成功发射,这是中国向东盟国家和地区出口的首颗卫星
110	2015年12月17日	暗物质粒子探测卫星“悟空”成功发射,并顺利进入预定转移轨道,标志着中国空间科学探测研究迈出重要一步

续表

序号	时间	事件
111	2016 年 1 月 16 日	由中国制造的白俄罗斯通信卫星成功发射,中国首次向欧洲市场出口卫星
112	2016 年 4 月 6 日	中国首颗微重力科学实验卫星——实践十号返回式科学实验卫星成功发射
113	2016 年 4 月 24 日	中国从 2016 年起,将每年的 4 月 24 日设立为“中国航天日”
114	2016 年 6 月 25 日	长征七号运载火箭首飞,标志着文昌航天发射场正式投入使用;火箭搭载的多用途飞船缩比返回舱 6 月 26 日成功返回,任务圆满成功
115	2016 年 7 月 22 日	鑫诺卫星公司北美 2 号主站暨北太平洋航线卫星通信服务正式开通,宣告中国第一个自主可控的卫星宽带全球服务网正式组网成功,真正实现“海星通,通全球”
116	2016 年 8 月 6 日	中国卫星移动通信系统首发星——天通一号 01 星成功发射,填补了中国在移动卫星通信领域的空白,被媒体称作“中国版海事卫星”
117	2016 年 8 月 10 日	中国首颗分辨率达到 1 米的 C 频段多极化合成孔径雷达(SAR)卫星——高分三号卫星成功发射,这也是国际上成像模式最多的合成孔径雷达卫星
118	2016 年 8 月 16 日	中国成功发射世界首颗量子科学实验卫星墨子号,标志着中国空间科学研究又迈出重要一步
119	2016 年 9 月 15 日	我国第一个空间实验室天宫二号发射升空,成功踏上太空旅程
120	2016 年 10 月 17 日	神舟十一号载人飞船搭载两名航天员景海鹏、陈冬成功升空。10 月 19 日,飞船与天宫二号空间实验室对接锁紧完成,自动交会对接取得圆满成功;11 月 18 日,飞船返回舱平安落地。本次任务首次实现了中国航天员中期在轨驻留,创造了中国航天员太空驻留时间的新纪录(33 天),并开展一批体现国际科学前沿和高新技术发展方向的空间科学与应用任务,标志着中国载人航天工程取得了新的重大进展
121	2016 年 11 月 3 日	中国新一代重型运载火箭长征五号,携带远征二号上面级和实践十七号卫星组合体发射成功。长征五号运载能力达到世界主流大型火箭水平,大幅提升了我国进入空间的能力
122	2016 年 12 月 11 日	中国新一代静止气象卫星风云四号 01 星成功发射,实现我国静止轨道气象卫星的升级换代和技术跨越

续表

序号	时间	事件
123	2016 年 12 月 28 日	长征二号丁运载火箭将高景一号商业遥感卫星成功发射升空,此次任务还搭载发射了我国首颗中学生科普小卫星——八一·少年行卫星
124	2017 年 4 月 12 日	中国首颗高通量通信卫星——实践十三号卫星成功发射,其通信总容量达 20 Gbit/s,超过我国已研制发射的通信卫星容量总和
125	2017 年 4 月 20 日	我国首艘货运飞船——天舟一号发射成功,打响了我国载人航天工程空间实验室任务收官之战;4 月 22 日,天舟一号货运飞船与天宫二号空间实验室顺利完成自动交会对接;4 月 27 日,天舟一号货运飞船与天宫二号空间实验室成功完成首次推进剂在轨补加试验(俗称“太空加油”),标志着天舟一号飞行任务取得圆满成功;6 月 15 日,第二次“太空加油”任务顺利完成;6 月 21 日,天舟一号按计划与天宫二号实施撤离,不再进行组合体飞行,进入独立运行阶段;9 月 12 日,天舟一号与天宫二号完成了第三次“牵手”,在短短 6.5 小时内实现了自主快速交会对接;9 月 16 日,第三次,也是离轨前最后一次推进剂在轨补加试验顺利完成;9 月 22 日,天舟一号受控离轨
126	2017 年 5 月 27 日	由中国航天科技集团公司六院研制的我国首台泵后摆火箭发动机首次试车获得圆满成功,使我国成为继俄罗斯之后第二个掌握泵后摆核心技术的国家
127	2017 年 6 月 15 日	中国首颗 X 射线空间天文卫星——“慧眼”通过长征四号乙运载火箭发射升空,与此一并发射的还有乌拉圭 NewSat-3 小卫星和珠海一号微纳卫星星座 2 颗首发卫星 OVS-1A 和 OVS-1B
128	2017 年 10 月 9 日	委内瑞拉遥感卫星二号发射成功
129	2017 年 11 月 5 日	北斗三号首发双星在长征三号乙/远征一号运载火箭的托举下顺利升空
130	2017 年 11 月 21 日	中国新一代运载火箭长征六号继 2015 年成功首飞后,首次执行商业发射任务,采用“一箭三星”的方式,将 3 颗吉林一号视频卫星准确送入预定轨道
131	2017 年 12 月 11 日	中国制造的阿尔及利亚一号通信卫星(阿星一号)成功发射

续表

序号	时间	事件
132	2018年1月9日	高景一号03、04星以一箭双星的方式成功发射，与同轨道的高景一号01、02星组网运行，标志着我国首个0.5米高分辨率商业遥感卫星星座首期正式建成
133	2018年2月2日	电磁监测试验卫星张衡一号发射成功，中国成为世界上少数拥有在轨运行高精度地球物理场探测卫星的国家之一
134	2018年5月4日	中国制造的亚太6C卫星成功发射，将用于亚太等地区的卫星通信和卫星广播服务，并在进一步提升亚太系列卫星通信服务功能的同时，为国家“一带一路”倡议提供更多支持，具有广阔的市场前景
135	2018年5月15日	中国自主卫星电话正式放号。我国进入卫星移动通信的“手机时代”，填补了国内自主移动通信系统的空白，打破依赖国外卫星移动通信服务的现状
136	2018年5月21日	嫦娥四号中继星鹊桥搭乘长征四号丙运载火箭成功发射，这是世界首颗运行于地月拉格朗日2点（简称地月L_2点）的通信卫星，将为嫦娥四号月球背面软着陆探测任务提供地月间的中继通信
137	2018年6月5日	我国第一代静止轨道气象卫星的最后一颗——风云二号H星成功发射，将与在轨的风云二号E、F、G星开展组网观测，对于保证我国两代静止轨道气象卫星业务接续有着重要意义
138	2018年7月9日	中国制造的巴基斯坦遥感卫星一号（简称巴遥一号）发射升空，此次发射任务同时搭载了巴基斯坦自主研制的一颗科学实验卫星——PAKTES-1A
139	2018年10月9日	长征二号丙运载火箭（及远征一号S上面级）成功发射遥感三十二号01组卫星，这也是远征一号S上面级的首次发射
140	2018年10月29日	中法航天合作的首颗卫星——中法海洋卫星在酒泉卫星发射中心实施发射
141	2018年12月7日	中国使用长征二号丁运载火箭成功将沙特-5A/5B卫星及10颗国内小卫星成功送入太空

续表

序号	时间	事件
142	2018年12月8日	嫦娥四号探测器成功发射;12月12日,飞行至月球附近并成功实施近月制动,顺利完成"太空刹车",被月球捕获,进入了近月点约100千米的环月轨道;12月30日,成功实施变轨控制,顺利进入预定的月球背面着陆准备轨道;2019年1月3日,成功着陆在月球背面南极-艾特肯盆地冯·卡门撞击坑的预选着陆区,月球车玉兔二号到达月面开始巡视探测,获取世界上第一张近距离拍摄的月背影像图并传回地面;1月11日,嫦娥四号着陆器与玉兔二号巡视器完成两器互拍,达到工程既定目标,标志着嫦娥四号任务圆满成功;1月15日,嫦娥四号上搭载的生物科普试验载荷发布了最新试验照片,显示试验搭载的棉花种子已经长出了嫩芽,这是人类在月面完成的首次生物试验
143	2018年12月22日	中国"虹云工程"首星发射升空
144	2018年12月27日	中国宣布北斗三号基本系统完成建设,自即日起提供全球服务,这标志着北斗系统服务范围由区域扩展为全球,北斗系统正式迈入全球时代
145	2018年12月29日	全球低轨卫星移动通信与空间互联网系统——鸿雁星座首颗试验星成功发射,星座建设全面启动。鸿雁星座由数百颗低轨卫星和全球数据业务处理中心组成,具有在复杂地形条件下的全球实时通信能力。2018年12月22日,虹云工程首星成功发射并进入预定轨道,这是我国首颗低轨宽带通信技术验证卫星,同时也是首次将毫米波相控阵技术应用于低轨宽带的通信卫星
146	2018年全年	中国航天全年发射次数达39次,超过美国的34次和俄罗斯的20次发射数量,首次位居世界第一,表明我国进入空间的能力和水平实现大幅提升。其中,长征系列运载火箭全年发射37次,以100%的发射成功率将100余颗(含搭载)航天器送入太空,年发射次数首次进入"30+"时代,创下我国航天发射年度发射次数的最高纪录
147	2019年1月21日	长征十一号固体运载火箭成功将吉林一号光谱01星、02星和2颗搭载星(天仪研究院的潇湘一号卫星、零重空间技术有限公司的灵鹊1A卫星)送入预定轨道,表明该火箭可为用户提供更快捷的商业发射服务。其中,灵鹊1A卫星是中国首个遥感星座计划的首发验证星

续表

序号	时间	事件
148	2019年3月10日	长征三号乙运载火箭成功将中星6C卫星发射升空，长征系列运载火箭完成第300次飞行任务。长征系列运载火箭从第1次发射到第100次发射用了37年，从第100次发射到第200次发射用了7年，从第200次发射到第300次发射仅用4年多时间
149	2019年3月31日	中国第二代地球同步轨道数据中继卫星的首颗星——天链二号01星成功发射
150	2019年4月20日	长征三号乙运载火箭成功完成北斗卫星导航系统第44颗卫星——北斗三号IGSO-1发射任务，由此，长征三号甲系列运载火箭（该系列由长征三号甲、长征三号乙、长征三号丙三型液体运载火箭组成）成功实现第100次发射，并成为我国首个发射次数超过100次的单一系列运载火箭；此次发射的北斗导航卫星为北斗三号倾斜地球同步轨道（IGSO）的首颗星
151	2019年5月17日	北斗卫星导航系统第45颗卫星——北斗二号GEO-8卫星成功发射，北斗二号打赢收官之战
152	2019年5月17日	我国首台80吨级液氧甲烷发动机——天鹊（TQ-12）试车成功，该发动机由蓝箭航天空间科技股份有限公司自主研发，是世界上继美国SpaceX的猛禽发动机、蓝色起源的BE-4发动机之后第三型大推力液氧甲烷发动机，也是我国目前推力最大的双低温液体火箭发动机，具有无毒环保、高性能、低成本、易操作、可重复使用等特点。这标志着中国民营航天首次掌握了百吨级液体火箭发动机关键技术，并具备发动机研制所需的保障能力
153	2019年6月5日	长征十一号运载火箭（CZ-11 WEY号）在黄海海域以民用船舶为发射平台，成功发射技术试验卫星捕风一号A、B星及5颗商业卫星，这是我国首次在海上实施运载火箭发射技术试验，开创了新的发射方式
154	2019年7月19日	天宫二号空间实验室受控离轨并再入大气层，中国载人航天工程空间实验室阶段全部任务圆满完成
155	2019年7月25日	由北京星际荣耀科技有限责任公司设计研制的双曲线一号运载火箭将气球卫星和BP-1B卫星成功送入预定轨道，实现了中国民营运载火箭零的突破

续表

序号	时间	事件
156	2019年8月17日	捷龙一号遥一运载火箭成功将3颗卫星送入预定轨道,这是捷龙一号运载火箭的首次发射。龙系列是中国航天科技集团有限公司继长征系列后推出的又一重要运载火箭系列,也是首个“纯商业”运载火箭系列。10月19日,航天一院召开发布会,正式推出捷龙固体商业运载火箭系列、腾龙液体商业运载火箭系列的研制计划及未来发射计划
157	2019年9月23日	长征三号乙/远征一号运载火箭以一箭双星的方式,成功发射两颗北斗全球导航卫星,推动北斗三号组网开始从基本系统向完整系统过渡和升级
158	2019年10月1日	在庆祝中华人民共和国成立70周年大阅兵上,中国航天科技集团有限公司研制生产的包括洲际战略核导弹在内的多型武器装备和中国航天科工集团有限公司牵头抓总的体系化、系列化、实战化的国产现役主战装备,以空前阵容威武亮相,接受祖国和人民的检阅
159	2019年11月3日	长征四号乙运载火箭将高分七号等4颗卫星送入太空。高分七号卫星是我国首颗民用亚米级光学传输型立体测绘卫星,也是高分系列卫星中测图精度要求最高的科研型卫星,能够实现我国民用1∶10000比例尺卫星立体测图,可以精确定位到乡间小路。12月10日,国家航天局发布了高分七号首批22幅亚米级立体影像产品
160	2019年11月13日	长征六号运载火箭在第3次飞行中首次进行低倾角发射,并以一箭五星的方式将5颗宁夏一号卫星(又称钟子号卫星)准确送入预定轨道
161	2019年12月7日	10时55分、16时52分,两枚快舟一号甲运载火箭在太原卫星发射中心先后成功发射,创下了中国航天新纪录,也打破了同一发射场和同一型号火箭发射时间间隔最短纪录
162	2019年12月16日	长征三号乙/远征一号运载火箭以一箭双星的方式,成功发射北斗卫星导航系统第52、53颗卫星,北斗三号中圆地球轨道(MEO)卫星至此全部发射完毕,标志着北斗三号全球系统核心星座部署完成;同时,长征火箭以平均每月发射1.2颗卫星的高频次,刷新了全球卫星导航系统组网速度的世界纪录

续表

序号	时间	事件
163	2019 年 12 月 20 日	长征四号乙运载火箭成功执行一箭九星发射任务，将中巴地球资源卫星 04A 星以及埃塞俄比亚宽幅多光谱遥感微小卫星等 8 颗小卫星送入预定轨道。其中，赠埃塞俄比亚微小卫星是中国应对气候变化的“南南合作”项目，也是埃塞俄比亚的首颗人造地球卫星
164	2019 年 12 月 25 日	首架安装北斗卫星导航系统的运输飞机在新疆喀什平稳着陆，北斗卫星导航系统实现在中国民航运输的首次应用
165	2019 年 12 月 27 日	长征五号遥三运载火箭将实践二十号卫星送入预定轨道。这是长征五号运载火箭的第 3 次飞行，之前 2016 年 11 月首飞成功、2017 年 7 月的第 2 次飞行遭遇失利。长征五号火箭未来将执行我国月球取样返回、载人空间站建设、火星探测等重大航天工程任务； 实践二十号卫星是东方红五号卫星平台的首颗试验星，重达 8 吨，于 2020 年 1 月 5 日在赤道上空成功定点。东方红五号卫星平台是我国自主开发的新一代大型地球同步轨道卫星平台，可广泛应用于高轨通信、微波遥感、光学遥感、空间科学探测、科学试验、在轨服务等领域，是世界航天领域少有的多适应性平台，可满足未来 20 年的大容量卫星应用需求
166	2019 年全年	中国航天全年发射次数达 34 次，超过美国的 27 次和俄罗斯的 25 次，连续两年位居世界第一